Beck's Archäologische Bibliothek

Herausgegeben von Hans von Steuben

Beck's Archäologische Bibliothek

Bereits erschienen:

Peter C. Bol: Antike Bronzetechnik

Wolfgang Decker: Sport und Spiel im Alten Ägypten

Volkmar Fritz: Die Stadt im alten Israel

Olaf Höckmann: Antike Seefahrt

Herbert Hunger: Schreiben und Lesen in Byzanz

Antje Krug: Heilkunst und Heilkult

Ernst Künzl: Der römische Triumph

Harald Mielsch: Die römische Villa

Wolfgang Müller-Wiener: Griechisches Bauwesen in der Antike

Annegret Nippa: Haus und Familie in arabischen Ländern

Anastasia Pekridou-Gorecki: Mode im antiken Griechenland

Ingeborg Scheibler: Griechische Töpferkunst

Adelheid Schlott: Schrift und Schreiber im Alten Ägypten

Renate Tölle-Kastenbein: Antike Wasserkultur

Weitere Bände in Vorbereitung

Carola Reinsberg

Ehe, Hetärentum und Knabenliebe im antiken Griechenland

Verlag C. H. Beck München

Mit 120 Abbildungen

Ich danke den Freunden und Kollegen, die mir mit Anregungen und
Hinweisen, Diskussionen und Widerspruch, sowie der Beschaffung von
Fotos bei der Arbeit an diesem Band behilflich waren:
J. Ch. Balty, F. Baratte, M. Bergmann, D. v. Bothmer, H. Froning,
H. Jung, B. Kaeser, U. Kästner, H. Kienast, G. Kraut, N. Kunisch,
M. Meyer, G. Platz, B. B. Rasmussen, A. Rügler, H. v. Steuben,
C. C. Vermeule, S. Walker.
Unschätzbar war mir vor allem die unermüdliche, stets kompetente Kritik
von Ursula Mandel.

Dieses Buch widme ich Hans Peter Schwarz.

CIP-Titelaufnahme der Deutschen Bibliothek

Reinsberg, Carola:
Ehe, Hetärentum und Knabenliebe im antiken Griechen-
land / Carola Reinsberg. – 2., unv. Aufl. – München : Beck
1993
  (Beck's Archäologische Bibliothek)
ISBN 3 406 33911 5

ISBN 3 406 33911 5

Zweite, unveränderte Auflage 1993
Einbandentwurf: Bruno Schachtner, Dachau
Umschlagbild: Kylix, Yale University Art Gallery
(Gift of Rebecca Darlington Stockford)
© C. H. Beck'sche Verlagsbuchhandlung (Oscar Beck), München 1989
Satz und Druck: C.H. Beck'sche Buchdruckerei, Nördlingen
Bindung: Großbuchbinderei Monheim
Printed in Germany

Inhalt

Einleitung 7
I. Ehe und Liebe in der homerischen Gesellschaft 12
    Die Rolle der Familie 12
    Aufgabe und Wesen der Ehe 13
    Rechtliche Voraussetzungen einer Ehe 15
    Hedna – Mitgift 17
    Ehebruch 18
    Voreheliche Liebe – voreheliche Kinder 22
    Die Hochzeit 23
    Bildliche Darstellungen von Hochzeit und Liebe 24

II. Die Ehe im archaischen und klassischen Athen 28
    Die politische Bedeutung von Ehe und Familie seit Solon 28
    Die Stellung der Ehe in der Demokratie 31
    Innere Funktion der Ehe: die Ehefrau als Mutter und Wirtschafterin 34
    Die rechtlichen Modalitäten der Ehe 36
    Die soziale Situation der athenischen Ehefrau 41
    Kritische Stimmen der Dichter und Philosophen 45
    Die Hochzeit 49
    Die Hochzeit als Bildthema 70
    Eheliches Liebesleben 76

III. Das Hetärenwesen 80
    Das neuzeitliche Hetärenbild 80
    Bedeutung der Prostitution in Athen 86
    Begriff der Hetäre 88
    Kennzeichen einer Hetäre 89
    Hetären beim Symposion 91
    Akroamata 93
    Sexuelle Dienste 98
    Wandel der Gelagesitten 104
    Hetärensymposion 112
    Wandel in der Hetärendarstellung 114
    Besuch bei einer Hetäre 120
    Im Bordell 125
    Der Sexualakt 135
    Athenische Bordelle 140
    Die Kosten 144
    Werdegang einer Hetäre 146
    Geburtenkontrolle 149
    Soziale Stellung 151
    Hetärenreichtum 153
    Gesellschaftliches Ansehen 156

IV. Die Knabenliebe ... 163
    Beschreibung des Phänomens ... 163
    Terminologie ... 164
    Altersstufen ... 165
    Erzieherische Funktion ... 170
    Päderastische Praxis ... 179
    Liebeswerbung ... 180
    Auswahlprinzipien ... 187
    Geschlechtsleben ... 189
    Mißbrauch und Gefahren ... 199
    Prostitution ... 201
    Die gesellschaftliche Bedeutung ... 212

V. Schlußbemerkung ... 216

Anmerkungen ... 221

Verzeichnis der abgekürzten Literatur ... 234

Abkürzungsverzeichnis der antiken Texte ... 235

Abbildungsnachweis ... 237

Glossar ... 241

Einleitung

Die erotische Komponente der griechischen Kunst ist spätestens seit dem Erscheinen einer ganzen Reihe von Bildpublikationen antiker Erotika, die während der letzten Jahrzehnte in lange vernachlässigte Dokumentionslücken drängten, hinreichend bekannt. Die „sexuelle Befreiung" der 60er Jahre hatte auf dem archäologischen Sektor zu einer allmählichen Öffnung bis dahin verschlossener und separater Kabinette und Magazine in den Museen geführt und die Bereitschaft der Archäologen gefördert, auch erotische Darstellungen und Gegenstände wissenschaftlich zu bearbeiten. Die Nacktheit der Statuen, die Raffinesse der Körperwiedergabe, die Verwendung des Genitals als Symbol und die offene Darstellung sexueller Handlungen, dies alles sind Phänomene, in denen sich Erotik in der Kunst niederschlägt: Erotik im weitesten Sinne des Begriffes vom sublimen Sinnenreiz bis zur gezielten sexuellen Stimulation.

Durch das erotische Moment in der griechischen Kunst kann der Eindruck entstehen, daß das Geschlechtliche im Dasein der Griechen breiten Raum einnahm und von einem natürlichen Verhältnis zum Körper getragen war. Wie weit dieser Eindruck, der einen Großteil der Publikationen über erotische Kunst bestimmt, berechtigt ist und welche Dimension die Erotik, die die Kunst so vielfältig und prononciert widerspiegelt, in der historischen Wirklichkeit hatte, auf welche Weise sie in der griechischen Gesellschaft wirksam wurde und das Leben des antiken Menschen tatsächlich prägte, dies sind die Fragen, denen die folgende Untersuchung nachgeht.

Dabei ist es in erster Linie der unmittelbarste Ausdruck zwischenmenschlicher Erotik, der hier zur Diskussion steht, und für den statt des oft verschleiernd und beschönigend gebrauchten Begriffes „erotisch" eher der Begriff „sexuell" zu verwenden ist: das Geschlechtsleben.

Andere Ausprägungen von Erotik bleiben unberücksichtigt. Erotik als rein künstlerisches Phänomen wird ebensowenig behandelt wie Geschlechtliches im religiösen Bereich. Die kultische Verehrung des Phallos, des männlichen Genitals, wird ebenso beiseite gelassen wie andere sexuelle Riten in Fruchtbarkeitskulten und -mysterien. Auch die Tempelprostitution fällt heraus. Einerseits fehlen gerade für den sakralen Bereich Zeugnisse, die über Art und Maß sexueller Praktiken Aufschluß geben, andererseits wird offenbar aus einer Neigung der Moderne, Geschlechtliches zu tabuisieren, gern auf eine kultische Deutung sexueller Darstellungen ausgewichen und diese Möglichkeit, sexuelle Freizügigkeit zu erklären, überstrapaziert. Es liegt in der Natur der Sache, daß der kultische Geschlechtsverkehr als

Fruchtbarkeits- und Zeugungsmysterium im dunkeln blieb und keinesfalls Gegenstand von Kunst und Literatur wurde. Geschlechtsverkehr als Kultakt ist allenfalls in der Tempelprostitution sicher belegt. Sie wurde jedoch ausschließlich in Korinth praktiziert und war zudem orientalischen Ursprungs.

Die wesentlichen Bereiche des antiken Sexuallebens waren Ehe, Prostitution und Päderastie. Ehe und Prostitution finden sich zwar in heutigen Einrichtungen wieder, jedoch in einem grundsätzlich anderen Verständnis. So setzte die Ehe damals – wie dies bis in das 18. Jh. selbstverständlich und im 19. Jh. noch lange allgemein verbreitet war – keine gefühlsmäßige Bindung, keine Liebe voraus, sondern zielte auf eine Wirtschafts- und Solidargemeinschaft ab. Das eheliche Geschlechtsleben diente vornehmlich der Hervorbringung von Nachkommen und war nur im günstigsten Fall der körperliche Ausdruck liebevoller Verbundenheit und inniger Partnerschaft.

Die Prostitution dagegen fungierte ähnlich wie heute als Regulativ überschüssiger, unbefriedigter und aggressiver sexueller Triebkräfte zum Schutz der sozialen Ordnung, hielt z. B. die noch unverheirateten Männer von den bürgerlichen Mädchen und Ehefrauen fern. Darüber hinaus spielten jedoch die griechischen Prostituierten, die Hetären, als einzige im öffentlichen Leben zugelassene Frauen anders als heute eine wichtige Rolle bei den Geselligkeiten der Männer. Insofern war Prostitution nicht verpönt und in die Heimlichkeit gedrängt, sondern wurde als wesentliches Männervergnügen gepflegt.

Gleichermaßen akzeptiert und gutgeheißen war schließlich die Päderastie, die Knabenliebe, eine Sonderform homosexuellen Verhaltens, die der Homosexualität im heutigen Sinne nicht gleichzusetzen ist. Sie bestand in der Mentorschaft eines erwachsenen Mannes gegenüber einem halbwüchsigen Knaben und beruhte normalerweise auf einem einseitigen Liebesbegehren.

Geschlechtliche Beziehungen zu Knaben und Hetären hatten eine solche Bedeutung, daß sowohl die Knabenliebe als auch das Hetärentum gesellschaftlich fest verankerte Institutionen waren, innerhalb des Gemeinwesens nicht weniger relevant als die Ehe.

Dies gilt jedoch nicht in gleicher Weise für alle griechischen Städte, sondern in erster Linie für Athen. Ich beschränke mich hier bewußt auf Athen –, eine Beschränkung, der zwangsläufig jede Untersuchung zur griechischen Sexualität unterliegt, da die einschlägigen Text- und Bildquellen fast ausschließlich attischen Ursprungs sind. Entsprechende Zeugnisse aus anderen griechischen Zentren bleiben spärlich und disparat. Eine Unterscheidung zwischen den Verhältnissen in Athen und anderswo ist insofern wesentlich, als die Handhabung der Sexualität, wie alle Phänomene des bürgerlichen Lebens, vom gesellschaftlichen System und politischen Kurs abhingen. So lassen in klassischer Zeit nur Städte mit ähnlich demokratischen Verfassungen vergleichbare Verhältnisse wie Athen erwarten. Der Militärstaat Sparta beispielsweise unterschied sich nach dem, was wir wissen, durch ein völlig anderes Ehekonzept und vielleicht sogar durch das Fehlen jeder Art von Prostitution; und die kretische Stadt Gortyn etwa zeichnete sich in dieser Zeit durch erheblich frauenfreundlichere Ehegesetze aus. Für die einheitlichere frühgriechische Gesellschaft, die uns fast nur aus den Epen Homers bekannt ist und deshalb als homerische bezeichnet wird, gilt diese Differenzierung nach politischer Landschaft nicht.

Durch die Beschränkung auf Athen werden inhaltlich ganze Bereiche des Geschlechtslebens ausgegrenzt, wie die weibliche Homosexualität, die lesbische Liebe, für die Lesbos, die Insel der berühmten, angeblich Mädchen liebenden Dichterin Sappho namengebend wurde. Da über diese große Lyrikerin bereits in der Antike widersprüchlich berichtet und ihre „lesbischen" Neigungen stets verleumderisch angeführt wurden, wäre es voreilig, an diesem wissenschaftlich nicht geklärten, singulären Befund der ostionischen Kulturszene die Frage der uns gänzlich unbekannten weiblichen Homosexualität in Athen aufrollen zu wollen. Ganz sicher war sie niemals von gesellschaftlicher Bedeutung oder gar Gegenstand staatsbürgerlicher und philosophischer Überlegungen wie die Päderastie.

Als Vorläufer der archaischen und klassischen Sozialgemeinschaften Athens und als auffallend unterschiedliche Alternative zu ihnen wurde die homerische Gesellschaft in die Untersuchung aufgenommen. Die vielfältige Welt des Hellenismus blieb dagegen im begrenzten Rahmen dieser Arbeit unberücksichtigt. Die Zäsur nach der von der Demokratie geprägten Klassik rechtfertigt sich durch den wesentlichen Wandel im bürgerlichen Leben in der Einstellung zur Sexualität und in ihrer Handhabung, den die grundlegenden politischen Veränderungen in der griechischen Welt dieser Zeit mit sich brachten.

Zwangsläufig setzt sich die Untersuchung mit der Rolle der griechischen Frauen auseinander, da Ehe und Prostitution zentrale Daseinsräume von Frauen waren. Die Ehe war nur für die Frauen der Mittelpunkt ihrer Existenz und einzig mögliche Erfüllung eines bürgerlichen Daseins. Die Männer wurden als Staatsbürger, Soldaten und Politiker wahrgenommen, niemals spielte ihr Verheiratetsein, ihr Status als Ehemänner eine Rolle. Auch im Bereich der Prostitution waren es nur die Frauen, die Hetären, die in ihrem ganzen Dasein von der Prostitution bestimmt wurden. Sie waren die eigentlichen Träger der Institution. Die Männer dagegen erfuhren jene als eine Dienstleistung, die sie existenziell nicht betraf.

In diesem Zusammenhang kommt auch die gesellschaftliche Stellung der Frau im allgemeinen und die kontrovers diskutierte Frage zur Sprache, welche Wertschätzung „die" griechische Frau genoß.

Es wurde in der Wissenschaft verschiedentlich darauf hingewiesen, daß diese Frage müßig ist und ihre Beantwortung in einer generellen Form unmöglich. Denn sowohl die Text- als auch die Bildquellen, aus denen wir unsere historischen Informationen beziehen, spiegeln die Antike nur selektiv wider, einerseits allein die Welt gesellschaftlich und politisch bestimmender Gruppen, andererseits mehr angestrebte Ideale als historische Wirklichkeit.

Die griechische Gesellschaft zumindest des archaischen und klassischen Athen brachte nicht der Frau generell Wertschätzung und Respekt entgegen, sondern nur derjenigen, die den vorgesehenen Platz als Ehefrau einnahm und Verwalterin eines Hauses und Mutter nachwachsender Bürgerkinder wurde. Außerhalb des Ehedaseins gab es für Frauen keinen Existenzraum, in dem sie gesellschaftliche Anerkennung finden konnten. War die Wertschätzung der Frauen schon durch diese Bedingungen auf einen bestimmten Personenkreis beschränkt, so zeigen staatsbürgerliche Zurücksetzung und rechtliche Benachteiligung selbst dieser geachteten Ehefrauen, wie fragwürdig ihr Ansehen war. Was bedeutete und worin bestand ein soziales Ansehen, das eine Gesellschaft Menschen entgegenbrachte, denen sie keine Rechtsmündigkeit zugestand und die sie zeitlebens unter die Vormundschaft eines Mannes, ihres Vaters, Ehemanns oder Verwandten stellte; denen sie die Freiheit, über das persönliche Leben, wie die Heirat und Wahl des Gatten, zu entscheiden, ebenso vorenthielt, wie die Möglichkeit, ihre materielle Existenz selbst zu sichern; die sie nicht erben, keinen eigentlichen Besitz haben und keine Geschäfte abschließen ließ, deren Gewinn über das Lebensminimum hinausging? Man muß sich fragen, von welcher Qualität war dieses Ansehen, wenn die Trägerinnen von all dem ausgeschlossen blieben, was in jener Gesellschaft edelste Bürgerpflicht war: gesellschaftliches Engagement und politische Betätigung; wenn sie weder wählen noch gewählt werden durften und ganz vom öffentlichen Leben ausgenommen waren? Welche anderen Vorrechte und Vorteile waren es, die die so benachteiligten Frauen entschädigt hätten? In welchen Bereichen äußerte sich die allgemeine Ehrerbietung, die man ihnen angeblich zollte?

Die Heraushebung aus dem öffentlichen Alltag und der profanen Staatsverwaltung kann man schwerlich als soziale Überhöhung werten. Jedenfalls gibt die zeitgenössische Literatur keinerlei Hinweise, daß die Segregation der Frau im Sinne ihres höheren Wesens oder ihrer besseren Natur verstanden worden wäre. Ganz im Gegenteil war selbst die sozial am höchsten angesiedelte Bürgersfrau dem Mann weder ebenbürtig, da sie trotz legitimer Geburt ohne Bürgerrecht blieb, noch gleichberechtigt oder ethisch gleichwertig. Wenn auch die sokratisch-platonische Philosophie die Gleichwertigkeit von Mann und Frau propagierte, festigte doch Aristoteles wieder die Vorstellung der ethischen Minderwertigkeit der Frau. Die vereinzelte Kritik der Dichter und Philosophen macht deutlich, daß die soziale Lage der Frauen durchaus nicht generell als unproblematisch und befriedigend empfunden wurde.

Auch das schöne Frauenbild in der Kunst kann über die genannten Tatsachen nicht hinwegtäuschen. Sowenig die Sklaven, deren niedrige Natur jedem Griechen fraglos war, in den Darstellungen als solche gekennzeichnet sein mußten, sowenig ist zu erwarten, daß sich der gesellschaftlich mindere Rang der Frau gegenüber dem des Mannes in ihrem Abbild niederschlug. Für die künstlerische Darstellung blieben diese Aspekte des bürgerlichen Daseins weitgehend irrelevant.

I. Ehe und Liebe in der homerischen Gesellschaft

Die Rolle der Familie

Die meisten Menschen, die uns in den homerischen Epen begegnen, sind verheiratet. Berühmt wurden Penelope und Odysseus, Andromache und Hektor. Sie stellen den Inbegriff des guten, sich liebenden Ehepaares dar, während Helena und Menelaos, Klytaimnestra und Agamemnon durch Untreue und Gattenmord eher traurigen Ruhm erlangten.

Unverheiratet sind Frauen oder Männer nur ihrer Jugend wegen. Achill, der strahlende Jungeselle, rechnet mit seiner Verheiratung, wenn er unbeschadet aus dem Krieg nach Phthia in das Land seiner Väter zurückkommt (*Il.* IX, 387–400). Auf Skyros vermählte er sich bereits heimlich mit der Lykomedestochter Deidameia, an deren Seite er dort aufgewachsen war, und zeugte den Sohn Neoptolemos (*Od.* II, 492–93), der sein dynastischer Nachfolger wird[1]. Auch bei dem gerade zwanzigjährigen Telemach steht seine spätere Hochzeit so sehr im Vordergrund, daß ihm Helena, als er auf der Suche nach dem Verbleib seines Vaters Odysseus nach Sparta kommt, als Gastgeschenk ein Brautkleid mitgibt (*Od.* 15, 125–29).

Für die aristokratischen Frauen gilt zweifellos dasselbe. Nausikaa ist eine bevorstehende Hochzeit so selbstverständlich, daß sie ohne einen konkreten Anlaß ihrem Traumbild folgt und ihre Wäsche für die Vermählung richtet. Ebenso selbstverständlich errät der Vater Alkinoos, daß hinter der vorgeschobenen Begründung des Waschtages in Wahrheit Hochzeitsvorbereitungen stehen. Beiden ist die Vorstellung einer baldigen Hochzeit so vertraut, daß nicht einmal ein Bräutigam vorhanden sein muß, um sie auszulösen. Allein die Situation als Fürstentochter, ihr Alter und ihre gesellschaftliche Stellung lassen eine nahe Vermählung erwarten.

Daß die Ehe die übliche Lebensform in homerischer Zeit war, liegt an der Struktur jener Gesellschaft. Sie war ein aristokratisches Feudalsystem, das auf der politischen und wirtschaftlichen Macht einzelner Familien beruhte – Familien, deren Mitte und Garant die Ehe war. Sie war die Institution, die die Verwaltung des *Oikos,* des Hauswesens im engeren und weiteren Sinne, trug und die Sicherung des Nachwuchses gewährleistete. Der Frau oblag die innere Führung des Haushaltes: die Aufzucht und Erziehung der rechtmäßigen Kinder – der Erben –, die Sorge um die Leibeigenen und freien Lohnarbeiter, die Vorratshaltung und Verarbeitung der Agrarerzeugnisse, ganz besonders die Textilgewinnung, -verarbeitung und -pflege. Der Mann besorgte die Geschäfte außerhalb des Hauses: die Landwirtschaft, Viehhaltung und gegebenenfalls den Handel. Erträge aus dem Landbesitz und die eigenen Viehherden sicherten dem Besitzer und seiner Familie den Lebensunterhalt. Darüber hinaus garantierte die Menge der Sklaven und freien Bediensteten eine feste Gefolgschaft, die dem *Kyrios* (Herrn) gegenüber loyal war und einen Teil seiner Macht ausmachte. Dies zeigt sich deutlich am Beispiel des Odysseushauses, wo von der Treue der Bediensteten der Erfolg von Odysseus' Strafaktion abhängt; die Illoyalität der zum Haus gehörigen Mägde, die sich mit den Freiern eingelassen haben, wird bestraft. Die Gefolgschaft, wie auch die Möglichkeiten, sich Freunde und Gastfreunde zu verpflichten, wuchs mit der Größe des Besitzes. Nur wer über ein Bett, einen Tisch und einen Stuhl verfügte, konnte einen Gast gebührend aufnehmen und bewirten.

Die Erhaltung und Vergrößerung des Besitzes gewährleistete am ehesten die Familie, deren Blutsbande jeden einzelnen dem Wohl der Familie verpflichteten, und in der die Nachkommen eine Kontinuität der Macht ermöglichten. So wünscht sich Achill eine Ehegefährtin, um sich einträchtig mit ihr der Güter zu freuen, die sein Vater Peleus erworben hat (*Il.* IX, 398–400).

Welch große Rolle die Familie in der homerischen Gesellschaft spielte, zeigen die immer wiederkehrende Erwähnung der Frau und der Kinder eines Helden und die Schilderung drohenden Leides, wenn diese ihm oder umgekehrt der Vater diesen durch den Tod genommen werden. Auch die selten fehlende Nennung des Vatersnamen eines Heros gehört in diesen Zusammenhang. Unverheiratet und kinderlos zu bleiben, war ein Los, das als Fluch herabgewünscht wurde.

Aufgabe und Wesen der Ehe

Aus der Bedeutung des *Oikos* ergab sich zwangsläufig die Notwendigkeit zu heiraten. Je größer die gesellschaftliche Verantwortung, das Ansehen und die Macht des einzelnen, desto zwingender wurde eine Heirat. Sowenig ein Heerführer und Fürst eine Gattin entbehren konnte, so sehr war sie für einen Schweinehirten erläßlich. Da die homerischen Epen die aristokratische Oberschicht beschreiben, bieten sie nur zufällig und sporadisch Informationen über die Situation von Angehörigen sozial niedriger Gruppen. Daß hier jedoch vergleichbare Vorstellungen und Lebensmaximen herrschten wie bei den Aristokraten, veranschaulicht die Dichtung des Hesiod, eines Landwirtes aus Böotien, Sohn offenbar verarmten Adels aus Kleinasien. Er sagt (*theog.* 603–11; Übers. W. Marg):

Wenn einer die Ehe flieht
und das schlimme Tun der Frauen
und nicht heiraten möchte,

zu einem schlimmen Alter kommt der,
entbehrt der Alterspflege;
Und mancher hat zwar an Unterhalt keinen Mangel,
solange er lebt,
stirbt er aber, so teilen unter sich
seinen Besitz entfernte Erben.

So führt auch Hesiods Protagonist die Wahrung des Besitzstandes als guten Ehegrund an. Allerdings bleiben diese *oikonomischen* Beweggründe nicht die einzigen. Hesiod nennt als einen weiteren Vorzug der Ehe die Altersversorgung. Damit meint er nicht nur die materielle Sicherung des Lebensunterhaltes und Bereitstellung von Verpflegung und Unterkunft, sondern vor allem menschliche Zuwendung und gefühlsmäßige Betreuung.

Diese Dimensionen der Ehe, ihre menschlich-psychischen Qualitäten und Auswirkungen beschreibt Penelope beim Wiedersehen mit ihrem Gatten Odysseus als *das Glück, beisammen in Eintracht die Jugend zu genießen und sanft dem Alter sich zu nahen (Od. 23, 209).*

Daß seelische Verbundenheit und menschliches Verstehen an die Ehe geknüpft waren, geht auch aus den Worten hervor, die Odysseus als Dank an Nausikaa richtet (*Od.* 6, 180–85; Übers. J. H. Voss):

Mögen die Götter dir schenken, soviel dein Herz nur begehrt
einen Mann und ein Haus und euch mit seliger Eintracht
segnen. Denn nichts ist besser und wünschenswerter auf Erden,
als wenn Mann und Weib, in herzlicher Liebe vereint
ruhig ihr Haus verwalten, den Feinden ein kränkender Anblick,
aber Wonne den Freunden, und mehr noch genießen sie selber.

Nicht nur der gemeinsame Hausstand und die geteilte Sorge um den Besitz, sondern auch einander zugetan zu sein und zärtlich sich zu lieben, erfüllten erst das Ideal der Ehe. Achill sagt: *Ein jeglicher Mann, der edel und weise ist, liebt und pflegt seine Frau mit Zärtlichkeit (Il.* IX, 341–42).

Diese Liebe und Zärtlichkeit umschlossen auch die sexuellen Freuden der Ehe. Nicht umsonst ist das gebräuchlichste Wort für Gattin ἄλοχος (die, die das Lager teilt). Da gerade diese Bezeichnung die rechtmäßige Gattin meint, zeigt sich, daß die Rolle der Ehefrau als Geliebte bewußt und präsent war. Das gemeinsame Lager und die Ruhe zu zweit sind ein selbstverständliches Bild am Ende einer jeden Liebeszene.

Nach der Heimkehr des Odysseus und der Wiedererkennung durch Penelope schildert eine längere Passage, wie die treuen Dienerinnen das Ehebett bereiten und die lang getrennten Eheleute *freudig ihr altes Lager bestiegen, der keuschen Liebe geheiligt (Od.* 23, 295–96). *Nachdem sie die Fülle der seligen Liebe gekostet, wachten sie noch lang, ihr Herz mit vielen Gesprächen erfreuend (Od.* 23, 300–301). Odysseus' Schutzgöttin, Pallas Athene, *hemmt den Lauf der Nacht* und verlängert so diese Liebesnacht, in der der

Gatte der treuen Ehefrau seine Irrfahrten erzählt (*Od.* 23, 243–44). In ähnlicher Weise werden die Liebesumarmungen von Helena und Paris beschrieben:

Sprachs und nahte dem Lager zuerst. Ihm folgte die Gattin. Beide ruhten dann im feindurchbrochenen Bette (Il. III, 447–48)

sowie auch die Nächte des Odysseus mit der Zauberin Kirke:

Da bestieg ich mit Kirke das köstlich bereitete Lager (*Od.* 10, 347)

und der Nymphe Kalypso:

Beide gingen zur Kammer der schöngewölbten Grotte und genossen der Lieb und ruheten nebeneinander (*Od.* 5, 226–27).

Bei der Schilderung des Beischlafes spielt es keine Rolle, ob die Liebenden ein Ehepaar oder ein nicht verheiratetes Liebespaar sind. Der Geschlechtsakt wird in beiden Fällen offen angesprochen, entweder direkt benannt oder umschrieben. Der spezifische Ausdruck für die sexuelle Vereinigung ist μίσγεσθαι (sich mischen). Dieses Wort steht z. B. für die göttliche Begegnung von Ares und Aphrodite, die ihren Ehemann Hephaist hinterging (*Od.* 8, 271). Weitaus gebräuchlicher sind allerdings Wendungen, die die Präliminarien des Aktes an seine Stelle setzen: das Lager besteigen, sich zur Ruhe begeben[2]. Eine qualitative Beschreibung des Beischlafes stellt das Verb τέρπεσθαι (sich erfreuen) dar. Es drückt in naiver Unmittelbarkeit die sinnenoffene Grundauffassung des Liebesaktes als Auslöser von Lust und Wohlgefühl aus. Diese sinnenfreundliche Haltung vermittelt sich auch in dem liebevoll ausgestalteten Ambiente mancher Liebesszenen. Es wird vom feindurchbrochenen Bett und vom köstlich bereiteten Lager gesprochen. Höchste Poesie erreicht die atmosphärisch dichte Erzählweise in der Beschreibung der Umarmung von Hera und Zeus, dem Ehepaar par excellence (*Il.* XIV, 346–51, Übers. J. H. Voss):

Also sprach Zeus und umarmte voll Inbrunst die Gattin.
Unten sproß die heilige Erd, aufgründende Kräuter,
Lotos mit tauiger Blum und Krokos samt Hyazinthos,
dicht gedrängt und weich, die empor vom Boden sie trugen.
Hierauf ruheten beid und hüllten sich rings ein Gewölk um,
schön und strahlend von Gold und es tauete glänzende Tropfen.

Rechtliche Voraussetzungen einer Ehe

Was machte nun eine Frau zur Gattin und einen Mann zum Gatten? Dies bestimmten allein Sitte und Brauch, die Definition von Ehe war in der griechischen Antike niemals Gegenstand von gesetzlichen Festlegungen. Zentrale Voraussetzung für die rechte Ehe war der Eintritt des einen Ehepartners in den Hausstand und Familienverband des anderen. Meist folgte die Frau dem Mann und übernahm den weiblichen Vorstand in seinem *Oikos*. In der Kleinfamilie, wie dem Haus des Odysseus, war sie damit die weisunggebende Hausfrau. In der Großfamilie, in der z. B. das Elternpaar noch das Sagen hatte wie im Palast des Priamos, richtete sich ihre Stellung nach der durch Alter und Familienstand vorgegebenen Hierarchie. Es konnte aber auch der Mann in die Familie der Frau einheiraten. Offenbar trat dies ein, wenn es sich um einen Fremden ohne Wohnsitz und Vermögen handelte, wie im Fall des in die Fremde verschlagenen Odysseus, dem Alkinoos seine Tochter Nausikaa gern zur Frau geben würde. Auch bei Fehlen eines männlichen Erbens zog der Ehemann der Erbtochter – unter diesen besonderen Umständen regelmäßg ein Verwandter –, um den Besitz in der Familie zu halten, in den *Oikos* der Erbtochter ein[3].

Welche ausschlaggebende Bedeutung die Heimführung der Braut hatte, zeigt das Versprechen des Achilleusfreundes Patroklos. Er stellte der Kriegsgefangenen Briseis in Aussicht, er wolle sie dem Achill zur Gemahlin geben, nach Phthia segeln und ihr im Volk der Myrmidonen, der Achilleusdynastie, die Hochzeit richten (*Il.* XIX, 295–99). Um ihr die Bürde zu erleichtern, als weibliches Beutestück der geschlechtlichen Willkür des Siegers zur Verfügung stehen zu müssen, machte er ihr Hoffnungen auf eine spätere Heirat mit Achill, dem sie zugesprochen wird. Möglicherweise hätte dies sogar geschehen können, wäre er nicht im Krieg umgekommen. Denn Achill behauptete, sie wie eine Gattin zu lieben (*Il.* IX, 342–43).

Der Eintritt in den *Oikos* des Mannes machte schließlich auch Helena zur rechtmäßigen Gattin des Paris. Er wird πόσις (rechtmäßiger Gatte; *Il.* III, 427) genannt, so wie der Spartanerfürst Menelaos ihr früherer πόσις war. Ebenso muß das Verhältnis zwischen Klytaimnestra und Aigisth als richtige Ehe gelten. Auch sie ließ sich, nachdem Aigisth ihren anfänglichen Widerstand gebrochen hatte, zu seinem Palast heimführen (*Od.* 1, 36; 3, 262–75).

Selbst wenn diese Verbindungen nach gültigen Normen legitime Ehen waren, bedeutete es natürlich nicht, daß die jeweilig verlassenen Ehemänner den Verlust widerspruchslos hinnahmen. Allerdings ist der Rachedurst des Menelaos kein Argument gegen die Rechtmäßigkeit der Ehe zwischen Helena und Paris. Er beruhte allein auf der persönlichen Gekränktheit des Spartaners.

Die beiden berühmten Ehebrüche, der der verführten Helena und der der treulosen Klytämnestra, die nach dem Rechtsempfinden der homerischen Gesellschaft legitime, zweite Eheschließungen waren, machen deutlich, daß es keinen rechtmäßigen Anspruch auf den lebenslangen Bestand einer Ehe gab. Zwar läßt das hohe Lied von der Treue der Penelope, die zwanzig Jahre auf die Heimkehr des Odysseus wartet, keinen Zweifel, daß die ein Leben dauernde Verbindung und das gemeinsame Altern ein wünschenswertes Ideal der Zeit waren, aber auch Odysseus stellt seiner Frau beim Abschied frei, sich wieder zu verheiraten, falls er nicht bis zur Volljährigkeit seines Sohnes Telemachos nach Hause zurückgekehrt sein sollte (*Od.* 18, 264–69). Deswegen befürchtet er auch bei seiner Ankunft in Ithaka, sie neu verheiratet anzutreffen. Wie begründet seine Sorge ist, zeigt Penelopes Situation. Ihre Eltern drängen zur Heirat, und ihr Sohn wartet darauf, das väterliche Haus als Erbe übernehmen zu können, dem sie bislang noch vorsteht. Einen neuen Ehegatten an ihre Seite zu nehmen, scheint unausweichlich und wäre sicher keine moralische Verfehlung.

Die homerische Ehe gründete sich, wie wir gesehen haben, nicht auf einen einmaligen Rechtsakt, dessen Aufhebung eines zweiten bedurfte, sondern allein auf den sozialen Tatbestand gemeinsamen Lebens und Wirtschaftens. Daß sie nicht eine ähnlich institutionalisierte Form hatte, wie sie sie durch die christliche Kirche und in ihrer Tradition durch die staatlichen Verwaltungen annahm, macht das Fehlen eines spezifischen Fachausdruckes für das Phänomen Ehe deutlich[4]. Sie wird umschrieben mit dem Begriffspaar φιλότης καὶ εὐνή (Freundschaft und Beilager), dem die moderne Bezeichnung „Lebensgemeinschaft" in ihrer Offenheit am ehesten entspricht.

Diese Gemeinschaft war aufgehoben, wenn der eine Ehegatte den anderen verließ und eine neue Ehe einging. Wie einfach und formlos die Schließung und Auflösung einer Ehe vonstatten ging, erweist das Beispiel von Helena. Sie läuft ihrem ersten Mann Menelaos davon, um als Gattin des Paris in das Haus des Priamos einzuziehen. Nach Paris Tod und dem Ende des Krieges kehrt sie wieder als Gemahlin des Menelaos nach Sparta zurück.

Hedna – Mitgift

Dennoch scheint die Erstehe der statistische Normalfall in der homerischen Gesellschaft gewesen zu sein, eine zweite Heirat eher die Ausnahme. Sonst brauchte Hesiod nicht zu klagen (Hes. *erg.* 695–705), welche Plage eine schlechte Ehefrau für ihren Mann sei, wenn man sich leicht von ihr trennen und eine bessere nehmen konnte.

Hesiod beschwört das ganze Leben, das einem von der einen vergällt und von der anderen versüßt wird. Tatsächlich war ein möglicherweise mehrfacher Wechsel der Hausfrau mit ihrer Funktion in Familie und Hauswesen schwer in Einklang zu bringen, wenn auch die wesentliche Aufgabe der Ehe, die Erzeugung von Nachkommen, dadurch nicht gefährdet wurde, da die ehelichen Kinder im Haus des Vaters verblieben. So bemühte man sich durch private Abkommen und Verträge vor der Hochzeit, den Bestand einer Ehe weitgehend zu sichern und einer leichtfertigen Scheidung entgegenzuwirken. Auf diese Weise konnte der einzelne den Druck ausüben, an dem es das Gemeinwesen fehlen ließ. Ein solches Druckmittel war offenbar die *Hedna,* die der spezielle Gegenstand der üblichen Heiratsverträge war. Die *Hedna* ist eine Art Unterpfand für die das Vaterhaus verlassende Braut, das der Bräutigam dem Brautvater gab, und das in späterer Zeit der Braut in die Ehe mitgegeben wurde[5]. Die *Hedna* bestand zunächst aus Vieh: Rindern, Schafen und Ziegen. Später waren es Webwaren und Geschmeide; kostbare Waren zum persönlichen Gebrauch, wie sie der Penelope bereits im Vorfeld der angestrebten Wiederverheiratung von zweien ihrer Freier überreicht wurden: ein blumenbesticktes Frauengewand mit goldenen Häkchen und Ösen und ein ambrabesetztes Goldkollier (*Od.* 18, 291–300).

Die *Hedna* fiel an den Bräutigam zurück, falls die Ehe durch Verschulden der Frau, z. B. durch Ehebruch, zerbrach. In diesem Sinne ist es zu verstehen, daß der Schmiedegott Hephaist angesichts des Seitensprungs seiner Gattin Aphrodite mit Ares von ihrem Vater Zeus die Rückgabe der Geschenke fordert, die er *als Bräutigam für Zeus' schamloses Gezüchte* (*Od.* 8, 318–19) gebracht habe. Trägt der Gatte die Schuld für die Auflösung der Ehe, verbleibt die *Hedna* quasi als Entschädigung und Sicherung der Frau in deren Besitz oder dem ihrer Familie. Die *Hedna* zu verlieren, bedeutet also für den schuldigen Teil eine wirtschaftliche Einbuße, die nicht ohne gute Gründe riskiert werden durfte, sofern man sie sich überhaupt leisten konnte. Zu solchen Rückerstattungen kaum in der Lage sah sich z. B. Telemach. Er weist unter anderem mit diesem Argument das Ansinnen der Freier zurück, seine Mutter Penelope aus dem Haus wegzuschicken. Sie hatten ihn gegen seine Mutter mit dem Hinweis einzunehmen versucht, daß jene durch die Hinauszögerung ihrer Wiederverheiratung und die demzufolge nicht abreißende, unvermeidliche Bewirtung der Bewerber sein väterliches Erbe aufzehre (*Od.* 2, 131–34).

Ehebruch

Zur Scheidung einer Ehe führte außer einer Neuverheiratung der Ehebruch, allerdings nur der seitens der Frau. Daß hier zweierlei Maß angelegt wurde, beruhte auf der Funktion der Gattin, dem Hausherrn legitime Kinder zu gebären. Die Legitimität der Kinder begründete sich aus der leiblichen Vaterschaft des Hausherrn. Außereheliche Kinder gehörten zum Haus des Vaters der Kindesmutter, es sei denn, der Kindesvater nahm sie, allerdings auch nur als Halbbürtige, im eigenen *Oikos* auf (*Il.* V, 70f.). Als Garantin legitimer Erben konnte der Ehefrau, anders als ihrem Mann, außerehelicher Geschlechtsverkehr nicht zugestanden werden.

Wenn sich die Verhältnisse in den homerischen Epen so darstellen, bleibt die Frage unberührt, ob das Prinzip der leiblichen Vaterschaft primär einem aristokratischen Abstammungsideal oder einem Besitzdenken entspringt. Die zentrale Rolle, die die adlige Abkunft in den Elitevorstellungen der archaisch-aristokratischen Dichtung (Solon, Theognis) spielt, könnte für ersteres sprechen. Andererseits verweist die tiefe Gekränktheit über den Verlust einer Frau, ohne Unterschied, ob Ehefrau oder nicht, auf wesentlich verletzte Eitelkeiten angesichts verlorenen Besitzes. Unübersehbar sind diese Mechanismen im Fall des Achill, der sich zürnend zurückzieht und den Kampf verweigert, nachdem er dem Agamemnon Briseis abtreten mußte (*Il.* IX, 340–47).

Einem Ehemann waren sexuelle Beziehungen zu anderen Frauen erlaubt. Häufig fand er sie unter den eigenen Bediensteten, freien und unfreien, wobei jedoch gerade eine freie Frau trotz sozialer Abhängigkeit dem Dienstherrn nicht zu Gefallen sein mußte. Eine Konkubine im eigenen Haus zu haben, scheint jedoch allgemein nicht gutgeheißen worden oder gar selbstverständlich gewesen zu sein. So hat z. B. Laertes, der Vater des Odysseus, seiner Verliebtheit zu der jungen, von ihm gekauften Magd Eurykleia nicht nachgegeben, um seine Ehefrau nicht zu erzürnen (*Od.* 1, 429–34). Damit nicht vergleichbar ist die Lage des Menelaos, der mit einer Konkubine ein Kind zeugt, weil Helena ihm keines mehr gebären kann.

Andere Regeln galten natürlich im Kriegsfall für das Leben im Feldlager. Hier treten zumindest im Epos die meisten Konkubinen auf. Diese Frauen waren regelmäßig Kriegsgefangene, die dem Sieger selbstverständlich auch sexuell zur Verfügung stehen mußten, allerdings oft wie Ehefrauen geliebt und geachtet wurden.

Achill sagt über die Gefangene Briseis, daß er sie wie seine Frau mit Zärtlichkeit geliebt habe, obwohl er sie erbeutet hätte (*Il.* IX, 342–42). Agamemnon schätzt die Chryseis sogar mehr als Klytämnestra, *seiner Jugend Gattin,* der sie an Bildung, Schönheit, Geist und Geschicklichkeit im Weben nicht nachstehe (*Il.* I, 111–15). Agamemnons unverhohlene Bevorzugung der Nebenbuhlerin läßt Loyalität gegenüber der Ehefrau vermissen und macht verständlich, daß deren Selbstwertgefühl durch die Existenz einer Konkubine erheblich verletzt werden konnte, blieb auch ihre privilegierte Stellung unangetastet. Zu Hause in Mykene hätte Agamemnons heftige Zuneigung zwangsläufig Konflikte ausgelöst. Die Konkubine hatte zwar keinerlei Rechte, aber dennoch stellte sie im emotionalen und sexuellen Bereich eine starke Konkurrenz dar und beeinträchtigte das Loyalitätsgefühl der Gatten gegeneinander.

Ein Beispiel, wie sich aus der Liebschaft eines verheirateten Mannes eine Familientragödie entwickeln konnte, gibt die *Ilias* (IX, 447–78): Phoinix' Vater Amyntor hielt sich eine Konkubine, unter deren Existenz seine Ehefrau so sehr litt, daß sie den Sohn beschwor *das Weib zu beschlafen, damit es den Alten verachte.* So geschah es. Der Vater bemerkte die Intrige und verfluchte daraufhin den Sohn, der, um nicht zum Vatermörder zu werden, das Elternhaus verließ. Diese Episode macht deutlich, daß der Ehemann auf seinem Vorrecht außerehelicher Liebe bestehen kann, ohne nachteilige Konsequenzen erwarten zu müssen. Sie zeigt andererseits, daß das Konkubinat nicht so selbstverständlich war, daß die Ehefrau es ungerührt hingenommen oder sogar akzeptiert hätte.

Ähnliche Probleme brachte wohl auch eine Nebenfrau mit sich. Nebenfrauen kommen, wenn auch sehr selten, sowohl bei den Griechen als auch bei den Trojanern vor[6]. Solche Ehen wurden ausschließlich aus politischen Gründen geschlossen und verloren möglicherweise dadurch, daß man sich über Notwendigkeit und Nutzen der Verbindung im klaren war, an Brisanz. Sie waren rechtmäßig allerdings geringeren Ranges als die Hauptehe. Die Kinder waren zwar ehelich, aber halbbürtige Nebenkinder, die bei der Mutter aufwuchsen.

Die geschilderten Verhältnisse galten für die adlige Oberschicht, die über Bedienstete und Gefolgsleute verfügte und von Rücksichten und Vorrechten ihrer politischen und persönlichen Macht geleitet wurde. Für den Bauern dagegen, den Hesiod beschreibt, gab es unter den Lohnabhängigen seines Bauernhofes zwar auch Kandidaten für außereheliche Liebschaften, z.B. die unverheiratete Magd, die Hesiod wegen ihrer ungeteilten Aufmerksamkeit für die Arbeit einzustellen empfiehlt (Hes. *erg.* 603). Er macht aber keinerlei Andeutungen, die darauf schließen lassen, daß solche Liebschaften existierten. Der einzige Hinweis bezieht sich auf einen regelrechten Ehebruch eines Mannes mit seiner Schwägerin. Er wird als schlimmer Frevel verurteilt, weil dadurch das Sozialgefüge gestört und gefährdet wird. Er war ein Verstoß gegen die Familienideologie, die die Ehefrau vor fremden sexuellen Übergriffen ebenso schützte, wie sie ihr außereheliche Affären verbot. Ob und wie weit auch die Zielvorstellung von ehelicher Treue als menschlichem Wert in diese Verurteilung einfloß, ist ungewiß.

Die Stellung der Gesellschaft zur ehelichen Untreue des Mannes war indifferent. Terminologisch wurde sie dem Ehebruch der Frau gleichgestellt. Um zwischen der unzulässigen Untreue der Ehefrau und der zulässigen Untreue des Ehemannes zu unterscheiden, bezeichne ich erstere als Ehebruch, da sie zwangsläufig zur Auflösung der Ehe führte, letztere als Untreue. Eine moralische Wertung soll mit dieser Begriffswahl nicht vorgenommen werden. Wie die Frau den Mann durch Ehebruch *entehrt* (*Od.* 8, 269), so *entehrt* auch der Mann die Frau durch seine Untreue (*Il.* IX, 450).

Eine kritische Haltung gegenüber der Untreue lassen die Geschichten vom positiv bewerteten Liebesverzicht des Laertes und dem ablehnend geschilderten rücksichtslosen Egoismus des Amyntor erkennen. Allerdings betreffen die Skrupel, die hier durchscheinen, nicht die Sexualmoral der handelnden Personen. Nicht das sexuelle Verhalten des Laertes wird gelobt und das des Amyntor verurteilt, sondern das menschlich soziale Bewußtsein und Handeln, die Unordnung, Konflikte und Schmerz vermeiden oder auslösen. So wird z. B. Paris nicht wegen der Verführung der Menelaosgattin Helena δύσπαρι (Unglücksparis) genannt (*Il.* III, 39), sondern weil sein Liebesbegehren das Leid eines grauenvollen Krieges über sein eigenes Volk und das der Griechen gebracht hat.

Das Geschlechtsleben an sich ist kein Gegenstand von Kritik und Reglement. Vorstellungen einer festen Sexualmoral sind den homerischen Epen fremd. Monogamie als Forderung sexueller Normen gibt es nicht. So bleiben die zahlreichen Liebschaften verheirateter Männer außerhalb des heimischen Bereiches, etwa im Krieg oder auf Reisen, unproblematisch, beeinträchtigen sie doch nicht den häuslichen und sozialen Frieden.

Der Zwiespalt zwischen der Forderung nach Monogamie für die Ehefrau, um die Legitimität der Kinder zu gewährleisten, und der Selbstverständlichkeit sexueller Freiheit für den Mann schlägt sich in der Parabel vom Götterehebruch der Aphrodite und des Ares nieder.

Der Kriegsgott Ares und die schöne Göttin der Liebe hatten eine heimliche Liaison, die vom Sonnengott Helios ihrem Ehegemahl Hephaist, dem göttlichen Schmied, hinterbracht wurde. Hephaist, der kunstfertige, kluge Erfinder, aber hinkend und häßlich, sann auf Rache. Er machte ein feines, spinnenwebzartes Kettennetz, das er um das Ehebett spannte. Dann verreiste er. Kaum hatte er das Haus verlassen, eilte Ares zu seiner Geliebten und bestieg mit ihr das eheliche Bett, wo sie sich im Liebesrausch im unsichtbaren Netzwerk verstrickten. Hephaist kehrte von Helios gerufen zurück, überraschte die Ehebrecher und rief die übrigen Götter als Zeugen herbei. Die Götter kamen, *die Göttinnen blieben vor Scham in ihren Gemächern* (*Od.* 8, 324–32; Übers. J. H. Voss):

und ein langes Gelächter erscholl bei den seligen Göttern,
als sie die Künste sahn des klugen Erfinders Hephaistos.
Und man wendete sich zu seinem Nachbarn und sagte:
Böses gedeiht doch nicht; der Langsame haschet den Schnellen!
Also ertappt Hephaist, der Langsame, jetzo den Ares,
welcher am hurtigsten ist von den Göttern des hohen Olympos,
er der Lahme, durch Kunst. Nun büßt ihm der Ehebrecher.

Dieser Ehebruch, für den Hephaist die Rückgabe der Brautgeschenke einfordert, ruft nicht etwa Entrüstung hervor, sondern das bekannte homerische Gelächter. Die Übeltäter entschlüpfen ohne Reue. Der eheliche Fehltritt wird wie ein Kavaliersdelikt behandelt, bei dem man sich nur nicht ertappen lassen darf, da man sonst Schadenfreude erntet. Trotzdem würden weder Hohn noch die Peinlichkeit der Entdeckung z. B. Hermes, wie er gesteht, davon abhalten, bei der goldenen Aphrodite liegen zu wollen.

In dieser Göttergesellschaft, wo die irdische Funktion der Ehe als Garant des Familienerhalts entfällt, rangiert der Liebesgenuß deutlich vor der ehelichen Treuepflicht. Hier zeigt sich, daß die Bedeutung der Gattentreue wesentlich in ihrer Funktion lag. Erhält sie jedoch darüberhinaus eine andere, ethische Dimension, wie in der Penelope-Odysseus Ehe, erfüllt sich ein Ideal, bei dem Pflicht und Neigung zusammenfallen. Von diesem Eheideal ist die in jener Episode geschilderte Götterwelt weit entfernt. Diese Welt, die kraft ihrer Göttlichkeit über die Regeln menschlicher Sozialgefüge erhaben ist, spiegelt offenbar den aristokratischen Anspruch, in gleicher Weise über der allgemein bindenden Moral zu stehen.

Voreheliche Liebe – voreheliche Kinder

Der liberale Umgang mit der Sexualität und die fehlende Normierung zeichnen sich auch im vorehelichen Leben der homerischen Jugend ab. Die Forderung nach Monogamie der Ehefrau – und hier wird wieder deutlich, daß sie nicht moralischer Art ist – scheint nämlich nicht einzuschließen, daß die Braut jungfräulich sein muß[7]. Es gibt eine Reihe von erlauchten Mädchen und vornehmen Töchtern, die uneheliche Kinder zur Welt gebracht haben. Weder für die Mutter noch für die Kinder ist dies ein Makel, der etwa einer Verheiratung im Wege gestanden hätte. Die schöne Polymele, Tochter des Phylas, büßt durch die uneheliche Geburt des Knaben Eudoros nichts an Attraktivität als Braut ein. Der Fürstensohn Echekles gewinnt sie unter Aufbringung einer beachtlichen Brautgabe zur Frau (*Il.* XVI, 180–192). Das Söhnchen, das als uneheliches Kind zur Mutterfamilie gehört, wächst im Haus des Großvaters Phylas zum jungen Helden heran. Unter den Kämpfern von Troja wird er als glänzender Sohn der Polymele genannt und als schneller Läufer und Krieger gerühmt.

Die Vaterschaft solcher Kinder wird regelmäßig einem Gott, in diesem Fall Hermes, zugeschrieben. Häufig sind es Flußgötter oder es ist Poseidon, der Beherrscher der Meere, selbst. Das Element Wasser verkörpert sinnfällig die göttlich empfundene Umarmung. Diese Vorstellung schuf zarte Schilderungen des Liebesaktes, wie die Begegnung von Poseidon und Tyro, die dem Meergott Pelias und Neleus gebar (*Od.* 11, 243–45; Übers. J. H. Voss):

Rings um die Liebenden stand wie ein Berg die purpurne Woge,
hochgewölbt, und verbarg den Gott und die sterbliche Jungfrau.
Schmeichelnd löst' er den Gürtel der Keuschheit und ließ sie entschlummern.

Götterliebe ist ein Glück, dessen man sich rühmt (*Od.* 11, 260–61; 305–06), die uneheliche Frucht ein Göttersproß, der die Mutter adelt. Umgekehrt tritt im Epos auch der Fall auf, daß die Mutterschaft einer Göttin zugeschrieben wird, Äneas z. B. gilt als der Sohn des Anchises und der Aphrodite, Achill entstammt der Verbindung seines Vaters Peleus mit der Göttin Thetis.

Versucht man aus der Auffassung des Epos die reale Situation unehelicher Kinder und ihrer Mütter herauszufiltern, zeigt die häufige und stets lobende Erwähnung von unehelichen Söhnen das Fehlen jeglicher Ressentiments gegenüber diesen Kindern und Müttern. Die Vorstellung vom göttlichen Eingreifen hielt die gesellschaftliche Ordnung in der Balance und gab diesen Söhnen in der mütterlichen Familie, deren Oberhaupt weder ihr Erzeuger war noch ihr Erblasser werden konnte, einen besonderen Rang.

Die Hochzeit

Über die Heiratsriten der homerischen Gesellschaft ist wenig bekannt. Daß vor der Hochzeit dem Brautgeber die *Hedna*, die Brautgeschenke, zu entrichten war (*Il.* XXII, 470–72), wurde schon gesagt. In Ausnahmefällen blieb die junge Frau ἀνέεδνος ohne *Hedna* wie z. B. Kassandra, die seherische Tochter des Priamos. Stattdessen hatte der Bräutigam eine Ersatzleistung zu erbringen. Um Kassandra zu erringen, versprach Othryoneus dem Priamos Waffengefolgschaft in der Verteidigung der Stadt Troja. Dabei fiel er.

Festlicher Mittelpunkt der Hochzeit war ein üppiger Hochzeitsschmaus mit Musik und Tanz. Er konnte im Hause des Brautvaters stattfinden oder – und dies scheint die Regel gewesen zu sein – bei den Eltern des Bräutigams. So schickte z. B. der Spartanerfürst Menelaos seine schöne Tochter Hermione zur Hochzeit zu ihrem Bräutigam, dem Achilleussohn und Myrmidonenherrscher Neoptolemos, nach Phthia (*Od.* 4, 5–9), während die Hochzeit seines Sohnes Megapenthes in seinem eigenen Palast gefeiert wurde (*Od.* 4, 3–4). Dieses Fest ist in vollem Gange, als Telemach auf der Suche nach seinem Vater Odysseus nach Sparta kommt. Der Fürst sitzt mit Freunden und Nachbarn beim Festmahl. Die Frauen, die üblicherweise die Mahlzeiten der Männer nicht teilen, aber anwesend sein können, erscheinen erst später (*Od.* 4, 121). Ein Sänger singt zur Harfe, Tänzer unterhalten die Gäste (*Od.* 4, 15–19). Dieselben Lustbarkeiten werden auch von Odysseus veranlaßt, als er zur Vertuschung des Freiermordes und Vermeidung eines Racheaufruhrs den Nachbarn die angebliche zweite Hochzeit der Penelope vorspiegeln will. Zu diesem Zweck sollen sich die Getreuen baden und festliche Kleider anlegen, Sänger und Tänzer[8] in Aktion treten (*Od.* 23, 131–34).

Am Abend wohl noch während des Festes wurde die Braut bei Fackellicht – umringt von tanzenden Jünglingen und begleitet von Gesang, Flöten- und Harfenspiel – vom Haus der Eltern des Bräutigams zu seinem eigenen geführt oder auf einem Wagen gefahren. Dieser Zug muß den Charakter eines Umzuges gehabt haben, an dem man das Brautlied, den *Hymenaios*, singend teilnahm oder dem man von den Häusern aus staunend zusah. Ein Zeugnis für diesen Teil der Hochzeit ist Homers Beschreibung des Achil-

1 Hochzeitsfahrt des Herakles und der Deianeira. Melische Amphore. Um 600 v. Chr. (Athen)

leusschildes[9]. Achilleus' göttliche Mutter Thetis hatte ihrem Sohn neue Waffen von Hephaist schmieden lassen, nachdem seine eigenen, von Patroklos im Kampf getragen, nach dessen Tod dem Hektor zugefallen waren. Hephaist schuf einen prächtigen Schild, dessen Außenseite verschiedene Bildfriese schmückten, darunter auch das Bild eines Hochzeitsfestes (*Il.* XVIII, 490–96; Übers. W. Schadewaldt):

> *Und auf ihm machte er zwei Städte von sterblichen Menschen,*
> *schöne. In der einen waren Hochzeitsfeste und Gelage:*
> *da führten sie Bräute aus den Kammern unter brennenden*
> *Fackeln durch die Stadt, und viel Hochzeitsjubel erhob sich.*
> *Und Jünglinge drehten sich als Tänzer, und unter ihnen*
> *erhoben Flöten und Leiern ihren Ruf, und die Frauen*
> *schauten staunend zu, an die Türen getreten eine jede.*

Bildliche Darstellungen von Hochzeit und Liebe

Bildliche Darstellungen einer Hochzeit gibt es aus homerischer Zeit nicht. Denn auch der Schild des Achilleus hat kein reales historisches Vorbild, das der Dichter vor Augen gehabt hätte[10]. Allerdings können gerade für die Hochzeitsfahrt einige Bilder von Götter- und Heroenpaaren eintreten, die im 2. Viertel des 7. Jhs. aufkommen[11]. Ein gut erhaltenes Beispiel zeigt eine melische Amphora in Athen (Abb. 1). Hier wird das abfahrende Brautpaar offenbar von den Eltern verabschiedet. Herakles[12], erkennbar an Löwenfell und Köcher, steigt zu seiner jungen Braut auf den Wagen. Sie hat den Mantel um sich geschlagen, den sie mit der linken Hand lüftet. Dieser Enthüllungsgestus symbolisiert die Hingabe der Frau in die Hand und die Macht des Mannes und kennzeichnet sie als Braut oder Ehefrau. Jene Heroenhochzeit darf nach Ausweis der daran anschließenden Bildtradition als Abbild der realen Vorgänge bei einer bürgerlichen Hochzeit gewertet werden und stellvertretend dafür stehen. Andere mit Sicherheit auf das Hochzeitszeremoniell zu beziehende Darstellungen fehlen.

Dagegen existiert eine Reihe mehr oder weniger erotisch gefärbter Bilder von Paaren, seien es Götter-, Heroen- oder Menschenpaare. Sie erscheinen wesentlich in zwei Darstellungsschemata: Mann und Frau stehen einander gegenüber bzw. nebeneinander, oder Mann und Frau folgen einander[13]. In beiden Fällen ist weitgehend offen, ob es sich um Eheleute handelt, um ein Brautpaar oder ein nicht-ehelich gebundenes Liebespaar. Selbst die sichere Benennung eines Paares durch Bildattribut oder Fundort des Gegenstandes schafft keine endgültige Klarheit über die inhaltliche Bedeutung eines Bildes[14].

2 *Hera und Zeus (?).*
Bronzestatuette.
1. Hälfte d. 8. Jhs. v. Chr.
(Boston)

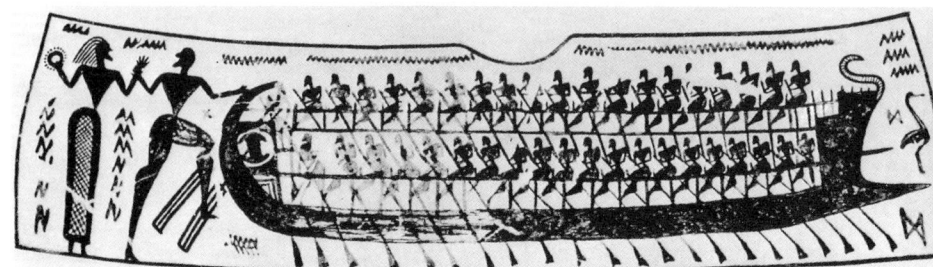

3 Raub der Helena (?). Weinmischgefäß. 2. Hälfte d. 8. Jhs. v. Chr. (London)

Eines der frühsten Paarbilder (1. Hälfte des 8. Jhs.) ist eine geometrische Bronze in Boston (Abb. 2), die möglicherweise in Griechenland entstanden ist[15]. Sie zeigt Mann und Frau, die sich einander die Arme um die Schultern gelegt haben. Die Frau ist deutlich erkennbar an ihren kugeligen Brüsten. Der Mann trägt einen Gürtel um den Leib und einen Helm auf dem Kopf. Vielleicht stellt diese Plastik Zeus und Hera dar.

Die Zusammengehörigkeit eines Paares wird durch unterschiedliche Gesten in Szene gesetzt. Einen besonderen Stellenwert hat der Griff um das Handgelenk, meist von Seiten des Mannes. Er symbolisiert augenfällig eine Vereinnahmung des Gegenübers, die in der späteren ikonographischen Tradition die Heimführung in den *Oikos* des Ehepartners meint. Ob diese spezifische Bedeutung der Heirat bereits in den ersten „Heimführungsbildern", wie auf dem geometrischen Kessel in London (Abb. 3), enthalten ist, mit dem Gestus also ein Hochzeits- oder Ehepaar gekennzeichnet wird, muß offen bleiben. Die Verbindung dieses „Handgriffs" mit dem Halten eines Kranzes, der als allgemeiner Festschmuck auch bei Hochzeiten üblich war[16], könnte dafür sprechen.

Während der „Heimführungsgestus" und das gemeinsame Halten eines Kranzes oder Zweiges das äußere, soziale und rechtliche Zeichen einer Paarbindung zu sein scheint, rücken andere Berührungsgesten eindeutig den erotischen Aspekt der Verbindung ins Blickfeld und stellen das körperliche Besitzergreifen dar: unter das Kinn zu fassen, die Wange zu tätscheln, über die Hüften zu streichen und die Brust zu umfassen. Es scheint nicht so, daß diese Zärtlichkeiten auf die einen oder anderen Paare beschränkt sind. Sie werden nachweislich jedenfalls für die Darstellung von Ehepaaren in Anspruch genommen, wie Reliefs des göttlichen Paares Zeus und Hera zeigen (Abb. 4). In diesem Punkt läuft die bildliche Darstellung den literarischen Zeugnissen parallel.

Bildliche Darstellungen von Hochzeit und Liebe 27

4   Zeus und Hera. Hölzernes Hochrelief aus Samos. Um 620 v. Chr. (verschollen)

II. Die Ehe im archaischen und klassischen Athen

Die politische Bedeutung von Ehe und Familie seit Solon

In der Folgezeit griechischer Geschichte spielt die Ehe als Kern der Familie weiterhin eine konstituierende Rolle. Mit dem Wachsen demokratischer Strukturen und ihrer Verfestigung werden Ehe und Familie zum Kristallisationspunkt öffentlichen Interesses. In dem Maße wie die Aristokratie an Macht verliert und nicht mehr Familien- und Geschlechterverbände im Zentrum des politischen Handelns stehen, sondern die staatliche Gemeinschaft der *Polis,* des griechischen Stadtstaates, nimmt sich die *Polis* dieser privaten Institution an und macht sie zum Gegenstand öffentlichen Rechts und zum Baustein ihres Systems.

Der erste Schritt in dieser Entwicklung erfolgte durch die Solonische Neuordnung im Jahr 594 v. Chr., die die Kleinfamilie von den aristokratisch geführten Geschlechtern und *Phratrien* unabhängig machte und einem staatlichen Beamten direkt unterstellte. Der zuständige Archon Eponymos, der die familienrechtlichen Fragen regelte und Erbstreitigkeiten entschied, wurde jährlich von der Volksversammlung gewählt. Ein weiteres Novum und ein entscheidender Faktor bei der Stärkung der Einzel- und Kleinfamilie war die Einführung des Testamentes durch die solonische Gesetzgebung. Das Testament ermöglichte einem Familienvater, der ohne Erben, d.h. ohne Sohn, gestorben war, auch noch nach seinem Tode per Verfügung einen Nachfolger zu adoptieren, der den *Oikos* übernahm und als Oberhaupt seiner Mitglieder und legitimer Besitzer des zugehörigen Ackerlandes weiterführte. Ohne diese Maßnahme wäre der *Oikos* der ferneren Verwandtschaft zugefallen.

Denselben Zweck, nämlich der engsten Familie den Grund und Boden zu erhalten, der sie ernährte, verfolgte auch die nun kodifizierte Regelung des Falles, daß ein Bürger keinen Sohn, sondern nur eine Tochter, eine *Epikleros,* hinterließ. *Epikleros* heißt die, die auf dem Erbgut bzw. Land ist, d.h. an die es gebunden ist. Im juristischen Sinne ist sie jedoch keine Erbtochter. Da griechische Frauen unmündig und rechtsunfähig waren, kamen sie rechtlich nie in die Lage, Besitz zu haben oder darüber zu verfügen, ebenso wenig wie einen solchen zu erwerben oder zu veräußern. Man kann eine *Epikleros* vielleicht als Erbträgerin bezeichnen, die, ohne selbst verfügungsberechtigt zu sein, das väterliche Erbe an einen männlichen Stammhalter weitergeben sollte. Dies konnte ihr Ehemann sein, dem mit der Vormundschaft über die Frau auch ihr Vermögen zufiel, oder ihr Sohn. Damit der

Familienbesitz dem angestammten *Oikos* erhalten blieb, hatte nach dem Tod des Vaters einer *Epikleros* der nächste unverheiratete Verwandte väterlicherseits – ausgenommen der Bruder – das Recht sie zu heiraten. Diese Ansprüche bestanden, auch wenn sie bereits verheiratet war. Der Ehemann mußte unter Umständen dem heiratsberechtigten Verwandten, meist einem Onkel der *Epikleros*, das Feld räumen. Erbschleicherei durch einen *Oikos*fremden wurde auf diese Weise erschwert. Die Gefahr, die reiche Gattin an ein heiratsberechtigtes Mitglied des *Oikos* zu verlieren, war zu groß. Die Heiratsansprüche des nächsten agnatischen Verwandten erloschen nur dadurch, daß der Ehemann der *Epikleros* von ihrem Vater adoptiert wurde. War dies zu seinen Lebzeiten versäumt worden, konnte die Adoption auch testamentarisch erfolgen. Mit einer solchen Adoption, die den Schwiegersohn in der Familie seiner Frau erbberechtigt machte, verlor er jedoch jegliches Anrecht am Erbe seines leiblichen Vaters. Auf diese Weise wurden eine Verschmelzung verschiedener *Oikoi* und eine Ansammlung von Landbesitz in den Händen einiger weniger verhindert.

Diese Familienpolitik sollte der Entwicklung von Verhältnissen entgegenwirken, die vor Solons Neuordnung geherrscht hatten. Die Konzentration von Landbesitz in den Adelsfamilien und die massenhafte Schuldknechtschaft der Kleinbauern hatte Solon durch Beschränkung des erlaubten Grundbesitzes, durch den Erlaß der Grundschulden und die Aufhebung der Leibeigenschaft beseitigt. Nun sollte jeder *Polis*bürger, der Grund und Boden hatte, diesen seiner Familie erhalten können, um wirtschaftlich gesichert und unabhängig zu sein. Nur so waren die *Oikoi* in der Lage, über ihre eigene existenzielle Versorgung hinaus auch für die gesamte Gemeinschaft der *Polis* aufzukommen; sei es durch politische Arbeit und die Übernahme von Ämtern, sei es durch die Bereitstellung und Ausrüstung von Soldaten, sei es durch eventuell aufzubietende Geldmittel. Die Nachfolgeregelung in einem *Oikos* durch Adoption und die Heiratsbestimmungen für die *Epikleroi* dienten allein der Erhaltung und Emanzipation der einzelnen Hausstände, die als kleinste Funktionseinheiten der *Polis* die Existenz und Effizienz der Gemeinschaft trugen.

Vor diesem Hintergrund sind bestimmte, zunächst befremdende Maßnahmen zu verstehen, die den kaiserzeitlichen Schriftsteller Plutarch (*Sol.* 20, 3) in Erstaunen versetzten: Wenn der Ehemann einer *Epikleros* zeugungsunfähig war, hatte sie das Recht, dem nächsten agnatischen Verwandten beizuwohnen. Selbst um den Preis des Ehebruchs, der anders als in homerischer Zeit durch die Solonischen Gesetze sonst geahndet wurde, sollte eine Schwangerschaft herbeigeführt werden. Daß das Kind einer solchen Verbindung nicht als unehelich, d.h. nicht erbberechtigt galt, dafür reichte in diesem besonderen Fall aus, daß sein Erzeuger zum *Oikos* gehörte. Der Hervorbringung eines Stammhalters diente offenbar auch die Auflage, daß der Gatte einer *Epikleros* mindestens dreimal im Monat mit ihr

Geschlechtsverkehr haben sollte (Plutarch, *Sol.* 20, 3). All diese Verordnungen machen deutlich, daß die zentrale Funktion der Ehe die Erzeugung und Aufziehung von Kindern war, vornehmlich von Erben und Stammhaltern. Bereits in homerischer Zeit bildete dies die Hauptaufgabe der Ehe. Was damals jedoch im Interesse der einzelnen Familie oder eines Adelsgeschlechtes lag, ist nun zum Anliegen der staatlichen Gemeinschaft geworden. Diese Tendenz verstärkte sich mit dem Einsetzen der verfassungsmäßigen Demokratie durch Kleisthenes (508/7 v. Chr.) und mit ihrer weiteren Entwicklung im 5. Jh.

Es war aber nicht die demokratisch gefärbte Familienpolitik Athens, die in der Gesellschaft des 6. Jhs. Aufsehen erregte, sondern es waren die großen Adelshochzeiten. Nach wie vor lag in den griechischen *Polis*staaten wie in Athen die Macht in den Händen der Aristokratie und blieb ihr entsprechend der Verfassung sogar vorbehalten. Für den Adel behielt die Ehe ihre alte bündnisschaffende Funktion, die sie in der homerischen Gesellschaft gehabt hatte. Die Mächtigen verpflichteten sich untereinander und verflochten ihre Interessen, indem sie ihre Kinder miteinander verheirateten. Diese Hochzeiten machten nicht nur wegen ihrer politischen Relevanz, sondern oft auch ihrer schillernd selbstdarstellerischen Ausgestaltung wegen Furore.

Der Athener Kylon z.B., ein ehrgeiziger Aristokrat und Olympionike, verband sich mit der Tochter des Theagenes, des Tyrannen von Megara (2. Hälfte d. 7. Jhs.), in der offensichtlichen Hoffnung, mit dessen Unterstützung, die Alleinherrschaft in Athen an sich bringen zu können. Fehlgeleitet durch einen Orakelspruch aus Delphi mißlang das Unternehmen allerdings (Thuk. I 126). Peisistratos (561–527 v. Chr.), der Tyrann von Athen, war mit Timonassa, der Tochter eines argivischen Adligen namens Gorgilos, verheiratet, die in erster Ehe bereits mit dem höchsten Adel verbunden worden war. Sie war vorher mit Archinos, dem Sohn des bekannten Kypselos von Korinth vermählt gewesen (Aristot. *Ath. pol.* 17,4). Das Athener Geschlecht der Alkmaioniden hatte verwandtschaftliche Beziehungen zur Magna Graecia.

Berühmt ist die Hochzeit des Alkmaioniden Megakles mit Agariste, der Tochter des Kleisthenes, des Tyrannen von Sikyon (um 570 v. Chr.). Ihre Berühmtheit erlangte sie vor allem wegen des aufwendigen Vorspiels, das schon mythische Züge trägt. Herodot (6, 126–30) schildert ausführlich die spektakuläre Bewerberschau, die der Vater ein Jahr lang veranstaltete, um den geeigneten Gatten für seine Tochter zu finden. Kleisthenes hatte keinen geringeren Ort und Anlaß gewählt als Olympia und seine Spiele, um zu verkünden, daß er seine Tocher vor Ablauf einer Jahresfrist verheiraten wollte, und um jeden Griechen nach Sikyon einzuladen, der sich dieser Verbindung für würdig hielt. Dort an seinem Hof scheute er keine Mühen und Kosten, die Gäste gebührend aufzunehmen und für ihr Wohlergehen zu sorgen. Er ließ eine Rennbahn anlegen und einen Ringplatz installieren. Dienten diese Maßnahmen auch der Unterhaltung und dem Vergnügen der jungen Aristokraten, so erlaubten sie gleichzeitig eine unauffällige Prüfung der Kandidaten auf ihre athletischen Fähigkeiten hin. Außerdem wurden ihre Tüchtigkeit, ihre Bildung, ihr Charakter und ihr Temperament begutachtet. Größten Wert legte Kleisthenes, wie Herodot ausdrücklich hervorhebt, darüber hinaus auf gepflegte Tischsitten des möglichen Schwiegersohnes. Angesichts dieser Ansprüche verwundert es kaum, daß der aussichtsreichste Bewerber, Hippokleides aus Athen, sich schließlich durch einen allzu ausgelassenen Tanz um seine Chancen brachte. Er und der Alkmäonide Megakles aus Athen waren bei Ablauf des Jahres in die engere Wahl gekommen. Hippokleides gab man sicherlich der vornehmen Abkunft aus dem bedeutenden Kypselidengeschlecht wegen den Vorzug. Während des Abschlußfestes, bei dem der zukünftige Bräutigam bekannt gegeben werden sollte, verscherzte er sich allerdings des Kleisthenes' Sympathien durch sein ungebührliches, übermütiges Betragen, so daß Megakles zum Schwiegersohn des Tyrannen avancierte.

Nicht weniger aufwendig als diese langwierige, sorgfältige Vorbereitung muß man sich das Hochzeitsfest selbst vorstellen. Der Luxus wurde allgemein so weit getrieben, daß Solon gesetzlich dagegen vorging (Plut. *Sol.* 21, 4) und vor allem die überreiche Brautausstattung, die nicht zur Mitgift gehörte, einschränkte. Eine sehr spektakuläre Hochzeit, die in ihrem immensen Aufwand und hohen Anspruch der Bewerberschau des Kleisthenes ähnelt, überliefert Diodor (13, 84) für klassische Zeit von einem reichen Bürger aus Akragas. Diese Beschreibung steht im Zusammenhang mit anderen Erwähnungen, die den übergroßen Reichtum der Stadt zeigen sollen. Dort sollen über 800 Gespanne und eine stolze Reiterkavalkade auch aus den Nachbarstädten die Braut geleitet haben. Den größten Eindruck machte aber eine gewaltige Lichtschau: Überall in der Stadt brannten auf den Altären die Feuer, und als Höhepunkt wurden, als sich der Hochzeitszug durch die Hauptstraße bewegte, gleichzeitig auf der Burg und in den Straßen tausende von Fackeln entzündet, die den Ort in ein Lichtermeer verwandelten. Eine solche Prachtentfaltung war geeignet, wirtschaftliche und politische Potenz zu dokumentieren. Waren Heiraten innerhalb der Aristokratie ein bewußt eingesetzter Machtfaktor, so boten die Hochzeiten den willkommenen Anlaß, Macht und Machtanspruch den Standesgenossen und dem abhängigen Volk gegenüber repräsentativ darzustellen.

Die Stellung der Ehe in der Demokratie

Die demokratische Verfassung des Kleisthenes (508/07 v. Chr.) nahm die Familienpolitik, die Solon verfolgt hatte, auf und entwickelte sie konsequent weiter. Das Staatskonzept, das die Autonomie und Eigenverantwortlichkeit der Einzelfamilie zum Funktionsprinzip der Polis erhob, führte zwangsläufig zu einer verstärkten staatlichen Einflußnahme im Bereich der Familie und der sie begründenden Ehe. Eine fortschreitende Normierung und Reglementierung entprivatisierte diese zunächst familiäre und persönliche Angelegenheit. War die Ehe einst individuelles Machtpotential der Aristokratie, gewann sie nun einen Platz im Instrumentarium der Demokratie, wurde zum Angelpunkt des athenischen Bürgerrechts.

Eine entscheidende Rolle in diesem Prozeß spielte die gesetzliche Festlegung einer allein rechtsgültigen Form der Eheschließung. Wahrscheinlich war bereits durch Solon[1] verfügt worden, daß jede vollgültige Ehe durch ἐγγύη, d. h. eine vertragsgebundene Verlobung, und ἔκδοσις, d. i. die Brautübergabe in die Familiengewalt des Bräutigams, geschlossen sein mußte. Nur diese Ehen garantierten den ihr entstammenden Söhnen eheliche Legitimität einschließlich des Erb- und vor allem des vollen Bürgerrechtes. Diese Regelung sollte offenbar bewirken, daß alle Polisbürger fest in einem *Oikos* verwurzelt und so den Interessen der Gemeinschaft verpflichtet waren. Fremdeinflüsse wurden auf diese Weise kontrollierbar und eingeschränkt. Trotz dieser Gesetze scheinen in der nachsolonischen Zeit des 6. Jhs. auch freie Bürgerehen, die nicht in der vorgeschriebenen Form geschlossen waren, aber den sozialen Tatbestand einer Ehe, nämlich das συνοικεῖν (Zusammenleben) erfüllten, rechtlich anerkannt gewesen zu sein. Die Kinder solcher Verbindungen hatten anscheinend das Bürgerrecht und waren wohl nur im Erbrecht den legitimen Söhnen nachgestellt[2].

All dem machte die Demokratie ein Ende. Die Tolerierung freier Ehen und die juristische Berücksichtigung illegitimer Kinder waren mit den Erfordernissen des demokratischen Systems nicht in Einklang zu bringen.

Durch die kleisthenische Reform wurde jeder attische Vollbürger, der als solcher zur Regierung in der Polis zugelassen und befähigt war, Mitglied einer *Deme*, einer Verwaltungseinheit des *Polis*staates. Diese *Demen*mitgliedschaft war allerdings abhängig von der Legitimität der Geburt. Legitime Abkunft bedeutete in jener Zeit, der 1. Hälfte des 5. Jhs.: der Vater mußte ein Athener Bürger, d. h. im Besitz des Bürgerrechtes, die Mutter zumindest eine freigeborene Frau sein, und ihrer beider Ehe in der staatlich sanktionierten Form geschlossen worden sein. Nur eine solchermaßen gesetzmäßige Ehe machte die ihr entstammenden Kinder zu ordentlichen Mitgliedern des *Oikos*. Die Zugehörigkeit zu einem *Oikos*, der kleinsten Einheit der *Polis*, verschaffte dem Bürger eine feste Position innerhalb des Gemeinwesens, für das er einstehen und das er mitregieren mußte. Diesen sicheren Stand innerhalb des demokratischen Gefüges hatten Frau und Kinder einer freien, d. h. illegitimen Eheverbindung nicht, da sie weder zum *Oikos* des Vaters noch der Mutter gehörten. Als *oikos*lose fanden sie in der klar strukturierten Gesellschaft keinen ihnen zugehörigen Platz und konnten ihr keine vollwertigen Mitglieder sein.

Verschärft wurden die Ehegesetze durch den Bürgerrechtserlaß des Perikles aus dem Jahr 451/50. Dieser forderte neben den bis dato geltenden Bedingungen einer legitimen Ehe, daß nicht nur der Vater athenischer Bürger, sondern auch die Mutter Athenerin sein mußte, um den Kindern eine legitime Geburt und die Aufnahme in die Bürgerschaft zu garantieren. Dieses Gesetz machte Mischehen, die bislang als legitim galten, sofern der Ehemann athenischer Bürger und die Eheschließung in der vorgeschriebenen Form erfolgt war, zu freien, illegitimen Verbindungen. Die Kinder aus solchen Mischehen galten als unehelich und wurden vom Privileg des Bürgerrechts ausgeschlossen. Perikles selbst war von der Neuregelung betroffen. In zweiter Ehe mit der Milesierin Aspasia verheiratet, hatte er einen Sohn, der zunächst ohne Bürgerrecht blieb, bis sein Vater für ihn eine Ausnahmeerlaubnis erwirkte (Plut. *Per.* 37).

Gerade Perikles' Bürgerrechtsgesetz macht deutlich, wie sehr die Lebensform Ehe zu einer staatlichen Institution geworden war und als politisches Instrument in den Händen der Demokratie fungierte. Über die Ehegesetze, zunächst die Festlegung einer einzig gültigen Form der Eheschließung, gefolgt von der ausschließlichen Zulassung athenischer Bürger und Bürgerinnen zur rechtmäßigen Ehe, wurden politische Ziele verfolgt und gesellschaftliche Veränderungen durchgesetzt, die dem Schutz der *Polis*gemeinschaft dienten und sie festigten. In beiden Fällen zielte die Gesetzgebung auf eine Verengung des Kreises derer, die Anspruch auf das Bürgerrecht hatten, und auf die Sicherung der sozialen Strukturen innerhalb dieser Bürgerschaft. Im Rahmen der sanktionierten Ordnung waren die Rechte der Kinder garantiert, die die politischen Aufgaben der Väter übernahmen und dem Staat Kontinuität gewährleisteten. Ebenso wurden die Rechte der Frauen gewahrt, die als Mütter zukünftiger Bürger und Sachwalterinnen von Haushalt und Landbesitz die wirtschaftliche Existenz und Funktionsfähigkeit des Gemeinwesens sicherten.

Im Sinne der Privilegierung athenischer Frauen ist auch Perikles' Bürgerrechtsgesetz zu verstehen: Es verbesserte die Heiratschancen der Töchter athenischer Bürger, sorgte für deren Unterbringung im Sozialgefüge und vermied sozialen Zündstoff, etwa durch Verelendung wenig begüterter Athenerinnen, für die kein Vater, Gatte oder Bruder aufkommen konnte oder wollte. Der Erlaß des Perikles stattete auch die Töchter ärmerer Athener Eltern, deren Mitgift nicht hoch ausfallen und dem möglichen Bräutigam keinen ansehnlichen Vermögenszuwachs bringen konnte, mit dem Vorzug aus, legitime, zur Bürgerschaft berechtigte Kinder gebären zu können.

Wie sehr die Ehe im Dienste des Staates stand und dessen Bedürfnissen nachkam, zeigt die Tatsache, daß das Perikleische Gesetz gelockert wurde, als es die politischen Umstände geboten. Während des Peloponnesischen Krieges, zwischen 414 und 411[3], erhielt die freie Bürgerehe, die ohne die gesetzlichen Formalitäten und möglicherweise sogar mit einer allerdings freien Ausländerin eingegangen worden war, den Rang einer legitimen Ehe, soweit es das Bürgerrecht der ihr erwachsenden Kinder betraf[4]. Jene blieben jedoch trotz aller Liberalisierung unehelich, d.h. vor allem erbrechtlich benachteiligt. Den Grund für die Aufweichung der demokratischen Gesetze vermutete man in der Notwendigkeit, die Kriegsverluste in den Bürgerreihen möglichst schnell auszugleichen. Rückgängig gemacht wurde diese Verfügung im Jahr 403/2 unter dem Archon Eukleides. Auch die Verleihung der Epigamie, des gegenseitigen Rechtes einer vollgültigen Eheschließung, an bestimmte Städte und Personenkreise gehörte zum politischen Kalkül.

Die bisherigen Überlegungen galten der politischen Funktion der Ehe, erkannten sie als einen Faktor gesellschaftlicher Modifizierung und Stabilisierung. Ihre Bedeutung basiert auf der Tatsache, daß die eheliche Gemeinschaft die konstituierende Grundlage der einzelnen *Oikoi*, der athenischen Bürgerfamilien, war, aus denen sich das demokratische Gebäude des *Polis*staates aufbaute.

Innere Funktion der Ehe: die Ehefrau als Mutter und Wirtschafterin

Der nächste Blick richtet sich auf die innere Funktion der Ehe. Zwangsläufig rückt dabei die Personengruppe in den besonderen Mittelpunkt, deren Existenzberechtigung und einziges Lebensziel in der Ehe lag: die Ehefrauen.

Die Aufgabe der Ehe unterschied sich kaum von der in homerischer Zeit. An erster Stelle stand die Erzeugung und Aufzucht von Nachkommenschaft. Darüber hinaus diente sie der Gewinnung einer zuverlässigen Hausverwalterin. Daß dies die beiden Hauptziele einer Eheschließung waren, daran lassen die Autoren klassischer Zeit keinen Zweifel. Geradezu ein Lehrstück für den Sinn der Ehe und die Aufgaben der Ehefrau bietet Xenophon in seiner Abhandlung Οἰκονομικός (Der Verwalter eines Hauswesens). Dort legt der frischgebackene Ehemann seiner jungen Frau dar, warum er gerade sie zur Frau genommen hat, und warum ihre Eltern sie gerade ihm in die Ehe gegeben hätten. Jene wie auch er selbst hätten sich von dieser Verbindung eine gute Partnerschaft für die gemeinsame Führung eines Hauswesens und die Aufziehung gemeinsamer Kinder versprochen. In einer langen Rede setzt Ischomachos der Gattin auseinander, was der Sinn der Ehe und wie die Aufteilung der beiderseitigen Pflichten ist. Als erstes nennt er die Zeugung von Nachkommenschaft (*oik.* 7, 19), dann die gemeinsame Verwaltung des Hausstandes (*oik.* 7, 30). Die Führung des Hauswesens sei arbeitsteilig. Die Aufgaben innerhalb des Hauses oblägen der Frau, diejenigen draußen unter freiem Himmel fielen dem Mann zu (*oik.* 7, 22). Er begründet diese Zuordnung mit der physischen und psychi-

schen Beschaffenheit von Mann und Frau und den daraus resultierenden Fähigkeiten (*oik.* 7, 23–25):
Denn der Gott hat den Körper und die Seele des Mannes so beschaffen, daß er Kälte, Hitze, Fußmärsche und Feldzüge besser ertragen kann. Daher übertrug er ihm die Arbeiten draußen. Der Frau aber, deren Körper der Gott weniger kräftig für diese Dinge gemacht hat, scheint er die Arbeiten innerhalb des Hauses auferlegt zu haben. In dem Bewußtsein, der Frau auch die Pflege der neugeborenen Kinder eingegeben und zugewiesen zu haben, teilte er ihr auch mehr als dem Mann die Fähigkeit zu, die Kleinen zu lieben. Da der Gott die Frau auch dazu bestimmt hat, die eingebrachten Vorräte zu hüten, gab er ihr auch einen größeren Teil Furcht als dem Mann in der Meinung, daß ein schreckhaftes Gemüt nicht gerade schlecht für das Einhüten sei. Wohlwissend, daß sich andererseits derjenige, der die Arbeiten draußen tut, wehren muß, wenn ihm jemand Unrecht tut, gab er dem Mann wiederum ein Großteil mehr Mut.

Die hier erscheinende Argumentation, daß die geschlechtspezifische Rollenverteilung sowohl innerhalb der Ehe als auch im übergreifenden Sozialgefüge von körperlichen Funktionen und Fähigkeiten bedingt und somit naturgegeben sei, hielt sich bis in jüngste Zeit[5]. Xenophon schildert die Ehe als naturgegebene Komplettierung zweier verschieden befähigter Einzelwesen durch die gemeinsame Lebensführung. Die Voraussetzungen und Ziele dieser Lebensgemeinschaft sind oikonomischer und sozialer Art. Es geht um den Fortbestand der Familie, nicht zuletzt wegen der Alterssicherung (*oik.* 7, 19), und um die optimale Bewirtschaftung des Besitzes. Der Mann besorgt die produktiven Arbeiten des Anbaus und der Gewinnung der lebensnotwendigen Nahrung und Rohstoffe, die Frau übernimmt mit der Aufbewahrung und Verarbeitung der hereinkommenden Ernte den statisch-rezeptiven Part. Xenophon beschreibt ihre verschiedenen Hausfrauenpflichten im einzelnen. An erster Stelle stehen die Aufzucht und Erziehung der Kinder, dann folgen die Nahrungszubereitung und schließlich die Verarbeitung der Wolle, die Stoffherstellung und das Anfertigen der Kleidung (*oik.* 7, 21). Die Hausfrau ist für die Vorratshaltung und die angemessene Herausgabe zum Verbrauch verantwortlich, hat die Arbeiten der Sklaven im Haus zu überwachen, die Diener anzuleiten sowie für deren Bekleidung und gesundheitliche Betreuung Sorge zu tragen (*oik.* 7, 35–37). Bei all diesen Aufgaben ist Ordnung das oberste Gebot (*oik.* 8, 3; 8, 18–23).

Eine ähnliche Funktionsbeschreibung gibt Aristoteles in der *Nikomachischen Ethik* (8, 14, 1162a). Auch er begreift die Aufgaben der beiden Eheleute als komplementär, ausgehend von demselben biologischen Theorem, daß Mann und Frau von Natur aus so veranlagt seien, sich in der Führung eines *Oikos* zu ergänzen.

Daß man außer der Mutterschaft ein sparsames Wirtschaften und Zusammenhalten des Vermögens von der Ehefrau erwartete, geht in gleicher

Weise aus den zahlreichen kritischen bis misogynen Äußerungen zur Ehe hervor. Immer wieder sind Verschwendungs- und Putzsucht, Freßlust und Faulheit die vorgebrachten Klagen. Die Frau muß so gut wirtschaften, daß sich ihr Unterhalt lohnt[6].

Wenn auch die Funktion der Ehefrau zweifelsohne darin bestand, Kinder, vor allem als Erben, zu gebären und großzuziehen sowie durch umsichtiges Haushaltsmanagement die wirtschaftliche Kraft des *Oikos* zu erhalten, möglichst sogar zu vergrößern, so kann man wohl nicht davon ausgehen, daß das Verhältnis der Athener zu ihren Gattinnen nur von deren Aufgabe als Mutter und Arbeitskraft bestimmt war. Einerseits findet sich in den klassischen Dramen und Komödien zuviel Kritik an der bedrückenden Situation der Frauen, um den Eindruck zu festigen, jene Gesellschaftsstrukturen seien allgemein für richtig und unantastbar befunden worden. Andererseits spricht auch die Tatsache dagegen, daß im Laufe der Klassik zunehmend gerade die menschliche Zuneigung und die aufopfernde Liebe zwischen Ehegatten nicht selten Thema der Dichtung sind. Wie weit jedoch die Erweiterung der Ehevorstellung um menschlich-ethische Dimensionen mehr angestrebtes Ideal als gelebte Wirklichkeit war, kann kaum oder nur in einzelnen Punkten beantwortet werden[7].

Die rechtlichen Modalitäten der Ehe

Die sicherste Basis, um über Rang und Bedeutung der Ehefrau innerhalb der Polis Aufschluß zu erlangen, bleiben die gesetzliche Verankerung ihrer sozialen Stellung und ihre juristisch fixierten Rechte.

Die Gerichtsreden als unliterarischer Spiegel der Alltagsphänomene sind hier die am meisten genutzten Quellen. Darüberhinaus sind dann auch die literarischen Texte zu Rate zu ziehen, die zwar nicht die realen Zustände bürgerlichen Lebens wiedergeben, aber als Niederschlag zeitgenössischen Denkens bestimmte Strömungen von Anspruch, Kritik und Reformgeist erkennen lassen. In der stringenten Entwicklung dieser so faßbaren Geisteshaltungen liegt die Garantie für ihre Wirksamkeit auf das griechische Alltagsleben. Einzelne Bestätigungen erfahren wir durch das eine oder andere archäologische Zeugnis, wie Grabreliefs und Grabvasen.

Entscheidend für die Situation der griechischen Frau war die Tatsache, daß sie keine Rechtsperson, juristisch also nicht handlungsfähig war. Dies schließt ein, daß sie auch kein Bürgerrecht besitzen konnte. Sie wurde weder in die Listen der *Deme* noch die der *Phratrie* eingetragen[8]. Wenn von athenischen Bürgerinnen die Rede ist, meint dies eine Art passives Bürgerrecht. Es bestand in dem Privileg, eine legitime Ehe eingehen und legitime Kinder gebären zu können. Voraussetzung war die Herkunft aus einer legitimen Bürgerehe, die bei der Verheiratung bezeugt werden mußte. Ansonsten hatte der Bürgerstatus für eine Frau hauptsächlich erbrechtliche Folgen wie die *Epiklerie* für die bruderlose Erbtochter.

Die weibliche Rechtsunmündigkeit führte dazu, daß attische Mädchen, nachdem sie äußerst behütet und abgeschirmt aufgewachsen waren, von ihrem Vater oder Vormund, d. h. dem Familienoberhaupt *(Kyrios),* verlobt bzw. verheiratet wurden. Bezeichnend für ihren Rechtsstatus war die Tatsache, daß der Vertrag, der die gültige Eheschließung ausmachte, die *Engye,* nicht zwischen Braut und Bräutigam abgeschlossen wurde, sondern zwischen ihrem Vater und dem Bräutigam. Die Braut war Objekt der väterlichen Verfügungsgewalt. Dies wird besonders deutlich durch den Begriff der ἔκδοσις d. i. Übergabe der Braut an ihren Ehemann, ihren neuen *Kyrios.* Der Begriff *Ekdosis* wird für die Vergabe öffentlicher Bauaufträge, das Überlassen eines Pachtgutes, das Ausleihen von Sklaven und das Anvertrauen eines Kindes in die Obhut der Amme verwendet. Er bezeichnet die Übereignung einer Sache oder Person aus der Rechtsmacht des einen in die eines anderen, ohne daß das ursprüngliche Rechtsverhältnis ganz erlischt. Der Eigentümer eines Pachtgutes blieb der Eigentümer, das Kind gehörte weiterhin dem Vater zu und die junge Ehefrau konnte unter bestimmten Umständen, z. B. Scheidung oder Verwitwung, wieder in die rechtliche Zuständigkeit ihrer leiblichen Familie fallen[9].

Die *Engye,* regelmäßig mit Verlobung übersetzt, war der Rechtsakt, der die neue Rechtsmacht des jungen Ehemannes über seine zukünftige Frau begründete. Es war die vertragliche Fixierung desselben Vorganges, der im Akt der *Ekdosis* praktisch vollzogen wurde. Die *Engye* räumte dem Bräutigam bestimmte, aber nicht unbeschränkte Rechte an der Braut ein.

Diese Rechtskonstruktion brachte jeweils auf der Basis des Besitzrechtes für die Ehefrauen eine doppelte Absicherung gegen Unrecht und Kränkungen. Denn jeder Übergriff auf sie wie auch auf jedes andere Familienmitglied bedeutete einen Verstoß gegen das Eigentumsrecht ihres *Kyrios* und stand unter Strafe. Sogar die illegitimen de-facto-Ehen, die der legitimen Ehe gegenüber viele Rechtsnachteile hatten, scheinen der Frau diesen Schutz gewährt zu haben[10]. Der Ehefrau stand darüber hinaus etwa gegen unzumutbare Willkür ihres Ehemannes die Schutzmacht ihrer leiblichen Familie offen, da ja ihre rechtliche Zugehörigkeit zu deren Machtbereich auch durch die Ehe nie ganz aufgehoben wurde. Sie konnte den Mann verlassen, d. h. die Scheidung vollziehen und zu ihrer ehemaligen Familie zurückkehren.

Diese Schutzmaßnahme fand allerdings ihre Grenzen am Einfluß mancher Ehemänner. Ein trauriges Beispiel für die Ohnmacht und das Ausgeliefertsein einer Ehefrau ist der Fall der Hipparete. Sie war die Frau des bekanntermaßen vielbegehrten und -begehrenden Alkibiades, dessen Verschwendungssucht und Übermut nicht weniger berühmt waren als seine militärischen Erfolge. Plutarch *(Alk.* 8) beschreibt sie als höchst ehrbare

Frau aus vornehmer Familie. Alkibiades hörte nicht auf, sie zu demütigen und ihre ohnehin schmalen Rechte als Gattin mit Füßen zu treten. Er brachte immer wieder seine Bettgenossen und Gespielinnen mit in das eheliche Haus, was bei allen Zugeständnissen an männliche Freiheitsbedürfnisse als unzumutbar und als eine schwere Kränkung galt. Hipparete verließ ihn und kehrte zur väterlichen Familie zurück. Als sie der gesetzlichen Vorschrift nachkam und den Archon von der Scheidung in Kenntnis setzte, schleppte Alkibiades sie gewaltsam zurück in sein Haus, wo sie bis zu ihrem Tod seinen Rücksichtslosigkeiten ausgesetzt war. Daß hier keiner von Hipparetes Familie eingesprungen ist, scheint der Macht des Alkibiades zuzuschreiben zu sein.

Die krasseste Verletzung des Besitzrechtes war der Ehebruch, dessen sich bereits jeder verdächtig machte, der nur unerlaubt und in Abwesenheit eines verheirateten Mannes dessen Haus betrat[11]. Wurde ein ehebrechendes Paar in flagranti erwischt, war sogar die Tötung des Ehebrechers zugelassen. Diese strenge Strafe stammte noch aus dem Gesetzeskodex des Drakon vom ausgehenden 7. Jh.[12]. Daß selbst in klassischer Zeit, wenn auch nicht zwangsläufig, solch rigorose Selbstjustiz geübt wurde, zeigt der Prozeß eines gewissen Euphiletos, der den Liebhaber seiner Frau erschlug, als er sie zusammen überraschte, und der sich deswegen vor Gericht verantworten mußte (Lys. I). Selbst im 4. Jh. muß die Tötung eines Ehebrechers durch den betroffenen Ehemann noch so akzeptabel gewesen sein, daß das athenische Rechtswesen diesen Fall weiterhin eigens vorsah (Aristot. *Ath. Pol.* 57, 3). Allerdings spricht die häufige Überlieferung von anderen, allenfalls peinlichen Bestrafungen und Bußarrangements[13] dafür, daß der Tod des Ehebrechers nicht die übliche Konsequenz eines Ehebruchs war.

Die ehebrechende Frau mußte nach dem Gesetz verstoßen werden. Diese Maßnahme hatte weniger die Funktion einer Strafe, sondern war die notwendige Folge, die sich aus der Legitimitätsforderung der ehelichen Kinder ergab. Da die Vaterschaft des Hausherrn nicht mehr gewährleistet war, fehlte der Ehe die Basis zum Fortbestand. Auch dieses Gesetz zum Schutz der rechtmäßigen Ehe und legitimen Kinder scheint nicht selten aus wirtschaftlichen Gründen unterlaufen worden zu sein. Wenn die Angelegenheit nicht hochgespielt wurde, der Ehebrecher mit einer Geldstrafe oder Geringerem davonkam und die des Ehebruchs überführte Ehefrau nicht gehen mußte, wie es das Gesetz vorschrieb, dann beruhte diese Nachsicht häufig weniger auf Nächsten- oder Gattenliebe, als vielmehr auf finanziellen Erwägungen. Denn das Verstoßen der Ehefrau galt als eine vom Mann ausgehende Scheidung. Bei jeder Scheidung jedoch, gleich wer von beiden Partnern sie verschuldete und/oder vollzog, mußte die Mitgift der Frau an ihre Familie zurückgezahlt werden. Verständlicherweise konnte oder wollte auch nicht jeder Ehemann diese Vermögenseinbuße hinnehmen. Leichter zu verschmerzen war oft wohl die Ehrenkränkung, die der Eingriff des

Nebenbuhlers in das Besitzrecht des Ehemannes an seiner Frau mindestens bedeutete.

Eine Scheidung war rechtlich sowohl vom Ehemann aber auch von der Ehefrau zu erwirken. Wenn der Mann die Ehe auflösen wollte, mußte er lediglich die Scheidung vor Zeugen aussprechen (Lys. 14, 28). Wenn die Frau die Trennung wollte, hatte sie dies beim Archon anzuzeigen. Obwohl Scheidung wie auch Eheschließung privatrechtliche Akte waren, hatte die Meldepflicht der von Seiten der Frau vollzogenen Scheidung eine Kontrollfunktion über diese selbstbestimmte Handlung und bildete nicht zuletzt aus Furcht vor öffentlichem Klatsch natürlich eine Hemmschwelle. Denn nicht ins Gerede zu kommen, galt als höchste Frauentugend (Thuk. II, 45).

Der griechische Begriff für die vom Mann vollzogene Scheidung war ἀποπέμπειν, ἐκπέμπειν, ἐκβάλλειν (wegschicken, verstoßen)[14]. Die von der Frau vollzogene Scheidung wurde mit ἀπολείπειν (verlassen) bezeichnet. Daß ein und denselben Vorgang zwei inhaltlich verschiedene Verben ausdrücken, hat seinen Grund darin, daß der feste Bezugspunkt jeder Ehe der *Oikos* war, der dem Mann gehörte. Auf diesen Fixpunkt hin orientierten sich beide Termini. Der im *Oikos* verbleibende Mann schickt fort, die ins Elternhaus zurückkehrende Frau verläßt.

Leichtfertige Scheidungen zu verhindern, half die Mitgift, die προιζ, die eine entscheidende Rolle für die Ehe spielte. Dies geht schon daraus hervor, daß sie ein zentraler Gegenstand der *Engye,* des Ehevertrages, war. Umfang, Art und Zahlungsweise wurden bei diesem Akt festgelegt. So konnte der Ehemann auf die zugesicherte Zahlung oder Überschreibung pochen, sofern sie nicht sofort erfolgte. Dies geschah beispielsweise im Fall des Alkibiades, dem angeblich im Laufe seiner Ehe ein weiterer Teil der Mitgift hatte ausgezahlt werden sollen (Plut. *Alk.* 8). Vor allem aber war eine rechtsgültige Fixierung der Mitgifthöhe im Geldwert für den Fall wichtig, daß die Ehe aufgelöst oder durch den Tod eines Partners beendet wurde und die Familie der Frau die Herausgabe der Mitgift einklagen wollte[15].

Die Mitgift bestand aus Geld, Häusern, oder Grundbesitz. Sie belief sich im Durchschnitt auf 1000 bis 6000 Drachmen, wobei 1000 und 2000 Drachmen nur für Leute mit einem bescheidenen Vermögen von weniger als z. B. 18000 Drachmen angemessen waren (Is. 3, 49; 11, 40). Dies waren beträchtliche Geldsummen, wenn man bedenkt, daß der ungefähre Jahresverdienst der Architekten, Bildhauer und Steinmetzen, die in der 2. Hälfte des 5. Jhs. am Parthenon und Erechtheion in Athen arbeiteten, 350 Drachmen betrug. Die Kaufkraft einer Drachme war in dieser Zeit beachtlich. Ein Opferstier kostete 51 Drachmen, ein paar Schuhe 6 bis 8, ein Mantel zwischen 7 und 20 Drachmen[16]. Dies zeigt, daß selbst die sehr niedrigen Sätze, die das Gesetz zur Ausstattung armer Mädchen der untersten Bürgerklasse ihren betuchteren Verwandten auferlegte – je nach Vermögensklasse 150, 300 oder 500 Drachmen – nicht unerhebliche Summen waren. Entsprach selbst der niedrigste Betrag doch fast dem halben Jahresverdienst eines Handwerkers. Wie die Summe der Mitgift sich zum Gesamtvermögen eines Brautvaters verhielt, geht auch aus einigen Texten hervor. Der Vater des Demosthenes hinterließ von 14 Talenten Gesamterbschaft 2 Talente = 12000 Drachmen als Mitgift seiner Tochter (Demosth. 27, 4ff.). In einem anderen Fall ist von 1 Talent = 6000 Drachmen bei 30 Talenten Vermögen die Rede (Demosth. 30, 10 u. 20).). Einzigartig und unerhört hoch sind die 20 Talente = 120000 Drachmen, die dem Alkibiades in die Ehe gegeben wurden (Plut. Alk. 8).

Die Mitgift war nicht der Besitz der Ehefrau, die als rechtsunmündige Person keinen Besitz haben konnte. Sie war nicht einmal in der Lage, darüber zu verfügen, sondern mit der Heirat ging die Mitgift in das Vermögen des Mannes über. Bei der Vermögensberechnung der *Lithurgie*pflichtigen wurde sie zum Beispiel miteinbezogen[17]. Der Ehemann hatte das volle Verfügungsrecht über die Mitgift, solange die Vertragskonditionen der Ehe eingehalten blieben, d.h. die Frau bei ihrem Mann lebte. Bei Scheidung und Verwitwung mußte die Mitgift dem übergeben werden, der dann für die Frau aufkam. Dies waren entweder die väterliche Familie oder die eigenen Söhne. Die Mitgift diente der wirtschaftlichen Absicherung der Ehefrau und sollte ihren Unterhalt garantieren. Darüberhinaus sollte sie den Kindern, die die Mitgift erbten, auch einen Anteil am Familienvermögen mütterlicherseits sichern[18].

Hieraus ergibt sich die Bedeutung der Mitgift. Sie erhöhte die Heiratschancen und bestimmte den gesellschaftlichen Status einer Braut. Umgekehrt ist die Höhe der Mitgift auch Ausdruck desselben. Sie war zwar nicht gesetzlich vorgeschrieben, aber ein gesellschaftliches Muß. Der Stellenwert der Mitgift zeigt sich am eindrucksvollsten daran, daß bei armen Töchtern verdienter Väter, sogar der Staat in die Tasche griff, um sie auszustatten, und daß bei sozial schwachen Familien der untersten Vermögensschicht, des *Theten*standes, die Verwandten gesetzlich verpflichtet waren, eine Mitgift zu stellen[19]. Dies macht deutlich, daß es bei der Mitgiftregelung nicht nur um die Versorgung wenig begüterter Frauen ging, die sie ja auch unverheiratet in der väterlichen Familie erhalten hätten, sondern darum, ihre Verheiratung und damit den Fortbestand eines bürgerlichen *Oikos* zu gewährleisten. Die Mitgiftregelung war entschieden auch ein Mittel der athenischen Familienpolitik. Deutlich wird dies dadurch, daß nur die legitime Eheschließung die *Proix* kannte[20]. Der Vermögenszuwachs bot einen Anreiz zur Heirat. Auch wenn die Mitgift der finanziellen Absicherung der Ehefrau dienen sollte und bei Scheidung zurückgezahlt werden mußte, gab es doch keine Einschränkung der Nutzung, selbst nicht das Verbot der Veräußerung. Brachte der Ehemann, ob unverschuldet oder nicht, das Vermögen durch, stand die Ehefrau mittellos da, falls sich nicht die Verwandtschaft ihrer annahm (Is. 8, 35).

Offensichtlich zielte das Mitgiftwesen darauf ab, Ehen zu stiften und Scheidungen zu erschweren, aber auch darauf, die finanziellen Reserven der Athener Bürgerschaft unter den verschiedenen *Oikoi* immer wieder zu verteilen und die wirtschaftliche Potenz der einzelnen *Oikoi* immer wieder aufzufrischen. Eine zuverlässige Existenzsicherung der Ehefrauen konnte die Mitgift nicht garantieren.

Die soziale Situation der athenischen Ehefrau

Die rechtliche Unmündigkeit und Abhängigkeit griechischer Ehefrauen spiegelt sich wider in ihrer sozialen Situation, der Enge ihres bürgerlichen Existenzraumes und der Ausgrenzung von jeder Öffentlichkeit. Die mangelhafte Ausbildung in ihrer Kindheit und die allzu frühe Verheiratung führen auf die Eingeschränktheit ihres späteren Daseins zu.

Die Mädchen besuchten keine Schulen, sondern lernten das, was man für nötig hielt, zu Hause bei der Mutter[21]. Ischomachos' vierzehnjährige Frau, die in solcher Obhut lebte, daß sie *möglichst wenig zu sehen, zu hören und zu fragen* bekam, galt als ideale Braut (Xen. *oik.* 7, 5). Das einzige, was sie gelernt hatte, war, Wolle zu verarbeiten und Kleider herzustellen. Selbst das Essen zu bereiten, lehrte sie erst ihr Mann.

Die strenge Abgeschiedenheit sollte die Jungfräulichkeit der Mädchen garantieren, die anders als in der homerischen Gesellschaft spätestens seit der solonischen Gesetzgebung streng gefordert war. Mädchen, die vor der Ehe Geschlechtsverkehr gehabt hatten, konnte der Vater angeblich in die Sklaverei verkaufen (Plut. *Sol.* 23, 2). Glaubhafter ist der Entzug bestimmter Rechte, den Aischines überliefert (Aischin. I, 183). Diese Mädchen durften keinen Schmuck tragen und keine Heiligtümer betreten. Handelten sie dem zuwider, konnte sie jedermann schlagen und mißhandeln, sofern dies keine ernsthaften Verletzungen oder den Tod zur Folge hatte. Denn solches wäre ein Eingriff in das Besitzrecht des Vaters oder Vormundes gewesen. Die Abschirmung der attischen Mädchen diente aber außer der Bewahrung ihrer sexuellen Unberührtheit auch dem Erhalt ihrer kindlichen Naivität und Unerfahrenheit.

Denselben Sinn hatte das frühe Heiratsalter. Die Athenerin war 14–15 Jahre alt, wenn sie in die Ehe ging. Die Männer heirateten dagegen erst mit ungefähr 30 Jahren, einem Alter, in dem sie in der Regel den *Oikos* vom Vater übernahmen und außerdem die stürmischen Jugendjahre überwunden hatten[22]. Das kindliche Heiratsalter zog, wie bereits Aristoteles kritisierte (*pol.* 7, 16, 1335a), den häufigen Tod im Kindbett nach sich[23]. Bei den gesundheitsbewußten Spartanern heirateten die Mädchen dagegen erst, wenn sie körperlich reif genug dafür waren (Plut. *Lyk.* 15, 3).

Der Altersunterschied zwischen Mann und Frau bedeutete, daß die kindliche Ehefrau in ihrer geistig-seelischen Entwicklung ihrem Mann gänzlich unterlegen war. Ganz unverhohlen wird dieses Defizit als Vorzug gewertet und die Formbarkeit der jungen Frau als Tugend herausgestrichen. Ischomachos hält es für seine Aufgabe, die blutjunge Gattin nicht nur zu einer gewissenhaften Hausfrau, sondern auch zu einem guten Menschen zu machen (Xen. *oik*. 3, 11). Daß Unwissenheit und Unbildung den Frauen gut zu Gesicht standen, Wissen und Bildung sie jedoch deformierten, war anscheinend eine verbreitete Vorstellung[24].

Das Leben der Ehefrau spielte sich ausschließlich im Haus ab. *Für die Frau ist es schicklicher im Haus zu bleiben, als sich draußen herumzutreiben* (Xen. *oik*. 7, 30). Sie bewohnte die γυναικωνῖτις[25], den verschließbaren Frauentrakt meist im Obergeschoß des Hauses. Hier hatten Männer keinen Zutritt, außer Verwandten und Bediensteten. Die Frauen nahmen nicht an den Gastmählern teil und empfingen keine Gäste, anders als die aristokratischen Frauen der homerischen Gesellschaft. Die Isolierung einer anständigen Frau war so groß, daß ein polemischer Anwalt in einer Gerichtsrede sogar die Existenz einer Frau bezweifeln konnte[26]. Selbst die Nennung ihres Namens in der Öffentlichkeit war ungehörig. In den vielen erhaltenen Gerichtsreden werden niemals ehrbare Bürgerinnen, sondern ausschließlich Prostituierte und Sklaven – und diese in diffamierender Absicht – erwähnt[27]. Entsprechend heißt es bei Euripides (*Heraclid*. 476–77): *Denn für eine Frau ist Schweigen und Bescheidenheit das Beste, so wie draußen unerwähnt zu bleiben*. Die Abschirmung gegen die Außenwelt beruhte auf der Sorge vor der Untreue der Frau, die dem Hausherrn möglicherweise Bastarde als eheliche Kinder unterschieben könnte. Dieser Argwohn wurde genährt durch die Vorstellung, Frauen seien lüstern. Bezeichnend dafür ist die mythische Verwandlungsgeschichte des Sehers Theiresias (Hes. *Fr*. 179), der zeitweise die Gestalt einer Frau annahm und so in der Lage war, die sexuellen Empfindungen beider Geschlechter zu vergleichen. Er behauptete, die Frau habe zehnmal soviel Genuß beim Liebesakt wie der Mann.

In der Komödie ist die liebestolle Frau geradezu ein Topos. Auch wenn hier die für die Gattung typischen Übertreibungen zu berücksichtigen sind, stellt sich doch die Frage nach den Gründen für eine solche Einschätzung. Sie liegen offenbar in der Auffassung der Griechen von der Liebe. Man hielt die Liebe zumindest in klassischer Zeit für eine Art Krankheit, eine Raserei, die Geist und Sinne verwirrte und die es wie andere Begierden zu mäßigen galt[28]. In Xenophons *Memorabilien* (2, 1, 1–7. 6, 1–5) wird die Beherrschung der Triebe, auch des Liebestriebes, als Verpflichtung für Leute von Rang und Verantwortung gefordert. Für den Hausherrn wird zur rechten Führung seines *Oikos* dieselbe Tugend vorausgesetzt (Xen. *oik*. 7, 22f.). Vielen Philosophen war es der höchste ethische Anspruch, die Liebesleidenschaft zu überwinden und zu kompensieren. Da Frauen das ethische Niveau der Mäßigung und Enthaltung nicht zugestanden wurde, unterstellte man ihnen Triebhaftigkeit. Verknüpft war die Geringschätzung der weiblichen Ethik mit der Idee, die Entwicklung eines hohen Ethos sei gebunden an Aktivität, Macht, Männlichkeit und unvereinbar mit der Passivität und Unterlegenheit der Frau[29].

Die Abgeschlossenheit im Haus und der ausschließliche Verkehr mit anderen ebenso gestellten Hausfrauen und den Hausklaven führte zu einer emotionalen Verkümmerung, geistigen Verarmung und Abstumpfung. Die Frauen der untersten Klasse, der besitzlosen *Theten*schicht, die kein Personal hatten, lebten zwangsläufig weniger abgeschirmt. Trotzdem waren sie nicht stärker in das öffentliche Leben eingebunden. Die einzige Gelegenheit, in der Öffentlichkeit zu erscheinen, boten den Frauen bestimmte Feste[30].

Die Ehefrau konnte dem Mann insofern keine Gesprächspartnerin sein. Bezeichnend ist Sokrates' Frage an Kritoboulos, ob er mit irgendeinem anderen weniger rede als mit seiner Frau (Xen. *oik.* 3, 12). Selbst dieser brave Mann, der seiner Frau in wichtigen Angelegenheiten bedingungslos vertraut, muß zugeben, daß sie kaum miteinander sprechen.

Auch die Rolle der Geliebten gehörte nicht zum Funktionsbereich der Ehefrau. *Du nimmst doch gewiß nicht an, daß die Menschen um der Liebeslust willen Kinder zeugen, da ja die Straßen und Bordelle genug Möglichkeiten bieten, diese zu erfüllen* sagt Sokrates zu seinem Sohn in Xenophons *Memorabilien*. (Xen. *mem.* 2, 2, 4; Übers. R. Preiswerk). Die Ehe war kein Sexualmonopol wie im christlichen Moralkodex. So selbstverständlich dem griechischen Mann das voreheliche Geschlechtsleben war, so wenig gab es irgendwelche gesellschaftlichen Normen, die ihn während seiner Ehe zum ausschließlichen Verkehr mit seiner Frau verpflichteten. Auch die Ehefrau war nicht durch irgendeine Art von Sexualmoral zur ehelichen Treue gezwungen, sondern nur durch die Erfordernisse des politischen Systems, aus denen sich das Eherecht ableitete. Einzig ihre Aufgabe, legitime Erben zu gebären und die alleinige Vaterschaft des Ehemannes zu garantieren, verwehrte ihr außerehelichen Geschlechtsverkehr. Die rechtliche Reglementierung des sexuellen Verhaltens hatte ausschließlich soziale und keine sexualmoralischen Gründe. So existierten für den Ehemann keine sexuellen Beschränkungen und er verfügte im Gegensatz zu seiner Frau diesbezüglich über jegliche Freiheit. Einige Quellen geben Anlaß zu glauben, daß die Ehefrau, sobald der Zweck der Schwängerung erfüllt oder sogar mehrere Kinder geboren waren, kaum mehr berührt wurde[31]. Wie weit dies ungewöhnlich oder üblich war, bleibt im dunkeln. Wenn eine solche Frau anderen Männern gegenüber zugänglich war, wie offenbar die Frau des Euphiletos, der sie mit ihrem Liebhaber im Bett überraschte und jenen tötete, muß dies nicht verwundern. Aber auch hier bleibt das Ausmaß solcher Verhältnisse unbekannt. Daß Männer gewarnt werden, sich mit verheirateten

5 Erotischer Tanz mit
künstlichen Phalloi beim
Gelage. Schalenbild.
Um 500 v. Chr. (London)

Frauen einzulassen, ist nicht so selten und könnte dafür sprechen, daß solche Liebschaften nicht völlig unrealistisch waren.

Ebenso wenig Klarheit ist über den tatsächlichen Gebrauch des künstlichen *Phallos*, des *Olisbos*, zu gewinnen. Die Vorstellung, daß jene alleingelassenen Frauen sich mit einem *Olisbos* trösteten, basiert wesentlich auf einer entsprechenden Passage in Aristophanes' *Lysistrate* (109 ff.), wo die Frauen, die ihre Männer durch sexuelle Verweigerung zum Frieden zwingen wollen, auf die Möglichkeit des ledernen Ersatzes anspielen[32]. Da die Komödie gerade mit sexuellen Überzeichnungen arbeitet, kann das hier entworfene Bild kaum als repräsentativ gelten. Die zahlreichen Vasendarstellungen, die Frauen mit einem oder mehreren *Olisben* hantieren zeigen[33] (Abb. 5), meinen jedenfalls ausschließlich Hetären und deren animierende Sexualspiele beim *Symposion*, oder sie sind überhaupt nur erotische Phantasmen. Ganz sicher bilden sie keine achtbaren Bürgerfrauen ab.

In welchem Maß der griechische Ehemann die Erfüllung seiner sexuellen Wünsche tatsächlich außer Haus suchte, ist schwer festzustellen. Der vielzitierte Satz aus der Rede *Gegen Neaira* (Demosth. 59, 118–122): *Wir haben Hetären zum Vergnügen, Konkubinen für die Bedürfnisse des Alltags und Ehefrauen, um legitime Kinder zu zeugen und eine zuverlässige Aufsicht über das ganze Hauswesen zu haben,* hat in dieser Frage wenig Zeugniswert, da er als polemische Extremformulierung einer Gerichtsrede gelten muß. Auch die Problematisierung des Ehebruchs in den Dramen gibt keinen Aufschluß über das Ausmaß. Vielmehr steht die Untreue des Mannes hier eher als Zeugnis für die Ungleichwertigkeit von Mann und Frau; Ungleichwertigkeit in dem Sinne, daß eine Kränkung der Frau, eine Verletzung ihres Selbstwertgefühls und Stolzes in Kauf genommen werden, um eigene Wünsche durchzusetzen. Das männliche Recht auf sexuelle Freiheit hat Vorrang vor der Berücksichtigung weiblicher Interessen. Die Lösung dieses Konfliktes, der im Laufe des 5. Jhs. literarisch immer deutlicher formuliert wurde, sah man nicht in einer anderen Verteilung der jeweiligen Rechte, sondern in der Entwicklung ethischer Normen für das Eheleben. Der ethische Anspruch an menschliches Handeln in der Ehe verlangte den freiwilligen Verzicht auf sexuelle Vorrechte, die dem Mann allein auf Grund seiner biologischen Rolle beim Geschlechtsakt zufielen und die zu Lasten der Ehefrauen gingen. Zunehmend erwartete die athenische Gesellschaft, daß ein Mann nach seiner Heirat sein außereheliches Sexualleben aufgab oder einschränkte. Aristoteles erhob die gegenseitige Treue zur Moralforderung. Diese Eheethik steht in Zusammenhang mit Veränderungen in der Auffassung und Wertung der Ehe. In der Literatur zeichnet sich ein Wandel ab, die Ehe nicht nur als einen Wirtschaftsbund und ein Zeugungsinstitut, sondern eine menschlich tiefe Lebensgemeinschaft zu betrachten. Hand in Hand mit dieser Entwicklung geht eine allgemeine Aufwertung der attischen Frau.

Kritische Stimmen der Dichter und Philosophen

Die bedrückenden Lebensverhältnisse der Frauen forderten Dichter und Philosophen zu Kritik, Aufklärung und alternativen Gesellschaftsmodellen heraus[34].

In den Dramen von Aischylos (525–456 v. Chr.) und Sophokles (496–406 v. Chr.) werden Ohnmacht und Leid der Ehefrauen thematisiert, allerdings ohne am Supremat des Mannes zu rütteln. Klytaimnestras Ehebruch und Gattenmord, der bezeichnender Weise bei Homer nicht erscheint, sondern eine frauenfeindliche Veränderung archaischer Zeit ist[35], wurzeln zum einen in ihrem Schmerz über den Verlust der Lieblingstochter Iphigenie. Agamemnon hatte sie aus militärischem Ehrgeiz, um das Auslaufen der Flotte zu erzwingen, wie ein Opfertier dahingeschlachtet. Zum anderen haben sie ihre Ursache in der Demütigung, die er Klytaimnestra durch die Liebschaft mit der Kriegsgefangenen Chrysis zufügte. Diese Gründe werden zwar angeführt, aber als Rechtfertigung nicht akzeptiert. Demzufolge zieht ihre Rachetat die Bestrafung durch den Sohn Orest nach sich, der dem Prinzip männlicher Vormacht Geltung verschafft.

Erst bei Euripides (485–406 v. Chr.) zeichnet sich eine Infragestellung männlicher Vorrechte und eine Kritik an männlicher Willkür ab. Sie kristallisiert sich z. B. in dem Drama *Medea* an der Beurteilung von Jasons Ehebruch. Medeas Raserei über die Treulosigkeit ihres Gatten wird vom Chor verstanden. Er beklagt Jasons Verhalten als eine Gefährdung der sozialen Ordnung (Eur. *Med.* 410ff.). Hier taucht der Gedanke auf, der in den homerischen Epen schon einmal präsent gewesen war, daß das Handeln des

Mannes nicht nur an Gesetzen und Gewohnheitsrechten zu messen ist, sondern darüber hinaus menschliches Empfinden berücksichtigen muß. Der Verzicht auf sexuelle Freiheiten angesichts der durch sie verursachten sozialen Irritationen, fordert ein neues Verständnis von moralischer Verantwortung. Verknüpft mit diesen Vorstellungen entfaltet Euripides in seinen Dramen eine bis dahin noch unentdeckte Dimension der Ehe: die menschliche Verbundenheit und Liebe, die auf der ethischen Ebenbürtigkeit der Gatten beruht[36]. Beispiel für solch eine tiefe eheliche Zuneigung ist der Edelmut seiner großen Frauengestalten wie der Alkestis, die anstelle ihres Gatten den Tod auf sich nimmt.

Bereits die sokratisch-platonische Philosophie enthält den Gedanken der sittlichen Gleichwertigkeit der Geschlechter. Sokrates hält die weibliche Natur nicht für geringer als die des Mannes (Xen. *symp.* 2, 9). Auf dieser Gleichwertigkeit gründet auch der Entwurf in Platons *Staat* (Plat. *rep.* 5, 455d–457c), Frauen in gleicher Weise wie Männer zum öffentlichen Dienst an der Gemeinschaft und zur Übernahme politischer Verantwortung heranzuziehen. Im Rahmen dieses auf seine Funktionsfähigkeit hin entwickelten Staatssystems wird das zwischengeschlechtliche Verhalten von Mann und Frau jedoch nur unter dem sachlichen Aspekt der optimalen Fortpflanzung betrachtet. So ist z. B. die Ehe Pflicht, Ehelosigkeit steht unter Strafe. Bei solch einem Konzept bleibt der menschlich-persönliche Wert einer Beziehung unbeachtet.

Aristoteles kehrt zwar zu der alten Vorstellung der ethischen Unterlegenheit der Frau zurück, nimmt jedoch den von Euripides gestalteten Gedanken einer sittlichen Verbundenheit und Übereinstimmung in der Ehe auf. Er bezeichnet die geistig-seelische Beziehung zwischen den Eheleuten als φιλία (Freundschaft), auch wenn sie sich zwischen ungleichen Partnern abspielt. Ehebruch läuft diesem Ideal zuwider.

Von all diesen kühnen Ideen der ethischen Gleichwertigkeit und Gleichberechtigung der Geschlechter und der Gleichheit ihrer Fähigkeiten und Begabungen ging nur ein Bruchteil in die Verhaltensnormen des athenischen Alltags ein. Die Vorstellung allerdings, daß die Ehe auf Zuneigung und Gleichstimmung beruhen sollte, gewinnt im Laufe der Spätklassik immer mehr Raum gegenüber der traditionellen Ehenorm mit der sozialen Isolierung und geistig-seelischen Armut der Ehefrauen einerseits und den Vorrechten und der Willkür der Ehemänner andererseits. In der Neuen Komödie ist die Liebe das beherrschende Thema. Menanders Stücke bieten immer neue Variationen ein und desselben Grundmotivs: die Liebe eines oft sozial ungleichen Paares, das nach mannigfachen Mißverständnissen und Verwicklungen allen äußeren Widrigkeiten und Fährnissen zum Trotz schließlich im „happy end" zueinander findet. Die Liebesheirat bestimmt hier die Ehe, Hingabe und Vertrauen, das sich nach allen Wirrnissen als gerechtfertigt erweist, kennzeichnen das Verhältnis der beiden Liebenden.

Dieser Wandel des Ehebildes und die veränderten Ansprüche an die Ehe können nur mittelbar als eine Folge der Kritik und der philosophischen Denkanstöße der geistigen Avantgarde Athens gewertet werden. Sie stehen im allgemeinen Zusammenhang mit der Aufwertung des Individuums und des bürgerlichen Privatlebens sowie dem erwachenden Interesse an psychischen Vorgängen und Emotionen. Nicht zuletzt sind auch die langsam wachsenden Freiheiten griechischer Frauen dafür verantwortlich. Diese Prozesse sind in erster Linie den politischen Umstrukturierungen nach dem peloponnesischen Krieg am Ende des 5. Jhs. zu verdanken. Der Vorrang der Demokratie als Ziel jeglichen Einsatzes ging in der Folgezeit zunehmend verloren mit der Einbuße an *Polis*macht und *Polis*freiheiten. Wie einst die neugeschaffene *Polis*demokratie die Kraft ihrer Bürger auf sich zog, im Mittelpunkt bürgerlichen Denkens und Handelns stand und Maßstäbe setzte, begann mit dem Nachlassen ihrer Stärke der Rückzug aus der Öffentlichkeit. Dies war der Rahmen, in dem die menschlich-psychischen Dimensionen der Ehe sich entfalten konnten.

Die Verinnerlichung der Ehe zeichnet sich auch in den Grabepigrammen

6 *Grabrelief der Archestrate. 3. Viertel d. 4. Jhs. v. Chr. (Athen)*

ab. Seit dem späten 6. Jh. werden in den Grabinschriften die Verstorbenen, seien es Frauen oder Männer, ihrer verschiedenen Tugenden gerühmt. Es ist ein mehr oder weniger fester Kanon von Begriffen, der immer wiederkehrt: Tugendbegriffe, die allgemeine gesellschaftliche Ideale widerspiegeln, ἀρετή und σωφροσύνη (Tüchtigkeit und Klugheit), sind die zentralen Tugendbegriffe, die für Männer ebenso gebraucht werden wie für Frauen. Bei Männern bedeuten sie einerseits Tatkraft und Geschicklichkeit, nicht zuletzt im Krieg, andererseits Klugheit und Weitsicht im bürgerlichen Leben. Bei Frauen meint *Arete* weibliche Fertigkeiten und hausfrauliches Können, während *Sophrosyne* sittliche Vorzüge anspricht wie Verständigkeit, Bescheidenheit und Mäßigung. Mäßigung betrifft u. a. die Zügelung des Sexualtriebes[37]. Daß die sexuelle Zurückhaltung der Ehefrau ein so hoch geschätztes Gut war, hat nicht nur in der Gefahr des Seitensprungs seine Ursache. Der eheliche Treuebegriff hätte hier genügt, jenen auszuschließen. Es ist aber nicht nur außereheliche Abstinenz verlangt, sondern auch geschlechtliche Beherrschung in der Ehe. Angesichts der leidvollen Verstrickungen, die die Leidenschaft von Paris und Helena hervorriefen, spricht der Chor bei Euripides (*Iph. A.* 544–556; Übers. J. J. Donner):

Glücklich ist, wem milde die Göttin
ist, und wer mit besonnener Zucht
kostet die Lust Aphrodites,
Stille bewahrend vor dem Sturm
rasenden Liebestriebes, wenn
der goldengelockte Liebesgott
beide Pfeile der Liebe spannt:
einer zielt auf ein stilles Glück,
der andere vernichtet das Leben.
Ihn, o reizende Kypris,
halte fern von unserem Gemach!
Mir sei bescheidener Liebreiz
gegönnt und heilige Lust
und Aphrodites keuscher Genuß,
doch das Übermaß haß ich.

Die Notwendigkeit maßvoller Liebe wird hier ethisch begründet. Während das Übermaß der Leidenschaft soziale Unordnung und Zerstörung bringt, gewähren bescheidene Liebesfreuden das stille, wahre Glück. Auch wenn das Maßhalten in allen Bereichen menschlicher Lust ein erklärtes ethisches Ziel war – für Frauen bei ihrer angeblich schwächeren Moralkonstitution schwerer zu erreichen –, wirft diese besondere Hervorhebung im Kontext üblicher Gattinnenideale dennoch ein deutliches Licht auf den eher geringen Stellenwert der Sexualität in der Ehe. Anders als in homerischer Zeit erscheint der Liebesgenuß nicht als konstituierendes Element der Ehe.

Allerdings ist dies nicht nur als eine spezifisch eheliche Sexualfeindlichkeit zu werten, sondern es steht in Zusammenhang einer allgemeinen Tendenz, Sexualität und Sinnenfreude zu zügeln und staatsbürgerlicher Vernunft und Verantwortung zu unterwerfen.

Außer den Kardinaltugenden, hausfrauliche Tüchtigkeit und weibliche Dezenz, werden Fleiß und Sparsamkeit gelobt. Keine der Grabinschriften des 6. und 5. Jhs. spricht jedoch von der Liebe zwischen den Eheleuten. Erst im mittleren 4. Jh. tauchen Wendungen auf, die die verlorene Liebe beklagen. Es werden die heißersehnte, und über den Tod hinaus geliebte Gattin betrauert und die gegenseitige Liebe und Eintracht beschworen. Die Inschrift eines Grabreliefs dieser Zeit lautet: *Hier deckt die Erde die gute und besonnene Archestrate, nach der sich ihr Mann sehr sehnt.* Dargestellt ist die verstorbene Ehefrau im häuslichen Ambiente (Abb. 6). Das Töchterchen schmiegt sich an ihr Knie und streckt die Arme nach ihr aus. Die Dienerin reicht ihr ein Kästchen[38]. Dieser neue Ton ehelicher Innigkeit verstärkt sich in den Epigrammen des Hellenismus und nimmt hier noch leidenschaftlichere Färbung an: der Tod der Gefährtin ist zerstörtes Lebensglück[39]. Dies ist derselbe Tenor, der auch Menanders Komödien bestimmt, ein Gleichklang von Liebe und Ehe, die hier identisch werden[40].

Die Hochzeit

Symbolträger der Ehe und zugleich ihr strahlender Blickpunkt war das Hochzeitszeremoniell. Hier manifestierten sich rituell übersteigert erwartete Verhaltensmuster und vorgegebene Bewertungsschemata. Aufschlußreich ist, wie die Zusammenführung des zukünftigen Paares inszeniert wurde, wie die Aktivitäten verteilt waren, und was im Zentrum der Festhandlungen stand.

Der formale Verlauf der griechischen Hochzeit stellt sich uns nur sehr lückenhaft dar. Die literarischen und archäologischen Quellen sind so unzureichend, daß sie die Feier lediglich in groben Zügen wiedergeben. Erschwerend tritt hinzu, daß die literarischen Zeugnisse über archaische und klassische Hochzeitsbräuche zum allergeringsten Teil zeitgenössisch sind, sondern zumeist von kaiserzeitlichen Autoren, häufig Scholiasten und Lexikographen, stammen. Die ausführlichste Schilderung klassischer Zeit findet sich in dem Drama *Alkestis* von Euripides. Admet, der Mann der Alkestis, ruft sich bei der Klage um die verstorbene Gattin die glänzende Hochzeit in Erinnerung (915–926; Übers. E. Buschor):

Einst zog ich hier ein
im Glanz der pelischen Fackeln
mit Hochzeitsliedern und faßte die Hand

> *der geliebten Gattin,*
> *und lärmend folgte der Zug,*
> *der die heute Verstorbene pries und mich selber*
> *unsere alten Geschlechter, den edelsten Stamm.*
> *Ach, den Hochzeitsliedern entgegen*
> *heute die Schreie der Klage,*
> *statt weißer Gewänder,*
> *geleiten mich schwarze hinein ins Gemach*
> *Gemach ohne Lager.*

Hier wird die Heimführung der Braut im festlichen Hochzeitszug mit Fackellicht und Brautgesängen zum Hause des Mannes vor Augen geführt. Sie entspricht ganz dem Zeremoniell der homerischen Gesellschaft, das in der Beschreibung des Achilleusschildes (*Il.* XVIII, 490ff.) und in der davon abhängigen Schildbeschreibung des Hesiod (*Schild* 270ff.) festgehalten ist[41]. Während dort der Blick auf das öffentliche Spektakel, das Festgelage und den Zug durch die Stadt mit der lebhaften Teilnahme der Gäste wie auch der in den Türen stehenden Zuschauer gelenkt wird, beleuchtet Euripides mehr den Aspekt der privaten Verbundenheit: das Brautpaar, das sich bei der Hand faßt und das Gemach mit dem Brautlager betritt. Die Verschiebung der Akzente ist inhaltlich verständlich im Kontext der Trauer um eine bestimmte Person, die geliebte Gattinn Alkestis, zeigt aber auch den neuen Wert der Gattenliebe an.

Die Festlichkeiten der Hochzeit setzten erst ein, wenn die rechtliche Seite der Eheschließung mit den Akten der *Engyesis* und *Ekdosis* bereits erfüllt war. Diese juristischen Vorgänge scheinen ohne zeremonielle Förmlichkeiten vonstatten gegangen zu sein. Die anschließenden dreitägigen Hochzeitsfeierlichkeiten waren schließlich die rituelle Besiegelung und Inkraftsetzung der Rechtsform. Erst sie ermöglichten, die neuen Rechtsverhältnisse, die zugleich persönliche soziale Veränderungen waren, öffentlich zu machen und so gesellschaftlich zu sanktionieren.

Den Auftakt zu den Hochzeitsfeierlichkeiten bildeten offenbar verschiedene Opfer[41], darunter solche, die den Abschied von der Kindheit symbolisierten. Ohne Schwierigkeiten ist das Weihen des Spielzeugs, von dem Epigramme (*Anth. Pal.* 6, 280) berichten, in diesem Sinne zu verstehen. Weniger selbstverständlich erscheint das Haaropfer, das einige klassische und kaiserzeitlichen Autoren im Zusammenhang mit der Hochzeit anführen. So überliefert z. B. Herodot (4, 34), daß auf der Insel Delos die jungen Mädchen sich vor der Hochzeit eine Haarlocke abgeschnitten, um eine Spindel gewickelt und vor dem Artemistempel auf dem Grabmal der *hyperboreischen Mädchen* niedergelegt hätten. Jene Hyperboreerinnen, die im lokalen Mythos eine Rolle spielten, waren unverheiratet gestorben. Daß dieses Opfer weniger im Hinblick auf die bevorstehende Hochzeit und Ehe erfolgte als im Rückblick auf die beendigte Kinderzeit, wird dadurch deutlich, daß auch Jungen dort ein ähnliches Opfer vollzogen. Sie schlangen eine Locke um ein Büschel junges Grün. Wegen der frühen Heirat fiel bei den Mädchen der Abschied von der Kindheit in der Regel mit ihrer Verheiratung zusammen. Für die Knaben dagegen bedeutete das Ende des Kindseins zunächst den Eintritt in das *Epheben*alter. Dies geschah mit 18 Jahren, also lange bevor sie heirateten. Ein vergleichbares Ritual der Beendigung der Kindheit sah das *Apaturien*fest in Athen vor, wo den Knaben anläßlich ihrer Aufnahme in die Ephebenschaft das Haar geschnitten wurde.

Das vorhochzeitliche Haaropfer der Mädchen existierte auch in Troizen und Megara (Eur. *Hipp.* 1421; Paus. 2, 32,1; 1, 43,4) und richtete sich in allen Fällen an unverheiratet gestorbene Heroen oder Heroinen. Dies bestätigt es als Opfer, das der Beendigung der Kindheit galt. Ob es solche Opfer auch in Athen gab, ist ungewiß.

Eine besondere Bedeutung hatten die vorhochzeitlichen Reinigungsriten, die mit einigem zeremoniellen Aufwand vollzogen wurden und den Beginn der Festlichkeiten darstellten. Aufschluß über die Vorgänge geben zahlreiche Bilder auf den hierbei verwendeten Kultgefäßen (Abb. 7 u. 8) und zwei literarische Nachrichten aus klassischer Zeit.

Der Historiker Thukydides schreibt im Zusammenhang mit einer Bemerkung zur athenischen Quelle Kallirrhoe: (2, 15) *und noch heute braucht man nach der alten Sitte vor Hochzeiten und zu anderen heiligen Verrichtungen dieses Wasser.* Auf kultische Verwendung von Wasser bei der Hochzeit weist auch ein anderer Text (Pseudo-Demosth. *Leoch.* 18 u. 30), der die *Lutrophoros,* ein Badewassergefäß, auf dem Grab eines jungen Mannes als Zeichen seiner Unverheiratetheit anführt.

7   *Einholung des Wassers für das Brautbad. Brautwassergefäß.*
    Um 430 v. Chr. (Athen)

Die *Lutrophoros* ist ein zwei- oder – wie die *Hydria* – dreihenkeliges Wassergefäß, in dem man das Wasser für das Brautbad holte. Dies ergibt eine Notiz im Lexikon des Harpokration aus dem 2. nachchristlichen Jh., der unter dem Stichwort *Lutrophoros* vermerkt: *Es war Sitte bei der Heirat, am Hochzeitstag ein Bad holen zu lassen. Zu diesem Zweck schickte man den nächstverwandten Knaben, und jene Knaben brachten das Bad.*[42] Dieser zeremonielle Akt der *Lutrophorie*, das Einholen des Wassers für das Brautbad, ist häufig auf den speziellen Gefäßen dargestellt. Ein Exemplar in Athen[43] (Abb. 7) zeigt die *Lutrophorie* als einen feierlichen Zug von Frauen, den ein flötespielender Knabe anführt. Auch die Braut selbst scheint an der Prozession teilzunehmen. Mit gesenktem Blick schreitet sie hinter einem jungen Mädchen, das das Wassergefäß trägt. Einige Frauen halten Fackeln. Offenbar spielt sich das Geschehen in der Dämmerung ab, an einem Winterabend im *Gamelion*, dem griechischen Hochzeitsmonat, der in die Zeit von Mitte Januar bis Mitte Februar fällt.

Die Darstellungen, die auf die *Lutrophorie* bezogen werden, stimmen im wesentlichen überein. Sie zeigen regelmäßig einen flötespielenden Knaben an der Spitze des Zuges. Nach dem literarischen Zeugnis müßte es sich hier um den nächsten jungen Anverwandten handeln. Ihm folgen ein junges Mädchen, das das Wassergefäß im Arm trägt, und mehrere fackeltragende Frauen. Offen bleibt die Teilnahme der Braut, die auf manchen *Lutrophorie*bildern fehlt. So läßt der Bildfries einer heute verschollenen *Lutrophore*[44] (Abb. 8 a–d), der die Rückkunft der Prozession am Eingang des Hauses zeigt, keine Figur erkennen, die man mit einiger Sicherheit als Braut identifizieren könnte. Möglicherweise war die Anwesenheit der Braut beim Einholen des Wassers nicht erforderlich oder überhaupt unüblich. Dafür spricht der Lexikonartikel, in dem davon die Rede ist, daß man die Knaben schickt und das Wasser holen läßt.

Noch viel weniger als die Braut war natürlich der Bräutigam beim Einholen seines vorhochzeitlichen Bades dabei, sofern er das Bad nicht ohnehin im nahegelegenen Fluß nahm. Das Wasserholen war eine traditionell weibliche Tätigkeit und stand auch auf kultischem Niveau einem Mann schlecht an. Das Bad eines Bräutigams zeigt ein singuläres Vasenbild in Warschau[45] (Abb. 9 a–b), das bezeichnenderweise eine *Hydria*, ein Wassergefäß, schmückt. Ein junger Mann hockt am Boden, halb in und halb neben einem flachen Wasserbecken. Ihn umgeben eine Reihe assistierender Frauen, Dienerinnen oder Verwandte. Daß es sich hier um das Hochzeitsbad handelt, beweist eine große *Lutrophore*, die rechts in einem bikonischen Ständer steht. Davor ist ein Mädchen offensichtlich gerade dabei, Wasser zu entnehmen und in eine flache Handschale zu füllen, mit der der Badende übergossen wird. Dies war in der Antike das übliche Verfahren, den ganzen Körper zu waschen. Etwas abseits der Badegruppe warten zwei Fackelträgerinnen, wie sie uns von der *Lutrophorie* bekannt sind.

Die Hochzeit

8a–d   Rückkehr mit dem Wasser für das Brautbad. Brautwassergefäß.
440/430 v. Chr. (verschollen)

Bemerkenswert ist, daß die *Lutrophoros,* dieses nur in Attika bekannte Hochzeitsgefäß, die hier das Wasser für das Bad des Mannes bereithält, ein dreihenkeliges Exemplar ist. Die dreihenkelige *Hydrialutrophoros* wurde im Grabkult ausschließlich den unverheiratet gestorbenen Mädchen beigegeben, während den ledig gestorbenen jungen Männern die zweihenkelige

9a–b Bad des Bräutigams vor der Hochzeit. Wassergefäß.
Um 490 v. Chr. (Warschau)

10 Schmückung der Braut. Hochzeitskessel. 430/420 v. Chr. (Athen)

Amphoralutrophoros zugehörte. Diese geschlechtspezifische Zuordnung galt für die primäre Funktion dieses Gefäßes ganz offenbar nicht.

Das Bad der Braut ist nie dargestellt. Es wird nur angedeutet durch die *Lutrophoros*, die in kaum einem Bild mit der Brautschmückung fehlt (Abb. 10)[46]. Eine ehrbare Bürgerin, darüberhinaus noch unverheiratet, nackt beim Bad zu zeigen, war im 5. Jh. unschicklich. Weibliche Nacktheit ist in den Darstellungen jener Zeit stets Zeichen von Hetären, sofern es sich nicht um mythische Wesen wie badende Nymphen handelt. Erst nachdem mit der Schöpfung des nackten Aphroditebildes im späten 5. Jh. weibliche Nacktheit zum aphrodisischen Wesenszug erhoben worden war, war über die Identifikation mit der Liebesgöttin im Moment der Hochzeit jene aphrodisische Gestalt auch auf die Bürgerin übertragbar.

Wahrscheinlich üblicher als das Bad zu Hause war zumindest für den Bräutigam das Baden im Fluß. Bei Euripides (*Phoin.* 338–349) beklagt Iokaste das Los ihres Sohnes Polyneikes, der in der Fremde leben und heiraten und auf das Brautbad im Ismenos, dem Fluß seiner Heimatstadt Theben verzichten mußte (Übers. J. J. Donner):

Doch du, mein Sohn, hör ich, hast ein Weib sogar
gefreit und Vaterfreuden dir gesucht
in fremdem Hause, Fremde dir
als Anverwandte zugesellt:
für deine Mutter welche Schmach
und deinen Urahn Laïos,
der Ehe fremdes Unheil!

*Und ich habe dir die Brautfackel nicht
entfacht, wie's der Brauch glückliche Mütter heißt.
Kein hochzeitliches Wonnebad spendete
dir des Ismenos Flut, und in Thebens Stadt
blieb rings alles still vom Einzug der Braut.*

Das Baden im Fluß, die ursprüngliche Form des Brautbades, vergegenwärtigt, daß in diesem Ritual außer der vorhochzeitlichen Reinigung auch das Beschwören der ehelichen Fruchtbarkeit enthalten ist. Wie der Fluß das Land fruchtbar macht, soll sein Wasser den Eheleuten Kinder schenken[47].

Am Tag nach den Opfern, der *Lutrophorie* und dem anschließenden Brautbad fand das eigentliche Hochzeitsfest statt. Breiten Raum nahm ein üppiges Festmahl ein. Es knüpfte an die Tradition der großen Hochzeitsessen homerischer Zeit an. Damals war der Festschmaus der wesentliche Teil der Feier. Er fand regelmäßig im Hause des zukünftigen Ehemannes statt, bildete also bereits den zeremoniellen Endpunkt des Übertritts der Braut in das Hauswesen des Bräutigams. Die Heimführung der Braut, der entscheidende soziale Akt der Verheiratung war hier schon vollzogen, und das Paar wurde den Gästen als neu konstituierte Ehegemeinschaft vorgestellt. Der Hochzeitsschmaus hatte insofern hauptsächlich die Funktion der Bekanntmachung der Heirat.

In klassischer Zeit dagegen bildete das Festmahl erst den Auftakt zu dem zentralen Vorgang des Wechsels der Braut vom Haus ihres Vaters in das ihres Gatten. Der Akt der Heimführung erfolgte nach dem Essen.

Aristophanes bringt in seiner Komödie *Der Frieden* (1190ff.) einen solchen Hochzeitsschmaus mit anschließender Brautheimführung auf die Bühne. Der Weinbauer Trygaios verbindet sich in symbolischer Ehe mit Opora, der Ernte. Das Fest findet zwar im Haus des Trygaios statt, aber hier ist nicht der Ort der zukünftigen Ehegemeinschaft. Dies ist vielmehr das Feld, wo die Ernte gedeiht, und wohin die Hochzeitsgesellschaft später das Brautpaar heimgeleitet. Aristophanes beschreibt einige Einzelheiten des Festes, das sich teilweise im Freien abspielt. Noch während die Sklaven die Tische decken, kommen die Gratulanten herbei, überbringen Geschenke und machen sich dann über die Leckereien her. Hasenbraten, Täubchen und Kuchen bietet die Tafel, an der man kräftig zulangt und auch noch weiter schmaust, als ein Teil der Festgesellschaft am Abend die Braut aus dem Haus holt, das Paar auf die Schultern hebt und unter Fackellicht mit Tanz und dem Gesang des *Hymenaios,* eines Hochzeitsliedes, hinaus zu seinem Brautlager trägt.

Eine ausführliche Schilderung eines griechischen Hochzeitsmahls gibt Lukian *(conv.)* im 2. nachchristlichen Jh. Diese Festbeschreibung dient allerdings nur als Rahmen, das schlechte Benehmen athenischer Philosophen aufs Korn zu nehmen und ihr philosophisches Gehabe, ihre Selbstgefällig-

Die Hochzeit 57

*11 Verschleierte Braut.
Kessel. 330/320 v. Chr.
(Moskau)*

keit und Eigensucht zu persiflieren. Voll beißenden Spottes malt er die Ausgelassenheit und Entgleisungen der Festversammlung aus, die letzten Endes in eine wilde Schlägerei einmünden. Sieht man von den grotesken Übertreibungen ab, stellt sich das hochzeitliche Festmahl als ein übliches Gelage dar einschließlich der zugehörigen Unterhaltung z. B. durch Flötenspielerinnen, mit dem Unterschied, daß hier auch Frauen, die Braut und das entsprechende weibliche Gefolge, teilnahmen. Bekanntlich war die anständige Bürgerin sonst vom *Symposion* ausgeschlossen. Nur Damen der Halbwelt hatten dort Zugang. Für das familiäre Festmahl bei der Hochzeit galten andere Regeln. Die Trennung der Geschlechter war aber auch hier nicht ganz aufgehoben, insofern die Männer separat von den Frauen saßen. Sechs Tische für die Männer und getrennt davon vier Tische für die Frauen werden auch in einer Hochzeitsszene der Neuen Komödie für das Festessen bereitgestellt (Athen. 14, 644e). Unter den Frauen befand sich auch die tief verschleierte Braut (Πανὺ ἀκριβῶς ἐγκεκαλυμμένη; Lukian. *conv.* 8). Wie die Verschleierung aussah, zeigen die Vasenbilder (Abb. 11). Die Verhüllung betraf nicht das ganze Gesicht, sondern ließ zumindest einen Augenschlitz frei. Während des Essens ging ein Παῖς ἀμφιθαλής (ein Knabe, dessen beide Eltern noch lebten) mit einem λίκνον (einer Getreideschwinge) umher und reichte den Gästen Brot. Dabei sprach er die euphemistisch beschwörende Formel ἔφυγον κακόν εὗρον ἄμεινον: *ich entging dem Bösen und fand Besseres.* Ob dieser Brauch allgemein verbreitet oder lokal beschränkt war, muß angesichts der spärlichen Überlieferung offen bleiben (Zenob. 3, 38).

Während oder nach dem Festmahl fand der feierliche Akt der *Anakalypteria*, der Entschleierung der Braut statt. Zu diesem zeremoniellen Höhepunkt fehlen jegliche Informationen in den zeitgenössischen Schriftquellen, nur spätere Lexika liefern unter dem Stichwort ἀνακαλυπτέρια einige wenige Anhaltspunkte. So erläutert ein Lexikograph, daß die Braut erst beim Hochzeitsschmaus den Blicken des Bräutigams und der Gäste enthüllt wird (ἀνακαλυπτῶνται). Bei dieser Gelegenheit erhalte sie Geschenke, die nach der Zeremonie ebenfalls *Anakalypteria* hießen[49].

Eine sehr fragmentierte Lutrophore in Boston (Abb. 12a–b) scheint diesen Vorgang darzustellen[50]. Die Braut, von der nur der obere Teil des Kopfes erhalten ist, sitzt dem Bräutigam gegenüber. Ihr wird der Schleier, der eben noch das Gesicht verbarg, von einer hinter ihrem Stuhl stehenden Frau hochgeschlagen, so daß der Bräutigam und sein jugendlicher Begleiter, möglicherweise der *Pais amphithales,* sie ansehen können. Auf die Braut fliegt ein Eros zu, um sie zu bekränzen, von hinten nähern sich Frauen, die Geschenke tragen.

Einige Vasenbilder zeigen die Entschleierung der Braut erst unmittelbar vor der Heimführung durch den Bräutigam. Auf einer *Lutrophore* in Athen[51] (Abb. 13) ist das Paar im Begriff, zu seinem neuen Domizil aufzubrechen. Die Fackelträgerin steht bereit, der Bräutigam hat das Handgelenk seiner jungen Frau ergriffen und sieht sie an, während ihr die *Nympheutria,* die Brautführerin, den Schleier zurückzustreifen scheint. Dieser Augenblick leitet offensichtlich den ausgelassenen Festzug ein, der das Paar zum Haus des Mannes führt, wo es seine Mutter in Empfang nimmt. Die Darstellung einer *Pyxis* in Berlin (Abb. 14a–c) zieht die Entschleierung der Braut beim Verlassen des Elternhauses und die Ankunft des Paares vor seiner zukünftigen Wohnstatt darstellerisch zusammen[52]. In einer zweiten,

12a–b Entschleierung der Braut. Brautwassergefäß. 440/430 v. Chr. (Boston)

Die Hochzeit 59

13 Heimführung der Braut. Brautwassergefäß. 430/420 v. Chr. (Athen)

getrennten Szene folgt der Festzug mit Fackelträger, Flötenspieler und den Frauen, die die Geschenke bringen. Dieser Fries kann, wie der erste Blick glauben macht, keineswegs bedeuten, daß die Enthüllung der Braut erst vor dem Eintritt in das neue Haus des Gatten erfolgte. Schließlich diente der öffentliche Aufzug mit der Heimführung der Braut in erster Linie der Bekanntmachung der Heirat und der Präsentation der Braut vor der *Polis*gemeinschaft. Zu diesem Zweck dürfte sie kaum verhüllt gewesen sein. Dementsprechend zeigen die zahlreichen Darstellungen der Brautfahrt die Braut auch stets mit unverschleiertem Gesicht[53]. Reminiszenz der bräutlichen Verhüllung und Enthüllung ist der typische Gestus des Schleier- oder Mantellüpfens, der die heimfahrende Braut regelmäßig charakterisiert. Seit dem 6. Jh. erscheint dieses Motiv regelmäßig als Zeichen der Braut und Symbol der körperlichen Hingabe und Übereignung bei der Hochzeit. Es perpetuiert den einmaligen Akt der *Anakalypteria*, die nach dem ikonographischen Stellenwert des Enthüllungsgestus bereits für archaische Zeit vorauszusetzen sind. Der Gestus erfährt offenbar im Laufe des 5. Jhs. eine Bedeutungserweiterung, meint beispielsweise nicht nur die Braut, sondern die Ehefrau allgemein: er hat aber auch andere Sinnuancen, die ebenso wie die ursprüngliche Bedeutung nicht ganz geklärt sind.

Die Heimführung der Braut ist der Teil des hochzeitlichen Zeremoniells, dem die größte Bedeutung zukam. Von allen Hochzeitsriten wird sie am häufigsten dargestellt, ist in archaischer und frühklassischer Zeit sogar das einzige Sujet, das Hochzeit ins Bild setzen kann. Ihr besonderes Gewicht

*14a–c Hochzeitszug zum Haus des Bräutigams.
Dose. Um 360 v. Chr. (Ost-Berlin)*

liegt in der Übersiedlung der Braut in das Haus des Mannes, also der zeremoniellen Umsetzung der *Ekdosis*, des Übergangs von der Rechtsmacht des Vaters in die des Ehemannes, die der rechtliche Vollzug der Eheschließung war. Dieses juristische Kernstück wurde durch die feierliche Heimgeleitung vor aller Augen realisiert und öffentlich bekundet.

Die Heimführung konnte zu Fuß oder auf dem Wagen erfolgen. Eine *Lekythos* des Amasismalers (Abb. 15a–c) zeigt das Brautpaar auf einem Maultierwagen sitzen[54]. Der Bräutigam treibt die Tiere an, die Braut hat ihm zur Linken Platz genommen, was der traditionellen Anordnung bei der Brautfahrt entspricht, und zieht mit der linken Hand, in der sie auch einen Festkranz hält, den Schleier nach vorn. Rücken an Rücken mit dem Paar sitzt ein Junge mit einem Paket auf dem Schoß, möglicherweise Geschenke oder das Hochzeitsgut. Neben dem Gespann schreiten ein Mann und eine Frau, denen eine Fackelträgerin vorausgeht. Hinter dem Brautwagen befördert ein zweites Gespann einige der Hochzeitsgäste. Der Zug hat gerade

Die Hochzeit 61

das Haus des frischgebackenen Ehemannes erreicht, in dessen prächtigem, säulengerahmten Portal eine weitere Fackelträgerin die Ankömmlinge Willkommen heißt.

Eine *Lutrophore* in Berlin[55] (Abb. 16) hält die Szene fest, wie das von einem Wagenlenker geführte Gespann vor dem Haus hält und der junge, bartlose Bräutigam seine Frau vom Wagen hebt. Auf einer Schale in Berlin[56] (Abb. 17a–b) hat das Paar den Wagen, der von Hermes geleitet wurde, bereits verlassen und schreitet zum Klang des von Kithara und Lyra intonierten *Hymenaios* auf die neue Wohnung zu.

Welches Zeremoniell sich anschließend im Inneren des Hauses abspielte,

15 a–c Hochzeitsfahrt zum Haus des Bräutigams.
Salbölfläschchen.
Um 540 v. Chr. (New York)

16 Ankunft des Brautpaares vor seinem Haus. Brautwassergefäß. 420/410 v. Chr. (Berlin)

ist nur ungenügend bekannt. Das Umschreiten der häuslichen Herdstelle als Aufnahmeritus im neuen Haus scheint auf einer Londoner *Pyxis*[57] dargestellt (Abb. 18 a–c). Danach führte wohl die *Nympheutria* das Paar in das Brautgemach.

Das Brautlager und die Liebesumarmung, die in homerischer Zeit so poetisch besungen wurden, bleiben in der klassischen Literatur und Kunst weitgehend tabu. Eine Scherbe aus dem 3. Viertel des 5. Jhs. in Athen[58] zeigt eine leider sehr verstümmelte Szene im Brautgemach (Abb. 19). Die Braut sitzt versunken auf dem Bett, eng in ihren Mantel gehüllt. Neben ihr lehnt die *Nympheutria* – oder möglicherweise sogar Aphrodite selbst – in den Kissen und faßt sie vertrauensvoll am Arm, scheint sie aufzumuntern. Um die beiden Frauen herum sind vier weitere beschäftigt, alles für die Nacht zu richten. Ob der Bräutigam anwesend ist, läßt der fragmentarische Zustand der Scherbe im unklaren. Auf Bildern des 4. Jhs. werden die Brautleute jedenfalls gemeinsam im Hochzeits*thalamos* dargestellt. Zwei attische Relief*lekythen*, die beide aus Gräbern stammen, zeigen das Paar auf dem Brautbett[59]. Im einen Fall (Abb. 20) lagert der Bräutigam auf der *Kline*, während die Braut am Fußende des Bettes schüchtern auf dem Schoß ihrer Vertrauten, wohl der *Nympheutria*, sitzt. Der Mann spendet der Aphrodite, Verkörperung des Liebesaktes, ein Weihrauchopfer in ein *Thymiaterion*, das neben dem Bett steht. Am Boden spielt ein Eros. Auf dem anderen Gefäß (Abb. 21) sind die Vermählten allein. Die beiderseits neben der *Kline* sitzenden Frauen sind nicht als wirklich anwesend zu verstehen, sondern stellen wahrscheinlich die junge Frau in ihrer zukünftigen Rolle als Haus- und Ehefrau dar. Das Mädchen hat das Gewand geöffnet, das ihr vorn auf den Schoß herabgleitet, und zieht es im bekannten Entschleie-

Die Hochzeit 63

17a–b   Ankunft des Hochzeitszuges vor dem Haus des Paares. Trinkschale.
460/450 v. Chr. (Berlin)

rungsgestus über der Schulter empor. Der Bräutigam umfaßt ihre Schulter und dreht sie zu sich. Dieses Bild, das die Umarmung der Hochzeitsnacht sehr offen anspricht, ist singulär. Ein bürgerliches Paar in einer so privaten Situation dargestellt zu sehen muß verwundern. Trotzdem ist die Szene kaum anders zu verstehen, da jeder Hinweis auf eine mythische Hochzeit fehlt. Andererseits schließt das Fehlen entsprechender Attribute den Bezug auf ein mythisches Hochzeitspaar nicht aus. Vielmehr scheint das ambivalente Verständnis des Bildes als bürgerliche Realität und zugleich mythische Illusion beabsichtigt. Dafür spricht vor allem die Tatsache, daß die Braut hier fast nackt ist. Eine solch intime Darstellung einer bürgerlichen Frau setzt die Identifikation mit Aphrodite voraus. Im Liebesakt nimmt sie die

18 a–c   Umschreiten des häuslichen Altares durch das Brautpaar. Büchse. 460/450 v. Chr. (London)

Die Hochzeit

19 Vorbereitungen vor der Hochzeitsnacht.
Fragment eines Hochzeitskessels.
430/420 v. Chr. (Athen)

Gestalt der Aphrodite an und wird in diesem Augenblick die göttliche Liebesspenderin selbst.

Draußen vor der Hochzeitskammer stimmte man den *Epithalamios*, das Brautkammerlied, an. Von Theokrit (Anfang 3. Jh.) ist das schöne Brautlied der Helena erhalten (Theokr. 18; Übers. F. P. Fritz):

Einst im Palast bei dem blonden Held Menelaos zu Sparta
tanzten Mädchen vor neuausgemalter bräutlicher Kammer
mit Hyazinthenblüten im Haar ihren Reigen, zwölf Mädchen,
sie, die Ersten der Stadt, die Blüte lakonischer Frauen,
als sich des Atreus jüngerer Sohn mit Tyndareos' Tochter
Helena, seiner geliebten Braut, darin hatte verschlossen.
Einstimmig sangen alle zugleich und stampften im Takte,

20 Das Brautpaar in der Brautkammer. Salbölfläschchen.
Mitte d. 4. Jhs. v. Chr. (verschollen)

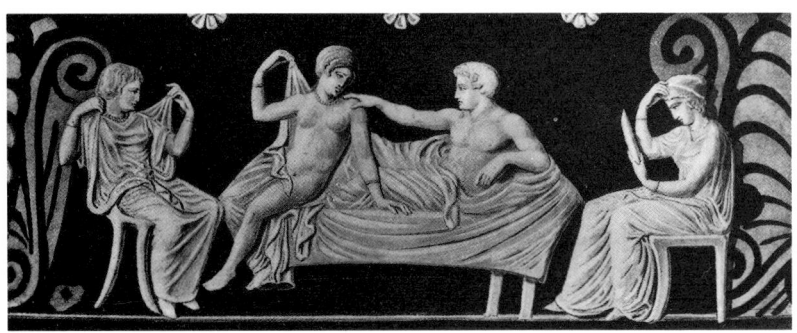

21 Braut und Bräutigam auf dem Brautbett. Salbölfläschchen.
2. Viertel d. 4. Jhs. v. Chr. (Berlin)

kreuzten die Beine beim Tanz, und das Haus widerhallte vom Brautlied.
Schon so früh, o geliebter Bräutigam, bist du entschlummert? Sind dir die
Glieder so schwer, und ist Schlaf dir gar so willkommen?
Hattest zu viel du getrunken, daß du aufs Lager dich hinwarfst? Wenn es dir
eilte, so früh schon zu schlafen, warum nicht allein dann?
Hättest das Kind du doch spielen lassen mit Kindern bei seiner zärtlichen
Mutter bis tief in die Nacht; denn morgen und übermorgen und Jahr für Jahr
ist die Braut nun dein, Menelaos.

An diese neckenden Eingangsverse schließt sich die Glückpreisung des Bräutigams Menelaos und ein langes Loblied auf Helena an, auf ihre außergewöhnliche Schönheit, ihre besonderen Fertigkeiten im Weben und ihre Begabung im Lyraspiel. Das Lied endet mit guten Wünschen für Kindersegen und gegenseitige Liebe:

Lebet nun wohl, du, Braut und du, Eidam des göttlichen Vaters!
Leto, die Amme, gewähre euch reichen Segen an Kindern,
Kypris, die Göttin, euch gegenseitig die nämliche Liebe,
Zeus, der Kronide, jedoch gewähre euch endlosen Segen,
der von edlem Geschlecht auf edles Geschlecht sich vererbe!
Schlaft nun und atmet einander Liebe ins Herz und Verlangen,
Seht, daß ihr auch nicht vergeßt, zu erwachen wieder am Morgen.
Wir auch werden zurück sein, wenns tagt und der früheste Sänger krähend
empor aus dem Schlaf seinen schön gefiederten Hals reckt.
Hymen, o Hymenaios, du freu dich dieser Vermählung!

Wie dieses Lied sagt, fanden sich einige der Hochzeitsgäste bereits am nächsten Morgen wieder im Hause der Jungvermählten ein. Es war der Tag der *Epaulia*. Der Begriff leitet sich von dem Verb ἐπαυλίζεσθαι (bei jemandem übernachten) ab und meint den Tag nach der ersten beim Gatten verbrachten Nacht. An jenem Tag wurden weitere Geschenke von Freun-

Die Hochzeit 67

den und Verwandten gebracht, die ebenfalls *Epaulia* hießen (Hesych s.v. ἐπαύλια). Diese Beschenkung war ein beliebtes Bildthema auf Gefäßen des Frauenbereichs. Äußerst lebendig und detailliert setzt der Marsyasmaler im 3. Viertel des 4. Jhs. dieses Ereignis ins Bild[60] (Abb. 22 a–d). Die Braut thront, von Eroten umschwirrt, inmitten der Geschenke bringenden Frauen. Zuvorderst steht eine Frau, die ein kleines Mädchen mit sich führt, das der jungen Vermählten eine Deckelschale emporstreckt. Solche Gefäße dienten der Aufnahme von Speisen und Gewürzen. Die Frau, die ihr folgt, trägt einen Korb. Hinter ihr hat eine junge Frau gerade eine kleine Truhe abgesetzt, der ihre Nachbarin offenbar ein Tuch entnommen hat. Nun hebt sie sie wieder vom Boden auf. Es folgt eine bis auf die Augen verhüllte Gestalt, die sinnend in die Ferne schaut. Ihr scheint die Begleiterin einen Polsterhocker hinzustellen. Als letzte schreitet eine hochaufgerichtete Frau, die einen textilen Gegenstand, ein Kissen oder ein Tuch, aufgefaltet vor sich her trägt. Von der anderen Seite treten vier weitere Frauen reich beladen an die neue Hausfrau heran. Sie bringen Polster, Teppiche, Kästchen, ein Weihrauchgefäß und einen *Lebes Gamikos,* einen Hochzeitskessel.

22a–d   Beschenkung am Morgen nach der Hochzeit. Hochzeitskessel.
340/330 v. Chr. (Leningrad)

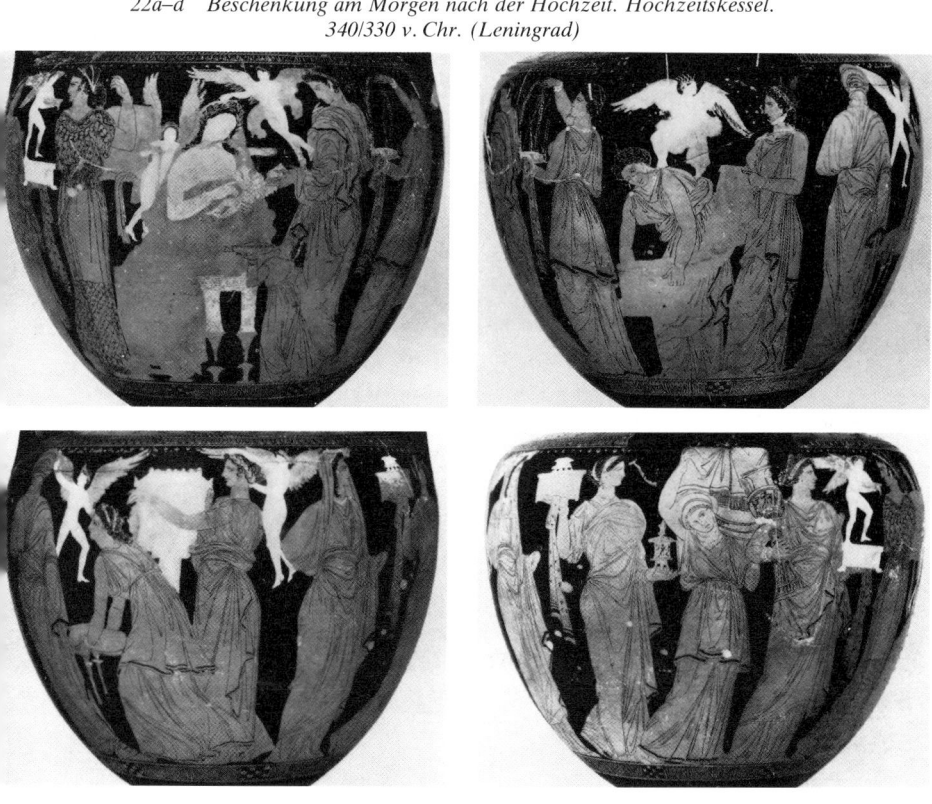

68 Die Ehe im archaischen und klassischen Athen

23a–b Hochzeitszug. Fragmente eines Hochzeitskessels. 340/330 v. Chr. (Leningrad)

Die Bedeutung der vermummten Mantelfigur ist völlig ungeklärt. Ihre Verhüllung erinnert einerseits an die tief verschleierte Braut vor den *Anakalypteria,* andererseits an die sogenannten Manteltänzerinnen, die besonders im Hellenismus auftreten. Eine solche Tänzerin erscheint auch unter den Tanzenden des Hochzeitszuges, den eine stark fragmentierte Kertscher Vase[61] zeigt (Abb. 23a–b). Möglicherweise oblag es jenen Manteltänzerinnen in einer Art Schleiertanz den Akt der Brautentschleierung symbolisch

Die Hochzeit 69

24 Vor dem Brautzimmer am Morgen nach der Hochzeit. Knieschutz für die Wollverarbeitung. Um 420 v. Chr. (Athen)

nachzuvollziehen und das rituelle sich in Besitzgeben der Braut pantomimisch zu vergegenwärtigen.

Unklarheiten bestehen auch bei den Hochzeitskesseln. Diese Gefäße fehlen in kaum einer *Epaulia*szene und tauchen meist paarweise auf. Die Funktion jener lose auf einem hohen Ständer aufsitzenden Kessel im Hochzeitszeremoniell ist strittig. Der jüngste Vorschlag hält sie für Wassergefäße, aus denen man schöpfte, um die Festgesellschaft in einem symbolischen

25 Weihgaben aus dem Heiligtum einer Hochzeitsnymphe (Athen)

Reinigungsakt mit geweihtem Wasser zu besprengen[62]. Ein *Epinetron* in Athen[63], ein Gerät zur Bearbeitung der Wolle, das man über das Knie stülpte, zeigt ebenfalls eine *Epaulia* (Abb. 24). Hier stecken die Gefährtinnen der frisch Verheirateten, die auf ihr Brautbett gelehnt von der Tür den Freundinnen zusieht, Zweige in den Kesseln zurecht. Die Verwendung als Blumenvase ist selbstverständlich nicht die ursprüngliche Funktion, wie die in gleicher Weise genutzte *Lutrophoros* nebenan deutlich macht. Offenbar werden diese beiden Festgegenstände, wenn sie nach dem einmaligen Gebrauch bei der Hochzeit ihren eigentlichen Zweck erfüllt hatten, später zu reinen Schmuck- und Erinnerungsstücken.

An den Tagen nach der Hochzeit galt es, den Göttern, die für das Gelingen der Eheschließung und -führung zuständig waren, zu danken, vor allem Aphrodite und Hera, aber auch weniger bedeutenden Gottheiten von meist nur lokaler Bedeutung, und sie um ihren weiteren Beistand zu bitten. Aufschluß über solche Opfer brachte die Aufdeckung des Heiligtums einer Hochzeitsnymphe am Südabhang der Akropolis[64]. Hier kamen Mengen von *Lutrophoren* ans Tageslicht, deren früheste bereits aus dem 7. Jh. stammt (Abb. 25). Jenes Festgerät, das offensichtlich ausschließlich für die Hochzeit hergestellt und gekauft und danach funktionslos wurde, als Votiv darzubringen, lag nahe. Stellvertretend konnte man aber auch ein Miniaturgefäß weihen und das Original weiterhin als Andenken zu Hause behalten.

Außer zu den Opfern führte der wichtigste Gang nach der Hochzeit zur Gemeinde, wo die Eintragung der Ehe in die Listen der *Phratrie* erfolgte. Man hatte durch Zeugen nachzuweisen, daß die Ehefrau einer gesetzlich anerkannten Ehe zwischen vollbürtigen athenischen Bürgern entstammte. Diese Eintragung sicherte die Rechtmäßigkeit der Ehe und garantierte den ihr erwachsenden Kindern das Bürgerrecht. Dies ging offenbar formlos vor sich und bildete den Abschluß der Hochzeitsfeierlichkeiten.

Die Hochzeit als Bildthema

Das Hochzeitsritual ist die zeremonielle Spiegelung gesellschaftlicher Wahrnehmungen und Bewertungen der Ehe und insofern geeignet, ihre wesentlichen Merkmale aufzuzeigen. Die bildliche Darstellung des Hochzeitsrituals läßt jedoch noch pointierter die für die Gesellschaft vorrangigen Wesenszüge der Ehe erkennen. Durch die Wahl oder Auslassung, Betonung oder Vernachlässigung bestimmter Vorgänge werden die Akzente gesetzt.

Im 6. Jh. wird von allen Hochzeitsriten allein die Brautfahrt dargestellt. Sie ist offenbar der Bestandteil, der der archaischen Gesellschaft ebenso charakteristisch wie repräsentativ erschien. Auch wenn die weitaus meisten Vasenbilder sich nicht eindeutig als eine bürgerliche Szene erkennen lassen, viele dagegen sicher die mythische Hochzeit von Peleus und Thetis meinen, reflektieren sie insgesamt ausnahmslos bürgerliches Leben, sowohl was die Form des Ritus als auch seine inhaltliche Bedeutung betrifft. Das mythische Paar steht stellvertretend für das bürgerliche, dessen Hochzeitsgeschenk es ziert. Der hohe Repräsentationswert der Hochzeitsfahrt besteht darin, daß sie den rechtlichen Kern der Eheschließung, den Übertritt der Frau in die Rechtsmacht des Ehemannes symbolisiert. Außerdem ist die Hochzeitsfahrt das Mittel, diesen privaten Akt sozialer Veränderung zu einem öffentlichen zu machen und gesellschaftlich zu sanktionieren. Dies rechtfertigt seinen Vorrang als Bildthema. Es ist bemerkenswert, daß nicht der inhaltliche Wert der Hochzeit als Akt der Familiengründung und Beginn einer Lebensgemeinschaft ins Bild gesetzt wird, etwa in Form eines Ehepaarbildes. Vielmehr spielt selbst in den Bildern von privaten Gebrauchsgegenständen wie *Amphoren* und *Hydrien* die Außenwirkung der Hochzeit und der Bezug auf die Gemeinde eine wesentlichere Rolle. In der archaischen Gesellschaft, der die strengen Strukturen und das Reglement der späteren Demokratie fehlten, erforderte soziale Ordnung und Ruhe eine öffentliche Transparenz der Familienverhältnisse. Sie allein konnte die Anerkennung und den Schutz der Ehe durch die Gemeinschaft garantieren.

Aber nicht nur unter soziologischen Aspekten kam der archaischen Gesellschaft das Thema der Hochzeitsfahrt entgegen, sondern auch unter dem Gesichtspunkt der Selbstdarstellung beim glanzvollen Umzug durch die Stadt. Dieses ausgesprochen aristokratische Bild der Hochzeitsfahrt mit dem großen Viergespann im Mittelpunkt, das der Darstellung der Kriegerausfahrt eng verwandt ist, spiegelt Vorstellungen der Adelswelt und vermittelt ein entsprechendes Lebensgefühl. Im demokratischen 5. Jh. verschwindet es weitgehend. An seine Stelle tritt die „Heimführung", ein bescheideneres Bildmotiv, bei dem das anspruchsvolle Brautgespann in den Hintergrund rückt oder ganz fehlt, und die Übersiedlung häufig schlicht zu Fuß am Arm des Gatten erfolgt. Im Zentrum der Darstellung steht weniger der festliche Umzug durch die Stadt, als der Eintritt der Ehefrau in das Haus des Mannes. Selten fehlt die Empfangsszene an der Haustür des neuen gemeinsamen Hauses. Die Heimführung hat wie die Hochzeitsfahrt den Wechsel der Frau in den *Oikos* des Ehemannes zum Gegenstand. Aber sie lenkt im Gegensatz zu dem archaischen Vorläufer den Blick weniger auf die öffentliche Präsentation des neuen Ehepaares, als auf den praktischen Vollzug der Eheschließung, nämlich die Einführung und Aufnahme der jungen Gattin in das Haus des Mannes und ihre Einsetzung als Hausfrau in seinem *Oikos*. Obwohl der Hochzeitszug auch im klassischen Zeremoniell eine wichtige Rolle spielte, scheint er nicht den gleichen Stellenwert gehabt zu haben wie in archaischer Zeit. Die Bekanntmachung der neuen Ehe brauchte in dem demokratischen System nicht mehr das zentrale Anliegen des Festzuges zu sein, erfüllte doch die Meldung und Eintragung bei der

Phratrie diese Funktion. Die geringere Bedeutung macht sich auch darin bemerkbar, daß die Heimführung, anders als im 6. Jh. die Hochzeitsfahrt, nicht der einzige und nicht einmal ein bevorzugter Darstellungstyp ist, mit dem Hochzeit ins Bild gesetzt wird. Offenbar war die festliche Übersiedlung der Braut nicht mehr der Teil der Feier, den man als besonders charakteristisch ansah und zum Bildmotiv wählte. Neben diesem existiert eine Reihe anderer Bildthemen zur Hochzeit: die Einholung des Brautwassers, die Schmückung der Braut, die Brautbeschenkung und sehr vereinzelt das eheliche Beilager.

Bemerkenswert ist, daß im Laufe der Klassik immer weniger Darstellungen den öffentlichen Teil der Hochzeit und immer mehr die privaten Vorgänge im Hausinneren zeigen, besonders die Vorbereitung und Schmückung der Braut sowie die Überbringung der Geschenke am Morgen der *Epaulia*. Mit dem Anwachsen solcher Brautgemachszenen wird Hochzeit zunehmend zum Frauenthema, das nicht mehr nur auf Hochzeitsgefäßen, sondern auch auf Toilettengegenständen und Geräten des Frauenbereichs erscheint. Während man ansonsten davon ausgehen kann, daß Hochzeitsbilder in erster Linie das bei der Hochzeit verwendete Festgerät oder das hochzeitliche Tafelgeschirr schmückten, kommen im späteren 5. und im 4. Jh. immer mehr *Pyxiden* hinzu. Auch das *Epinetron*, das die *Epaulia* zeigt (Abb. 24), gehört als Gerät der Wollbearbeitung eindeutig zum Frauenbereich. Dieses Phänomen ist einerseits der adäquate Ausdruck dafür, daß das Leben der griechischen Frau einzig in der Ehe Erfüllung fand, deren äußerer Glanzpunkt die Hochzeit war; andererseits schlägt sich hier die steigende Wertschätzung des Privatlebens nieder, die bereits im Zusammenhang mit den literarisch geäußerten Ehevorstellungen zur Sprache kam.

Bezeichnend für die gesellschaftliche Wertschätzung und den Rang der Ehe ist, daß trotz der wachsenden Bedeutung des Privaten die durch die Heirat neu entstandene menschliche Gemeinschaft, das Paarsein, nicht zur Darstellung kommt, geschweige denn eine innere Verbundenheit und seelische Zuneigung zwischen den Ehepartnern. In den meisten Hochzeitsszenen treten nur Frauen auf. Bei der Heimführung und dem Beilager sind die Eheleute zwar zusammen dargestellt, aber nicht als Paar wirklich miteinander verbunden. Die Frau ist hier stets – und dies gilt nicht generell für Frauenbilder – das passive, geführte, angeleitete oder in sonst einer Weise manipulierte Objekt des Mannes. Ein Verbundenheitsbild, wie die römische Darstellung der *dextrarum iunctio*, der ehelichen Handreichung (Abb. 26), das beide Eheleute im Handschlag und durch die Eintrachtsgöttin vereint, fehlt in der griechischen Kunst.

Insofern spiegeln das Hochzeitszeremoniell und seine künstlerische Umsetzung wider, was der politischen Bedeutung der Ehe entspricht und in einem Großteil der literarischen Quellen als Alltagsrealität erscheint: Die

Die Hocheit als Bildthema 73

26 Ein im Handschlag verbundenes römisches Ehepaar. Sarkophag. 170–180 n. Chr. (Mantua)

vorrangige Funktion der Ehe war die Versorgung des Hauswesens und, aus Gründen ehelicher Sexualtabus dezenter dargestellt, die Hervorbringung legitimer Nachkommen. Die von Platon in seiner Zukunftssicht angestrebte Ebenbürtigkeit und Partnerschaft von Mann und Frau tritt in den Hochzeitsbildern jedenfalls nicht zutage.

Auch außerhalb der Hochzeitsdarstellungen findet sich nichts, das als Ehepaarbild im engeren Sinne gelten könnte, wie es die römische Bildkunst mit der *dextrarum iunctio* hervorgebracht hat und wie es in dieser Tradition die gesamte abendländische Kunst als festen Topos im ikonographischen Repertoire führt. Auch die griechischen Grabreliefs, die formal am ehesten dem Typus des Ehepaarbildes entsprechen, gehören bei näherem Hinsehen nicht hierher, da sie sich in der inhaltlichen Aussage grundsätzlich unterscheiden.

Tatsächlich könnte man die seit dem 2. Viertel des 4. Jhs. vermehrt auftretenden Grabreliefs, die Mann und Frau im Handschlag verbunden zeigen, als Ehepaarbilder verstehen[65] (Abb. 27a). Frühere Grabreliefs stellen nur ausnahmsweise ein Ehepaar dar. Auf archaischen Bildstelen erscheint der Verstorbene regelmäßig allein, während in der Klassik vornehmlich der Dialog zwischen der Welt des Toten und der der Hinterbliebenen ins Bild gesetzt wird. Vorwiegend sind es Frauen, die mit den zurückgelassenen Dienerinnen oder Freundinnen, oft auch ihren Kindern im scheinbar alltäglichen Gegenüber verbunden werden. Unverheirateten jungen Mädchen und Jünglingen setzte man Einzelstelen, Männer erhielten einfache Palmettenstelen, auf denen ihr Name zusammen mit denen anderer männlicher

Familienmitglieder verzeichnet war⁶⁶. Das Aufkommen einer Gattendarstellung und ihre wachsende Beliebtheit im 2. Drittel des 4. Jhs. möchte man zunächst in Zusammenhang bringen mit der Aufwertung der Ehe als menschliche Partnerschaft und Liebesbund, wie sie in der Literatur spätestens seit Platon gefordert und in den Grabepigrammen seit der Jahrhundertmitte besungen wird. Aber im Kontext anderer Sepulkraldenkmäler, deren ikonographische Tradition die Grabreliefs fortsetzen, ist die Deutung jener Gattenbilder und die Begründung für ihre zunehmende Verwendung auf einer anderen Ebene zu suchen.

Das Ehepaar auf den Grabreliefs muß als Familienbild gesehen werden. Der Händedruck von Mann und Frau ist Zeichen familiärer Verbundenheit, nicht Ausdruck von ehelicher Zusammengehörigkeit oder gar Gattenliebe. Denn der Handschlag findet gleichermaßen zwischen Vater und Tochter, Mutter und Sohn usw. statt. Die Verbundenheit des Ehepaares hat in der Darstellung keine andere Qualität als die zwischen Eltern und Kind. Es ist selbstverständlich, daß im Rahmen von Familienbildern auch

27a Grabrelief der Korallion und ihres Mannes Agathon. 3. Viertel d. 4. Jhs. v. Chr. (Athen) – b) Grabrelief der Erato und ihres Vaters Epicharides. 3. Viertel d. 4. Jhs. v. Chr. (Athen)

das Ehepaar zur Darstellung gelangt. Andererseits kennzeichnet die Tatsache, daß überhaupt nur in diesem Kontext eine Art Ehepaarbild entsteht, die einseitige und begrenzte Bedeutung der Ehe als Institution zur Sicherung und zum Erhalt der Familie. Familienbilder und mit ihnen die Darstellung des Ehepaares treten nicht erst im 4. Jh. auf, sondern bereits im 5. Jh. erscheinen vergleichbare Szenen auf rangniedrigeren Grabmälern wie den Marmor*lekythen*[67] (Abb. 28). Die Aufnahme der Thematik in das Bildprogramm der großen Grabreliefs bezeichnet jedoch einen neuen Aufschwung des Familienbildes, in dem sich der für den einzelnen gestiegene Wert der Familie dokumentiert. Letzten Endes ist diese Blüte eine Folge der zunehmenden Entpolitisierung und des Rückzugs der Männer aus der Öffentlichkeit in das Privatleben.

Wenn auch die Hochzeitsdarstellungen die menschliche Komponente der Ehe, die emotionale und erotische Beziehung, aussparen, so bleibt doch nicht die gesamte bildende Kunst klassischer Zeit unberührt von dem Phänomen der ehelichen Liebe, das die zeitgenössischen Dichter besingen und die Grabepigramme heraufbeschwören. Die eindrucksvollsten Bilder ehelicher Verbundenheit und Harmonie bieten die weißgrundigen *Lekythen*, Salbölfläschchen, die im attischen Grabkult verwendet wurden. Auf einem

28 Onesimos und Eukoline im Kreis ihrer Familie. Grabmal in Form einer Lekythos. Um 400 v. Chr. (München)

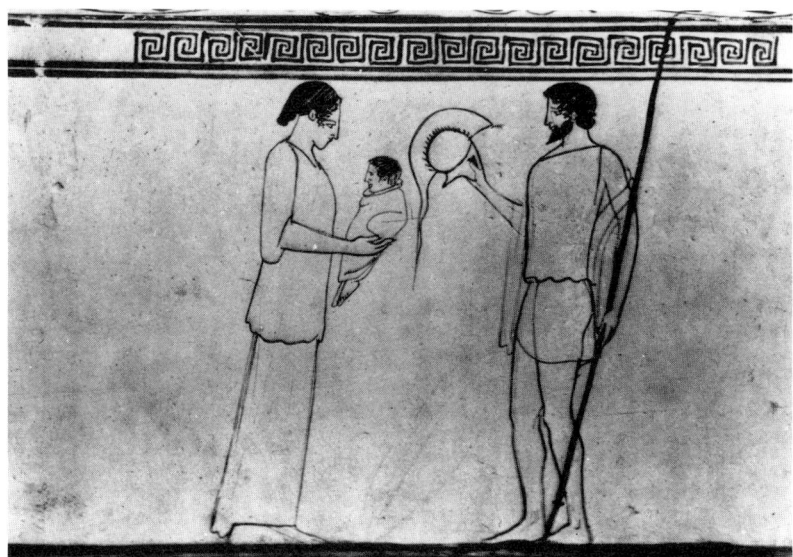

29 Abschied eines Kriegers von Frau und Kind. Grabkultgefäß. Mitte d. 5. Jhs. v. Chr. (Berlin)

Gefäß in Berlin (Abb. 29) reicht die Gattin dem zum Krieg gerüsteten Ehemann das gemeinsame Kind[68], Unterpfand der Berechtigung und Erfüllung ihrer Gemeinschaft. Ein solches Bild steht in der Tradition der homerischen Szene vom Abschied des Hektor von seiner Frau und seinem Söhnchen, das, als er es nehmen will, ängstlich vor dem schwer gewappneten Mann mit dem gewaltigen Helmbusch zurückschreckt, in dem es nicht seinen Vater erkennt. Das Vasenbild steht der homerischen Dichtung an Innigkeit nicht nach. In dieser Weise gibt es zahlreiche Darstellungen. Oft handelt es sich um Abschiedszenen vor dem Auszug in den Krieg. Hier wo der endgültige Abschied und die immerwährende Trennung drohen, fließt ein Ausdruck tiefer Verbundenheit in Blicke und Gesten. In einer Szene erscheint zwischen dem abschiednehmenden Paar eine Gans, der Vogel der Aphrodite, und verdeutlicht auch die erotische Liebesbeziehung zwischen den beiden[69] (Abb. 30).

Eheliches Liebesleben

Spätestens an dieser Stelle erhebt sich die Frage, inwieweit das eheliche Geschlechtsleben zur Darstellung kam. Da die Zeugung von Nachkommen die erste Aufgabe der Ehe war, stünde zu erwarten, daß auch dieser Aspekt sich in den Bildern niederschlägt, besonders angesichts der Tatsache, daß

Eheliches Liebesleben 77

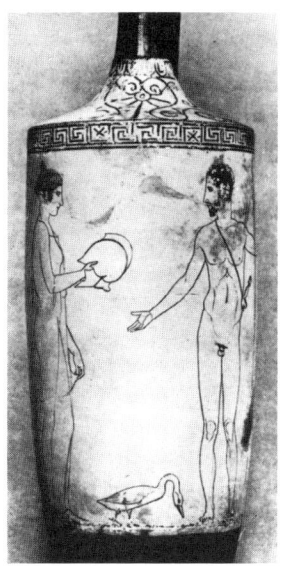

30 Rüstung eines Kriegers und Abschied von seiner Frau. Grabkultgefäß.
Um 440 v. Chr. (London)

Sexualität für die Griechen kein Tabu bildete. Man kennt die vielen frechen Obszönitäten der Komödie, die den Wert eines Stückes in keiner Weise herabsetzten. Man kennt außerdem die zahlreichen sexuellen, wenn nicht pornographischen Darstellungen, die häufig an Offenheit nichts zu wünschen übrig lassen. Sexualität wurde nicht negiert und das Sexualleben nicht verheimlicht. Der Geschlechtstrieb wird von Platon als natürlich und notwendig bezeichnet (*rep.* 8, 559c), als ein Bedürfnis, das häufig mit Hunger und Durst verglichen wurde. Selbst exzentrische erotische Phantasien und Praktiken scheinen toleriert worden zu sein, wie manches Vasenbild glauben macht.

Aber der Schauplatz dieser sexuellen Aktivitäten ist nicht das Ehebett. Keine einzige der zahllosen sexuellen Darstellungen zeigt ein Ehepaar. Aus dem ikonographischen Kontext geht eindeutig hervor, daß es ausschließlich Hetären, Prostituierte und andere Frauen der Halbwelt sind, mit denen sich die Männer beim *Symposion* oder im Bordell amüsieren. Eine ehrbare Athenerin wurde so nicht dargestellt.

Wie in der Literatur klassischer Zeit wird auch in der Kunst der eheliche Sex verschleiert. Wenn man bedenkt, mit welch poetischen Bildern unterschiedslos der eheliche wie auch der nichteheliche Liebesakt von Homer besungen wurde, zeigt sich, daß ein grundlegender Wandel in der Handhabung und Bewertung des Sexuallebens eingetreten ist. Dazu gehört z. B. die Einrichtung eigener Berufsstände, die die Befriedigung sexueller Wünsche zum Geschäft haben, während in den homerischen Epen Prostitution unbekannt ist. Daß darüberhinaus jene Gewerbe geringgeschätzt und schlecht beleumdet waren, macht deutlich, wie problematisch die Praxis der Sexualität in jener Gesellschaft archaischer und klassischer Zeit war.

Für die Ehe spielte das Geschlechtsleben eine untergeordnete Rolle. Sie forderte zwar die körperliche Vereinigung zur Zeugung der Nachkommen, hatte aber nicht die Befriedigung des Geschlechtstriebes oder gar die Erfüllung sinnlicher Lust zur Aufgabe. Weder Recht noch Sitte verlangten wie etwa die christliche Lehre die ausschließliche Einheit von Zeugung und Lust. Außerhalb der Ehe sein Vergnügen zu suchen, war für einen Mann nicht verwerflich. Außerdem trug der außereheliche Beischlaf zur Empfängnisverhütung in der Ehe bei. Männer konnten ihren Sexualtrieb außerhalb der Ehe ausleben. Selbst wenn dies nicht den höchsten ethischen Idealen entsprach, tolerierte man es. Die Frauen durften nur mit dem Gatten verkehren. Stand den einen ein selbstbestimmtes Liebesleben offen, waren die anderen abhängig von der Gunst und Bereitschaft des Ehemannes. Zwangsläufig wurde den Frauen sexuelle Zurückhaltung auferlegt. Die Klagen über Vernachlässigung durch den Mann und Eifersuchtsszenen sind in der Literatur nicht selten. Die Unterdrückung der weiblichen Sexualität in der Ehe führte dann offenbar zu der Forderung nach der sexuell maßvollen Gattin, deren Lob die Grabinschriften singen. Enthaltsamkeit war Tugend, der Wert des ehelichen Geschlechtsverkehrs dementsprechend gering. Hier gilt allerdings dieselbe Einschränkung wie für die gefühlsmäßige eheliche Liebe. So wie diese trotz der einseitig oikonomisch geprägten Ehevorstellungen blühte, war sie der beste Garant dafür, daß auch eheliches Bettgeflüster nicht erstarb.

Die geringe Bedeutung, die der Geschlechtsverkehr in der Ehe hatte, war nur ein Grund dafür, daß eheliche Sexualität nicht dargestellt wurde. Darüberhinaus spielten Dezenz und Schamgefühl eine wesentliche Rolle, das eheliche Liebesleben fremdem Einblick zu entziehen und nicht ebenso unverblümt abzubilden wie Hetärenliebe. Sitte und Anstand verboten, ehrbare Bürgerinnen beim Liebesakt darzustellen. Die diskrete Behandlung der ehelichen Intimsphäre äußert sich auf den Vasenbildern dadurch, daß der Geschlechtsverkehr allenfalls angedeutet wird. Die ehelichen Freuden bzw. Pflichten versinnbildlicht oft eine geöffnete Tür, durch die das Ehebett im Nebenzimmer zu sehen ist. Auf dem bereits betrachteten *Epinetron* (Abb. 24) ist der Blick auf das Brautbett, an dem die junge Ehefrau lehnt, ein wesentliches Bildelement, das auf die Hochzeitsnacht hinweist, die den hier dargestellten *Epaulia* vorausgegangen ist. Diese Chiffre für den ehelichen Beischlaf erscheint häufig im Zusammenhang mit Hochzeitsszenen. Manchmal spielt eine Szene auch im Schlafgemach selbst, in dessen Hintergrund das schöngepolsterte Bett steht. Eine *Lutrophore* in Würzburg[70] zeigt das Brautpaar im fackelerleuchteten Gemach vor dem Bett. Der Mann

*31 Braut und Bräutigam vor dem Brautbett. Brautwassergefäß.
Um 420 v. Chr. (Würzburg)*

überreicht seiner Frau einen verzierten Kasten (Abb. 31). Kaum verborgen wird die Funktion des Ehebettes nur auf den singulären Relief*lekythen*, die das Paar gemeinsam auf der *Kline* sitzen zeigen (Abb. 20 u. 21). Aber auch diese Szenen haben nichts gemein mit dem Liebesgerangel ausschweifender Gelage, wie es manche der dort gebrauchten Weinschalen zeigen (Abb. 48 u. 49).

III. Das Hetärenwesen

Das neuzeitliche Hetärenbild

Die Welt einer ganz anderen Liebe eröffnet das von den Griechen so gepflegte Hetärenwesen. Es war eine käufliche Liebe, die für die Männer ohne Verpflichtung blieb und ihnen das reine Vergnügen versprach. Für die beteiligten Frauen war sie meist das unfreiwillige Los ihrer Leibeigenschaft oder leichtes und letztes Mittel, den Lebensunterhalt selbst zu verdienen. Selten war sie der Weg zum Reichtum. Aber allein jenen, die durch Prostitution zu Reichtum und Berühmtheit kamen, verdankt das Hetärenwesen den nachhaltigen Ruhm und die Aufwertung zu einem vielbeachteten Kulturphänomen. Das Heer der namen- und rechtlosen Sklavendirnen verschwand hinter dem ebenso strahlenden wie trügerischen Bild jener schönen, gebildeten und geistreich parlierenden Lebedamen, wie es uns die heutige Altertumswissenschaft weithin vor Augen führt.

Diese Sicht der Dinge ist jedoch durchaus nicht die ursprüngliche. Seit sich Altertumsforscher mit dem Phänomen Hetären beschäftigen, geschieht das mit sehr unterschiedlichen Wertungen. Im 19. Jh. waren zu diesem Thema Äußerungen und Abhandlungen regelmäßig mit dem Ausdruck tiefer Abscheu gegenüber jenen Frauen verbunden. Sie galten als „niedrige Kreaturen" einer „verworfenen Menschenklasse"[1], durch die selbst der wissenschaftliche Beobachter beschmutzt zu werden schien. Bezeichnend sind die regelmäßig vorgebrachten Entschuldigungen, die die Beschäftigung mit diesem „häßlichen" Gegenstand rechtfertigten.

Das 20. Jahrhundert brachte mit der Freudschen Aufklärung und der Etablierung der Sexualwissenschaft eine Verschiebung der Wertmaßstäbe. Nachdem sich zunächst um die Jahrhundertwende vornehmlich die medizinische Sexualwissenschaft mit den antiken Phänomenen der Sexualität beschäftigt hatte, erschien in den 20er Jahren von altertumskundlicher Seite eine umfassende und wegen der Quellensammlung heute noch grundlegende Sittengeschichte Griechenlands[2]. Das dreibändige Werk, das unter dem Pseudonym Hans Licht veröffentlicht wurde, bringt auf der Basis einer unübertroffenen Materialsammlung alle erdenklichen Formen von Erotik und Sexualität zur Sprache. Es stellte an Offenheit alles bis dahin Dagewesene in den Schatten und brachte darüber hinaus unverhohlene Sympathie für diese griechische Art männlichen Lebensgenusses und für die daran beteiligten Hetären zum Ausdruck. Die Aufgliederung der Untersuchung in zwei Hauptbände und einen Ergänzungsband, dem die eindeutigsten und intimsten Zeugnisse griechischen Sexuallebens in Literatur und Kunst vorbehalten blieben, sowie die ausschließlich lateinischen Umschreibungen der Geschlechtsorgane und Sexualpraktiken zeigen die weiterhin bestehenden Skrupel bei der Behandlung dieses Themas. Neu ist der connaisseurhafte Ton moralischer Liberalität, der unverkennbar in der um Sachlichkeit bemühten Darlegung mitschwingt. Die moralische Verurteilung der Prostitution betrifft nur noch die niedrigen Straßen- und Bordelldirnen, von denen die eigentlichen Hetären geschieden werden. Mit dem Argument ihres gesellschaftlichen Ansehens und ihrer Bildung werden diese zu Gallionsfiguren des Antikebildes des Autors. Licht, der die Erotik *für den Schlüssel zum Verständnis der alten Kultur* hält, für *die Achse, um die sich das öffentliche Leben drehte*, scheint die vermeintlich feine Lebensart und den angeblich wachen Geist jener Damen als Beweis für die positiv wirkende Kraft der Sexualität und quasi als Zeichen der kulturellen Legitimation sexueller Sinnenfreuden zu nehmen. Mit seiner Aufgeschlossenheit und bemüht vorurteilslosen Auffassung sucht er sich in die sittliche Tradition der Griechen zu stellen, die seiner Meinung nach sexuellen Phänomenen offen und unbefangen gegenüberstanden. Nicht zuletzt Genugtuung spricht aus der Feststellung: *... deshalb habe ich diese Dinge hier zur Sprache gebracht, daß man damals den außerehelichen Geschlechtsverkehr keinem Menschen verargte, sondern ihn als Selbstverständlichkeit ansah und in aller Öffentlichkeit darüber sprach*[3]. Darüber hinaus klingt hier das Bemühen um ein natürliches Verhältnis zur Sexualität an, das in den 20er Jahren weithin angestrebt wurde. Durch die gedankliche Verdrängung der Käuflichkeit der Hetären und die Stilisierung zu geistreich, eleganten Salondamen, auf deren Gesellschaft die *ersten Männer der Nation zu Recht* nicht verzichten wollten, gelingt es Licht, das Hellenenbild mit der an sich verworfenen Prostitution in Einklang zu bringen. Diese Betrachtungsweise, für die Lichts Werk paradigmatisch ist, blieb der gängigste Weg, das Hetärenwesen in einer so verherrlichten Gesellschaft wie der griechischen zu erklären. In Anlehnung an das Bild der Mätresse und Kurtisane wurde die Hetäre Symbolträger für gesellschaftliches Ansehen und sogar politischen Einfluß von Frauen, auf jeden Fall für Weltläufigkeit und Lebensart.

Seltmann verspottete noch in den 50er Jahren jene Wissenschaftler, die dem Hetärenphänomen bedenklich gegenüberstanden, als *brave Griffelspitzer* und verglich es in kennerhaftem Ton mit den Verhältnissen im großstädtischen Paris vor 1939. Hetären werden als Zeichen von Urbanität und Modernität apostrophiert[4].

Dieser Tenor klingt auch in jüngsten Arbeiten noch an, wo das Aufblühen des Hetärenwesens als Erscheinung der *neuen Welt* bezeichnet wird, in der *die kleinen Verhältnisse der dunklen Jahrhunderte* durchbrochen wurden[5]. Mit der *neuen Welt* ist die Welt der Wirtschaft, des Handels und des Geldes gemeint, die sachlich völlig überzeugend für den Aufstieg der Hetären verantwortlich gemacht wird. Durch den Begriff *kleine Verhältnisse* für die vorangegangene hetärenlose Zeit wird das Hetärenwesen ebenfalls im Sinne von Aufgeklärtheit und Weltoffenheit aufgewertet.

Während bei diesem Verständnis des Hetärenwesens das Gewicht auf der Legitimität des (männlichen) Sinnengenusses liegt, der die Schranken der bürgerlichen Moral überwindet und in der Gestalt der eleganten, gebildeten Partnerin seinen kulturellen Ausdruck findet, akzentuierte eine andere Auffassung vor allem die Unabhängigkeit und Selbstbestimmtheit der Hetäre, die nicht den Repressalien der griechischen Bürgersfrau unterlag[6]. Man sprach von beiderseitig freier Liebe und freier Wahl[7]. Die Tatsache der Käuflichkeit trat in den Hintergrund. Die Vorstellung, daß die Hetäre an der Welt der Männer partizipieren, Bildung und Selbständigkeit, auch wirtschaftliche Unabhängigkeit erlangen kann, machte sie zum positiven Symbol für den Feminismus. Heute dagegen teilt gerade die feministische Richtung zumindest innerhalb der Altertumswissenschaft diesen Standpunkt nicht mehr, sondern vertritt die Meinung der Rechtlosigkeit und rechtlichen Abhängigkeit, der wirtschaftlichen und physischen Ausbeutung der Hetären[8].

Außerhalb der altertumswissenschaftlichen feministischen Fachliteratur überwiegt das Bild der kultivierten und selbstbewußten Frau, die sich unabhängig in den besseren Kreisen bewegt und der männlichen Oberschicht Athens eine anregende Gesellschafterin, gebildete Gesprächspartnerin und darüber hinaus auch noch glänzende Liebhaberin war. Diese Vorstellungen sind vor allem geprägt durch die berühmte Figur der Aspasia, die auch in der neuzeitlichen Kunst regelmäßig den Prototyp der griechischen Hetäre verkörperte[9]. Gerade in Bezug auf sie konnte bislang nicht gesichert werden, daß sie tatsächlich eine Hetäre war[10]. Aspasia stammte aus dem kleinasiatischen Milet und lebte seit den 40er Jahren des 5. Jhs. in Athen. Als Ausländerin hatte sie dort den *Metöken*status d.h. die juristische Stellung der nicht mit dem Bürgerrecht privilegierten Einwohner Athens. Insofern konnte sie, anders als es vor dem Bürgerrechtsgesetz des Perikles von 451/50 möglich gewesen war, keine rechtmäßige Ehe eingehen. Ihre Verbindung mit Perikles blieb zeitlebens eine freie, nicht legalisierte Ehe und sie eine *Pallake*, eine illegitime Lebensgefährtin. Der gemeinsame Sohn, Perikles, war demzufolge kein vollbürtiger Bürger und erhielt erst durch eine von seinem Vater erwirkte Sonderregelung das athenische Bürgerrecht.

Die außergewöhnliche Persönlichkeit der Aspasia geht aus dem antiken Schrifttum deutlich hervor. Selbst die scharfen Angriffe einiger ihrer Zeitgenossen konnten diesem Ruf keinen Abbruch tun. Sie galten allerdings wohl eher dem Perikles, hinter dessen pro-milesischer, gegen Samos gerichteter Politik man die Einflüsterungen der Aspasia vermutete. Wenn die Athener sie mit der mythischen Omphale verglichen (Plut. *Per.* 24, 3), der sich der Held Herakles unterwarf, zielte die Kritik auf den Mann, der nicht nur ihr ungewöhnliches Betragen billigte und es versäumte, sie in die

Schranken zu verweisen, die die patriarchalische Gesellschaft Athens den Frauen auferlegte, sondern ganz ihrem Einfluß erlegen war. Zudem forderte auch zu blankem Hohn heraus, daß gerade Perikles, der Initiator der strengeren Ehegesetze, nicht in legitimer Ehe, sondern im zwar nicht ehrenrührigen, aber unrechtmäßigen Konkubinat lebte. Aspasia wurde zur Schwachstelle des Perikles. Ihre Verhöhnung richtete sich gegen ihn.

Die Annahme der Prostitution stützt sich auf einige Anspielungen in der zeitgenössischen Komödie. Aristophanes parodiert in seinem Stück *Die Acharner* den Anfang des herodoteischen Geschichtswerkes, das die Entfachung vieler Kriege mit der Entführung von Frauen begründet, indem er die Entstehung des peloponnesischen Krieges aus der Verschleppung einiger Dirnen erklärt (*Ach.* 527f.). Perikles' Kriegsführung wird persifliert als Rachezug gegen zwei der Aspasia gestohlene Freudenmädchen (ἀντεξέκλεψαν Ἀσπασίας πόρνα δύο); Aspasia selbst wird als Bordellmutter angesprochen. Der Komödiendichter Eupolis (*frg.* 98) nennt Aspasia in Zusammenhang mit ihrem unehelichen Sohn aus der Beziehung mit Perikles direkt πόρνη (Dirne). Sein Kollege Kratinos (*frg.* 241) bezeichnet sie dagegen als *Pallake*. Dies ist der übliche, keineswegs abwertende Begriff für die nicht als Ehefrau legitimierte Lebensgefährtin. Da Komödiendichtung bekanntlich nicht immer wörtlich genommen werden kann, sind diese Texte eher als Parodie auf Aspasias unbürgerliche Lebensführung und als Kritik an Perikles' Neigung zu dieser Frau zu verstehen.

Bestätigend für die Annahme, daß Aspasia eine Hetäre war, wirkte eine Anklage wegen *Asebie* (Gottlosigkeit) und Kuppelei, die ihr der Komödiendichter Hermippos angehängt hatte (Plut. *Per.* 32), die jedoch niedergeschlagen wurde. Kuppelei war, wenn auch verachtet, so doch nicht verboten, sofern sie nicht freie Griechen betraf. Dies aber wurde hier unterstellt. Die Fragwürdigkeit der Anklage ergibt sich bereits aus der Kombination mit dem Vorwurf der *Asebie*, der regelmäßig gegen unbequeme Bürger erhoben wurde, die sich herrschenden Normen entgegenstellten. Man denke nur an den lästigen Frager und Mahner Sokrates. So zielte auch dieser Prozeß offenbar auf das selbstbestimmte Leben und eigenständige Denken der Aspasia wie auch ihren Einfluß auf Perikles und andere athenische Kreise. Obschon diese zeitgenössischen Reaktionen auf Aspasia kaum als Beweise taugen, führten sie dazu, daß Aspasia 600 Jahre später, im 2. und 3. nachchristlichen Jahrhundert zumindest als Bordellwirtin (Plut. *Per.* 24, 3) und Zuhälterin (Athen. 569) bezeichnet wurde und seither als Inbegriff der griechischen Hetäre gilt.

Der Vorwurf der Prostitution kam, soweit überliefert, ausschließlich aus dem Lager der Komödienschreiber. Außergewöhnliche Wertschätzung lassen dagegen die Schriften der Sokratesschüler Platon und Aischines von Sphettos erkennen. Bei Platon nennt Sokrates die Aspasia seine wie auch des Perikles Lehrmeisterin in der Redekunst (*Mx.* 235e). Aischines widmet ihr sogar ein ganzes Werk *(Aspasia),* in dem Sokrates und Aspasia im Dialog möglicherweise mit Xenophon und seiner Frau gezeigt werden. Auch hier tritt Aspasia als Lehrmeisterin auf. Im *Oikonomikos* des Xenophon (3, 14f.) verweist Sokrates die athenischen Männer, die sich um die Anleitung ihrer Frauen zu guten Ehefrauen sorgen, an Aspasia. Sehr viel Lobendes überliefert auch Plutarch in seiner Perikles-Vita (Plut. *Per.* 24, 3). Er, der Aspasia nicht aus eigener Anschauung kannte, sondern sich auf ältere Gewährsleute stützen mußte, geht davon aus, daß sie eine sehr kluge und politisch weitsichtige Frau gewesen sei, der selbst Sokrates und seine Schüler ihre Besuche abstatteten.

In all diesen Quellen wird eine Frau gezeigt, deren Hauptanziehungskraft nicht auf sexuellem, sondern auf geistigem Gebiet lag. Facetten, die einer Hetäre anstehen, erhält die Gestalt der Aspasia bei Plutarch nur durch die Parallelisierung mit Thargelia, einer Hetäre aus Milet, dem angeblichen Vorbild der Aspasia. An Thargelia werden außer ihrem Geist ihre Schönheit und ihr Charme gelobt. Ihre Liebhaber – ausschließlich führende Politiker – soll sie für ihre politischen Ideen zu begeistern verstanden haben. Thargelia, die fast zwei Generationen früher lebte, war eine Landsmännin der Aspasia. So wie Thargelia mit den sogenannten „weiblichen Waffen" für ihre politischen Ziele focht, soll auch Aspasia den Perikles gegen die Samier für ihre Heimatstadt Milet eingenommen haben (Plut. *Per.* 24). Aspasias Persönlichkeit, ihre Klugheit und Schönheit, ihr Ansehen und Einfluß bei den führenden Männern und geistigen Größen Athens scheinen die neuzeitlichen Vorstellungen von der griechischen Hetäre geprägt zu haben, deren intellektuelle Attraktivität nicht hinter der sexuellen zurücksteht.

Dieses Bild entspricht aber keineswegs dem, das die historischen Quellen von der durchschnittlichen Luxushetäre zeichnen, d.h. von der gehobenen Prostituierten, die man teuer bezahlen mußte. Die auffälligste, aber fast einzige Gemeinsamkeit mit Aspasia war der Umgang mit bedeutenden Männern, der offenbar für diese Klasse von Hetären nicht ungewöhnlich war. Angesichts der gesellschaftlichen Rolle der Hetären versteht sich dies von selbst. Die Erwähnung einer Hetäre ist häufig mit dem Namen eines oder mehrerer ihrer Freier verbunden, sofern es sich um bekannte Männer handelte. Zweifellos diente eine solche Beziehung dem Ansehen einer Prostituierten und schadete dabei in keiner Weise dem des betreffenden Mannes. Im Gegenteil scheint dadurch seine Weltläufigkeit und das Savoir-vivre unter Beweis gestellt worden zu sein. Schöne, vielbegehrte Frauen schmückten einen Mann eben nicht weniger als sie es heute tun, selbst wenn sie käuflich sind. Ihre Anziehungskraft wurde jedoch niemals mit ihrer Klugheit und Bildung begründet, wie überhaupt das Lob dieser Fähigkeiten bei Hetären nicht auftaucht. Es ist regelmäßig die Schönheit, die die Attraktivität einer Hetäre ausmachte. Daneben konnten eine freie Geburt und eine gute Kinderstube ihren Wert heben. Aus diesem Grund gab die

Bordellmutter Nikarete die Hetäre Neaira, die uns aus einer Gerichtsrede bekannt ist (Demost. 59, 19), als ihre freigeborene leibliche Tochter aus. Auch die zahlreichen Anekdoten über Hetärendialoge mit Philosophen, Dichtern und Politikern können nicht als Beleg für Bildung und ein hohes geistiges Niveau jener Prostituierten betrachtet werden. Sie sollten zweifellos vielmehr die Schlagfertigkeit und Frechheit zeigen, mit der jene Frauen ohne Respekt vor Konvention und Moral große Athener vom Sockel ihrer Bedeutung herunterzuholen trachteten. Auf diesem Moment beruht auch der Erfolg jener Geschichten. Es handelt sich stets nur um einen kurzen verbalen Schlagabtausch, bei dem die Hetäre regelmäßig das letzte Wort behält. Nie werden Gespräche ihres Inhalts wegen überliefert oder ist gar ein ernstzunehmender Gedankenaustausch bezeugt. Dreistigkeit gepaart mit Schnelligkeit und Witz trifft überzeugend den Ton, der der Härte jenes Gewerbes entspringt. Unverschämtheit galt neben der Habgier als ein wesentliches Charakteristikum griechischer Hetären.

Auch die literarische Bildung, die man Hetären regelmäßig zuschreibt, hält einer näheren Prüfung nicht stand. In vereinzelten Anekdoten spielen Zitate aus den klassischen Tragödien eine Rolle. Die Hetäre Mania antwortet dem König Demetrios Poliorketes mit einem Vers aus Sophokles' *Elektra* (El. 2) (Athen. 13, 579a). Thais gebraucht ein Euripideswort aus *Medea* (Med. 1385) (Athen. 13, 585e). Bei diesen Zitaten handelt es sich allerdings offensichtlich um „geflügelte Worte", so daß solche Kostproben kaum als literarische Versiertheit gelten können. Möglicherweise verfügte die ein oder andere ausländische Hetäre über mehr Wissen als eine Athenerin, da andere Gesellschaften Frauen in größerem Maß erziehen und ausbilden sowie am öffentlichen Leben teilnehmen ließen. Nicht zufällig kamen Frauen wie Aspasia und Thargelia aus Milet. In Athen aber vermochte sich eine Frau Wissen allenfalls dadurch anzueignen, daß sie den Männern zuhörte, wie Lysistrate, die Heldin der gleichnamigen Aristophaneskomödie (*Lys.* 1125–28). Auf diese Weise mag manche Hetäre, die sich ja ständig in Männergesellschaft befand, ihren Zitatenschatz erworben haben.

Auszunehmen von der Gruppe der professionellen Hetären sind die Philosophenfreundinnen und -schülerinnen, die ganz offensichtlich nur deshalb als Hetären galten, weil sie sich der konventionellen Ehe- und Hausfrauenrolle entzogen und männliche Privilegien in Anspruch nahmen, z. B. mit Männern Gastmähler zu besuchen. Beispiel eines sehr unkonventionellen Zusammenlebens mit einem Philosophen gab im ausgehenden 4. Jh. Hipparchia, die an der Seite des Kynikers Krates von Theben ein durchaus unbürgerliches Vagabundenleben führte (Diog. Laert. 6, 96 ff.). Wenn diese Frauen sich mit Philosophie beschäftigten oder gar eigene Schriften verfaßten, wie Leontion, die Geliebte Epikurs (342–270 v. Chr.), kann dies nicht für das intellektuelle Niveau und den Bildungshorizont einer gewöhnlichen Hetäre stehen.

Die Klugheit und Weitsicht einer Aspasia, die mit Charme politische Fäden zog und geistreiche Männer um sich scharte, wird in keiner der vielen Geschichten nur einer einzigen Hetäre in annähernd vergleichbarer Weise nachgesagt. Selbst die Zeugnisse, die den großen Einfluß der ein oder anderen belegen sollen, sind mit Vorbehalt zu betrachten. Paradigmatisch ist die Kolportage, die Hetäre Thais habe Alexander den Großen veranlaßt, den Palast von Persepolis in Schutt und Asche zu legen (Athen. 13, 576e). Eine solch ungeheuerliche Einflüsterung reproduziert das Klischee der Skrupellosigkeit jener Frauen und dient dazu, vor ihrer Unberechenbarkeit und Macht zu warnen.

Die verbreitete Vorstellung von Hetären als schönen, kultivierten Damen, deren Gesellschaft die anspruchsvollen Männer Athens der ihrer ungebildeten Ehefrauen vorzogen, läßt sich bei genauer Betrachtung der antiken Nachrichten nicht aufrechterhalten. Wenn es unter ihnen Persönlichkeiten gab, die nicht nur schön, sondern auch klug und gebildet waren wie vielleicht Thargelia und Aspasia – sofern sie jemals als Hetäre gearbeitet hat –, so war die Masse der Hetären bestenfalls schlagfertig und witzig. Ihre wesentliche Funktion bestand nicht im geistigen Austausch, sondern in körperlicher Verfügbarkeit. Man benötigte sie nicht als gute Gesprächspartnerinnen, sondern als Mitzecherinnen und Beischläferinnen. Nicht von ungefähr sucht man auf den bekannten philosophischen Symposien, die Platon und Xenophon schildern, bei denen das intellektuelle Gespräch im Mittelpunkt steht, vergeblich nach Hetären. Selbst die Anwesenheit von Flöten- und Lyraspielerinnen und Tänzerinnen bezeichnet Platon schon als einer guten, gebildeten Zecherrunde für unwürdig (*Prot.* 347c).

Bedeutung der Prostitution in Athen

Zweifellos hatte die Prostitution im antiken Athen eine ganz andere Bedeutung als heutige Prostitution, besonders die europäischer Prägung. Ihr Ausmaß und ihr gesellschaftlicher Stellenwert gingen weit über das hinaus, was hiesige Verhältnisse mitsichbringen.

Dies zeigt schon äußerlich die starke und zum Teil unverhältnismäßig laute Resonanz in Literatur und Kunst. Die Fülle von Hetärenanekdoten, von denen Herodot im 5. Jh. die erste erzählt, und die später Athenaios (um 200 n. Chr.)in einer ganzen Sammlung zum Besten gibt, spiegelt die Präsenz und Salonfähigkeit des Phänomens. Literarisch beliebt wird die Figur der Hetäre in der Mittleren und vor allem Neuen Komödie der Spätklassik und des Hellenismus. In der Kunst gehört sie bereits seit archaischer Zeit zum unverzichtbaren Bildrepertoire der Vasenmalerei und beherrscht dort zeitweise als bevorzugter Bildgegenstand die Darstellungen auf Trinkgeschirr und Weingefäßen. Unzählige dieser Vasenbilder geben mehr oder weniger unverhüllte Einblicke in das reiche Unterhaltungsprogramm athenischer Prostituierten.

Daß sich die Prostitution so breit in Kunst und Literatur niederschlägt, ist zwar ein Beweis ihrer großen gesellschaftlichen Bedeutung, ihrer weiten Verbreitung und ungewöhnlichen Popularität, keineswegs aber, wie man glauben könnte, Zeichen einer hohen Wertschätzung der Prostituierten. Die Existenz und Masse von Hetärendarstellungen in der Kunst und die Verwendung der Hetärenfigur in Dichtung und Literatur sind nicht Ausdruck eines hohen sozialen Ranges und gesellschaftlichen Ansehens der Prostituierten. Soweit Werturteile in zeitgenössischen Texten und Bildern durchscheinen, sind sie durchweg negativ.

Die Bedeutung der griechischen Prostitution lag in der Rolle, die sie innerhalb des gesellschaftlichen Lebens spielte. Während die Bordellprostitution nicht mehr beachtet und geschätzt wurde als möglicherweise heutzutage, war die gehobene Prostitution, das eigentliche Hetärentum, unverzichtbarer Teil bürgerlichen Gesellschaftslebens. Es war nicht die schnelle Bedürfnisbefriedigung, der der einzelne im Bordell nachging, sondern die anspruchsvollere Unterhaltungserotik vor allem auf Gesellschaften, die der griechischen Prostitution den Rang verschaffte und den nachhaltigen Ruhm eintrug. Die Hauptform arrivierter Geselligkeit und zugleich Inbegriff griechischer Männerunterhaltung war das *Symposion,* wo ehrbare Frauen nicht zugelassen waren. Symposien waren Gastmähler, bei denen im Anschluß an ein Essen in ausgelassener Runde und nach einem Komment getrunken wurde. Neben, im anspruchsvollsten Falle, philosophischen Gesprächen fanden Tanz, Gesang und Spiele statt. Symposien boten regelmäßig auch erotisches Entertainment durch weibliche Zechgenossen, mit denen man plaudern, scherzen, spielen und schließlich auch sexuell verkehren konnte. Diese Symposien waren die wesentlichen Aktionsfelder der Hetären. Hier wie auch in der übrigen Öffentlichkeit, die den Gattinnen und Bürgertöchtern weitgehend verschlossen war, übernahmen Hetären als Begleiterinnen, Gesellschafterinnen und Mitspielerinnen den Part einer Ersatzfrau, die die gebotenen Vergnügen teilt und den Genuß durch Unterhaltungskünste ihrerseits erhöht.

Diese Funktion der Hetären erforderte Qualitäten, die über die einfache Prostitution hinausgingen. So waren an der Tafel angesehener Bürger zunächst angenehme Umgangsformen und ein gefälliges Benehmen vonnöten. Wir hören, daß vielversprechende Prostituierte, von denen der Besitzer gutes Geld erwarten konnte, in diesem Sinne erzogen wurden (Demost. 59, 18). Daneben waren bei solchen Gefährtinnen langer Stunden selbstverständlich subtile Erotik und raffinierte Liebeskunst gefragt. Weitere Fähigkeiten, die zur Unterhaltung beitrugen, erhöhten den Wert. So traten Prostituierte auch als Tänzerinnen und Musikantinnen auf, wie sich umgekehrt die Vertreterinnen jener Künste zum Beischlaf bereitfanden.

Die Grenzen zwischen den verschiedenen Unterhaltungsgewerben waren immer fließend. Sie zeigen einerseits die enge Nachbarschaft zur Prostitution, andererseits das breitgefächerte Repertoire mancher Hetären. Den Markt für so vielseitige Liebeskünstlerinnen stellten in erster Linie die *Symposien*. Sie waren die wesentliche Voraussetzung dafür, daß Prostitution gesellschaftsfähig werden konnte. Die Veredelung durch gepflegte Formen und musische Künste hob jene auf ein Niveau größerer Raffinesse, befreite sie aber nicht von ihrem spezifischen Charakter. Natürlich ist die Institution des *Symposions* nicht die Ursache dafür, daß die griechische Prostitution solche Blüten trieb und die besondere Form des Hetärentums herausbildete. Das *Symposion* erfüllte mit seinem Angebot erotischen Amüsements nur ein Bedürfnis, dessen Wurzeln anderswo lagen. Ein Grund war unbestritten das späte Heiratsalter der Männer, deren Geschlechtsleben bis zu ihrer Eheschließung im Alter von etwa 30 Jahren auf den Umgang mit Hetären und bei päderastischen Ambitionen auf Knaben beschränkt war, sofern sie nicht mit ihren Sklavinnen und Sklaven vorlieb nahmen. Nicht weniger ursächlich für das griechische Prostitutionswesen war die Ausgrenzung der Bürgerfrauen aus der Öffentlichkeit. Im gesellschaftlichen Leben nahmen die Hetären den Platz der weiblichen Begleiterin ein und sie spielten die Rolle der Partnerin im Bereich von Lebensgenuß und Sinnenfreude. Damit sind jedoch nur die offensichtlichsten Gründe für die Kultivierung und den Ausbau der Prostitution zum Hetärenwesen genannt. Eine Untersuchung des Phänomens, die außer historischen und soziologischen auch ethnologische und psychologische Maßstäbe anlegen müßte, steht noch aus.

Begriff der Hetäre

Welch breiten Raum Prostitution jeder Art im griechischen Leben einnahm, zeigt die Fülle von Begriffen, die die griechische Sprache für Dirne bereithält. Man kann an die 30 Bezeichnungen unterscheiden, deren genaue Bedeutung aber oft unklar ist[11]. Ebenso eindeutig wie kraß ist das vielgebrauchte Wort *Porne,* das eine Frau meint, die *porneia* (Unzucht) betreibt. Bemerkenswert ist, daß dieses Wort, das sich von πέρνημι (verkaufen, veräußern) ableitet, ursprünglich den Tatbestand der Prostitution ausschließlich unter dem Aspekt des Verkaufes und ohne moralische Wertung darstellte. Erst später erhielt es den deutlich negativen Klang. Verschleiernd bezeichnen andere Begriffe nur den Ort, an dem die Frauen ihrer Tätigkeit nachgingen. Die *gephyris* (Brückensteherin) trieb sich an den Brücken umher. Die *katakleistos* (Eingeschlossene) scheint dagegen nicht im Freien, sondern im geschlossenen Bordell gearbeitet zu haben. Dieses Wort impliziert den äußeren Zwang, dem die meisten Mädchen durch Zuhälter oder Bordellbesitzer bzw. Hurenmütter unterlagen. Der Begriff *demie* (öffentliches Mädchen) spricht das Gewerbe direkt an und läßt über die allgemeine sexuelle Verfügbarkeit der so Benannten keinen Zweifel.

Das Wort *Hetäre* meint im Gegensatz zu der oft geäußerten Meinung durchaus nicht nur besonders exquisite Vertreterinnen ihrer Spezies, die außer durch erlesene Schönheit und bestrickenden Charme durch angebliche Bildung und geistvollen Witz bestachen und eine Art von Eliteposition unter den Prostituierten einnahmen. Vielmehr steht der Begriff *Hetäre* umfassend und allgemein für Prostituierte jeder Art ohne nähere Spezifizierung als die ihrer Käuflichkeit. Herodot nennt die berühmte, reiche Rhodopis, an die Sapphos Bruder sein Vermögen verloren hatte, ebenso Hetäre wie allgemein die Prostituierten aus Naukratis, für die jene Hafenstadt berühmt war (Hdt. 2, 134.135). Die Bezeichnung *Hetäre* (Gefährtin) beinhaltet eine dezente und wohlmeinende Beschönigung ihrer Tätigkeit, so wie *Porne* eine drastische Negativbeschreibung der Prostituierten ist. Im Sprachgebrauch allerdings wird das wohlklingende Wort *Hetäre* meist für jene bessergestellten Prostituierten benutzt, die viel begehrt und gern gesehen sind, von denen man sich begleiten läßt und die man zum *Symposion* mitnimmt, die man für längere Zeit mietet oder zu seiner alleinigen Verfügung ganz erwirbt oder sogar freikauft. Die kleine Dirne, die im Vorübergehen und für wenig Geld im Bordell zu haben war, heißt regelmäßig *Porne*. Der Status jener Billigprostituierten war so niedrig, daß *Porne* wie heutzutage der Begriff Hure als Schimpfwort gebraucht wurde. So hängt die Wortwahl häufig weniger von der objektiven Qualität und dem Rang einer Prostituierten ab als von der Wertung durch den jeweiligen Autor. Archilochos z.B. nennt nicht die kleinen, billigen Dirnen, sondern die anspruchsvollen, die jemanden um die Ersparnisse bringen, voller Abscheu *Porne* (Archil. 142.184). Auch Aspasia, die man angesichts ihres hohen Sozialprestige bei Unterstellung der Prostitution allenfalls als Hetäre hätte bezeichnen können, wurde bewußt mit dem Begriff *Porne* diffamiert.

Kennzeichen einer Hetäre

Welche Dienste man in der Hauptsache von einer Hetäre erwartete, geht aus einer Gerichtsrede des mittleren 4. Jhs. gegen die Prostituierte Neaira hervor, die angeklagt war, sich widerrechtlich den Status einer legitimen Ehefrau erschlichen zu haben (Demosth. 59). Bevor jene Neaira sich als Ehefrau eines attischen Bürgers, eines gewissen Stephanos, in Athen niedergelassen hatte, war sie Prostituierte gewesen. Ursprünglich hatte sie in Athen und später in der für dieses Gewerbe vielversprechenden Stadt Korinth als kleine, von einer Kupplerin abhängige Dirne angefangen und war dann zur vielgefragten Hetäre avanciert. Sie wurde von der Kupplerin Nikarete verkauft, wechselte mehrfach den Besitzer und kam schließlich zu einem Athener namens Phrynion, der sie aus den Korinther Verhältnissen freigekauft hatte. Er hatte sie zu sich genommen und als private Hetäre ausgehalten. Im Prozeß wird dieses Hetärenleben folgendermaßen beschrieben (Demosth. 59,33):

Nachdem er [Phrynion] mit ihr hierher [nach Athen] zurückgekehrt war, bediente er sich ihrer in zügelloser frecher Weise. Er nahm sie überall mit zu Festmählern, wo man trank, und er feierte stets mit ihr an der Seite und schlief mit ihr vor aller Augen, wann und wo immer er wollte und stellte mit Vorliebe seine Vorrechte bei der Hetäre zur Schau. Wie zu vielen anderen Festen kam er mit ihr auch zu Chabrias von Aixone, der unter dem Archontat des Sokratidas [373 v. Chr.] mit dem Viergespann, das er von den Söhnen des Argivers Mitys gekauft hatte, bei den pythischen Spielen gewonnen hatte und aus Delphi zurückgekehrt, ein Siegesfest bei Kolias gab. Dort schliefen auch viele andere mit ihr [Neaira], als sie betrunken und Phrynion eingeschlafen war, darunter auch die Diener des Chabrias.

Hier erscheint neben der Tatsache, daß Neaira sich verkauft hat, als wesentliche Kennzeichnung einer Hetäre, daß sie mit Phrynion zu Gastmählern und Festen ging, dort mit den Männern trank und mit ihm oder anderen Geschlechtsverkehr hatte. Dieses Verhalten taucht nicht nur in der Anklageschrift, sondern auch in den diversen Zeugenaussagen zu ihrem Leben in Korinth und später mit Phrynion immer wieder als entscheidendes Kriterium einer Hetäre auf. Außer der Prostitution wird stets das Trinken in Männergesellschaft angeführt (Demosth. 59, 28). Die Hauptaufgabe dieser Frau bestand darin, den jeweiligen Mann zu seinen Vergnügungen zu begleiten und ihm allzeit und überall eine willige Gefährtin zu sein. Sie ist nichts als die Kumpanin seiner Zechereien und Objekt seiner sexuellen Willkür. Entsprechend dieser unwürdigen Aufgabe fällt ihre Behandlung bei Phrynion schlecht aus. Und dies obwohl Neaira keine kleine „Eine-Drachme-Hure" ist (Aristoph. *Thesm.* 1195), sondern ein gutbezahltes Callgirl, für das zwei ihrer Kunden der Kupplerin Nikarete einen Kaufpreis von 30 Minen (= 3000 Drachmen) geboten hatten, da ihnen der Einzelpreis für einen jeden Besuch zu teuer wurde. Angesichts dieser Summe kann man davon ausgehen, daß Neaira den Durchschnitt der gehobenen Prostituierten repräsentierte. Viele begannen ihre Laufbahn arm und als Sklavin von Kupplerinnen und Zuhältern wie z.B. die große Hetäre Phryne. Später wurden sie oft von einem Mann, der sie allein besitzen wollte, (frei)gekauft. Ihre Pflichten blieben im wesentlichen die gleichen wie vorher. Die Teilnahme am *Symposion* war für sie alle, ob sie nur für eine Nacht gemietet oder ständige Begleiterinnen waren, das Hauptbetätigungsfeld. Neben den literarischen Quellen gibt das archäologische Material unzählige Belege für die vielfältigen Hetärendienste beim *Symposion*.

Hetären beim Symposion

Beredte Zeugnisse sind in erster Linie die Vasenbilder des bei diesen Gelagen verwendeten Trinkgeschirrs. Weitaus die meisten Darstellungen zeigen die Zecher auf Speisesofas, sog. *Klinen,* liegen und trinken. Manchmal teilen sich zwei Gäste eine *Kline.* Vor ihnen stehen niedrige Tische, auf denen das vorausgehende Essen serviert wurde und die nun Platz zum Abstellen der Becher und Schalen bieten. Selten genug wird davon Gebrauch gemacht, zumeist halten die *Symposiasten* die Gefäße in der Hand. Man sieht die Männer ausgelassen feiern. Sie trinken, gestikulieren und musizieren (Abb. 32). Denn nicht nur die gemieteten Musikantinnen und Musikanten sorgten für musikalische Unterhaltung, sondern auch die Geladenen selbst ergingen sich in Flöten- und Lyraspiel, zumeist als Begleitung für Gedichte und Rezitative aus der Tragödie. Die Darstellungen dieser Männerrunden zeigen häufig auch weibliche Teilnehmer, Hetären, die vereinzelt oder zahlenmäßig entsprechend den Männern auftreten. Bekleidet oder nackt haben sie sich meist am Fußende der Betten niedergelassen oder sogar neben den Männern ausgestreckt, trinken mit ihnen und vertreiben ihnen auf mannigfache Art die Zeit.

Sehr beliebt war das *Kottabos*spiel, bei dem man den Rest des Weines, der in der Trinkschale zurückblieb, gegen eine bewegliche Scheibe auf einem hohen Ständer schleudern mußte. Jeder Treffer brachte die *Kottabos*scheibe zu Fall, ließ sie scheppernd auf einer Auffangvorrichtung aufschlagen und verkündete so lautstark den Sieger. Ein solches *Kottabos*gerät ist auf einem Becher in Bologna[12] (Abb. 33) zwischen zwei Spielern zu sehen.

32 *Trinkgelage mit Hetären. Trinkschale. 490/480 v. Chr. (New York)*

33 Hetäre und Zecher neben einem Kottabosständer. Becher. 4. Jh. v. Chr. (Bologna)

Nach einer anderen Version dieses Spieles galt es, möglichst viele Schälchen, die in einem größeren Becken schwammen, durch den hineingespritzten Wein zu versenken. Der Beliebtheit des *Kottabos*spiels entspricht die Vielzahl der Darstellungen. Auf einem Vasenbild in Basel[13] (Abb. 34) läßt eine Hetäre mit der typischen Handbewegung den Schalengriff lose auf dem Zeigefinger wippen, um den Weinrest in kreisender Bewegung hinaus zu schleudern. Den Gewinner erwarteten in der Regel irgendwelche Leckereien, mitunter aber wohl auch erotische Genüsse, wie die nackte Hetäre neben dem *Kottabos*ständer glauben machen kann. Dies lassen auch einige Zeilen einer Komödie vermuten (Athen. 15, 666d–e), wo der Siegespreis ein Kuß ist.

34 Zecher und Hetären beim Kottabosspiel. Trinkschale. 470/460 v. Chr. (Basel)

*35 a–b Mundschenk und Flötenspielerin beim Gelage. Weingefäß.
Um 430 v. Chr. (München)*

Akroamata

Neben dem *Kottabos*- und anderen Spielen sorgten die unterschiedlichsten Darbietungen für Kurzweil. Unentbehrlich waren vor allem die Musikantinnen und Tänzerinnen, die den *Symposiasten* beim eigentlichen Trinkgelage, das nach festen Formen ablief, aufspielten, vortanzten und den Sinnesrausch forcierten. Besonders die subtile Erotik des Tanzes wurde eingesetzt, die Sinne der Zecher zu ergötzen. Die Steigerung während eines Festes führt Xenophon in seiner Schrift *Symposion* vor Augen, die ein Gastmahl des Sokrates und seiner Freunde beschreibt. Zu Beginn des *Symposions* tritt eine Tänzerin auf, die Wurfspiele mit einem Dutzend Reifen macht, auf einer drehenden Scheibe tanzt und atemberaubende Kunstsprünge über aufgesteckten Messern vorführt (Xen. symp. 2, 8 u. 11). Mehr als die Kunstfertigkeit und der Mut des Mädchens bestechen die Schönheit und Eleganz eines jungen Tänzers, der etwas später erscheint. Der Höhepunkt der erotischen Spannung wird aber erst am Ende des Gelages erreicht mit einem Tanz, der die Hochzeit von Dionysos und Ariadne ballettartig in Szene setzt. Die Vorführung ist so eindrucksvoll, daß die berauschten Gäste, sofern unverheiratet, schwören zu heiraten, die Verheirateten aber auf ihre Pferde steigen und zu ihren jeweiligen Gattinnen eilen (Xen. symp. 9, 6).

Alle diese Künstlerinnen, Musikantinnen und Tänzerinnen waren Hetären. Ihre Unterhaltungskünste liefen meist auf reine Prostitution hinaus. Es

94   Das Hetärenwesen

36   Zecher und musizierende
Hetäre. Schalenbild.
Um 500 v. Chr. (Paris)

waren besonders spezialisierte Mädchen, die außer den branchenüblichen
Qualitäten noch diese anderen Fertigkeiten besaßen. Die antike Literatur
bietet mehr als einen Hinweis auf die doppelte Funktion jener Frauen. Die
Komödien des Aristophanes zeichnen Tänzerinnen und Flötenspielerinnen
regelmäßig als Dirnen. Schon ihre Erwähnung versetzt die Männer hier in
Erregung (*Ran.* 513ff.). In den *Thesmophoriazusen* (1172ff.) verführt eine
Tänzerin durch einen Striptease einen athenischen Polizisten dazu, seinen

37   *Flötenspielerin und Zecher*
auf dem Speisesofa.
Schalenbild. Um 500 v. Chr. (Basel)

38   *Zecher umarmt Hetäre beim Gelage.*
Schalenbild. Um 500 v. Chr.
(New Haven)

39 Hetärengelage.
Trinkschale.
450/440 v. Chr. (Basel)

Posten bei seinem Gefangenen zu verlassen. Um die Liebesgunst einer Flötenspielerin streiten sich gar zwei Athener in den *Wespen* (1326ff.).

Auch die Vasenbilder lassen keinen Zweifel an der sexuellen Verfügbarkeit dieser Unterhalterinnen. Auf einem Weingefäß in München[14] (Abb. 35b) steht eine Flötenspielerin vor den gelagerten *Symposiasten*. Sie ist schön bekleidet, wie die Gäste festlich bekränzt und widmet sich ausschließlich ihrem Spiel. Ungleich zugänglicher zeigt sich eine Lyraspielerin auf einer Schale in Paris[15] (Abb. 36). Ein *Symposiast* hat sie während des

40 Tanzende Hetäre beim Gelage.
Trinkschale. Um 480 v. Chr.
(London)

41 Flötenspieler und halbentkleidete Tänzerin beim Gelage.
Schalenbild. Um 510 v. Chr. (London)

42 Ausgelassener Tanz der berauschten Festgesellschaft. Trinkschale.
Um 510 v. Chr. (Berlin)

Spieles umfaßt. Das Trinkgefäß noch in der Hand scheint er sie zu seinem Platz führen zu wollen. Eine andere *Auletris* hat sich zu einem der Zecher auf die *Kline* gesetzt, der sie zärtlich liebkost (Abb. 37)[16]. Bereits in enger Umarmung mit einem Gast befindet sich eine dritte auf einem Schalentondo in New Haven[17] (Abb. 38). Gleichsam als bildliche Synonyme erscheinen Hetären und Musikantinnen halbentblößt und trinkend in den weichen Polstern liegend auf einer Trinkschale in Basel[18] (Abb. 39).

Bei Tänzerinnen ist die Skala ihrer Einsatzmöglichkeiten ebenso breit. Eine Londoner Schale[19] zeigt ein junges Mädchen vor einem Zecher tanzend, die das weite fließende Gewand im Tanzschritt mit beiden Händen lupft (Abb. 40). Bis auf ein Fell und ein Schenkelband entkleidet tritt dagegen eine andere Tänzerin auf, die sich zum Klang von *Krotalen* (Rhythmusklappern) dreht (Abb. 41)[20]. Völlig nackt sieht man schließlich eine weitere *Krotalen*tänzerin an einer wilden Orgie teilnehmen (Abb. 42)[21]. Die Prostitution all jener Künstlerinnen liegt auf der Hand. Sie gehören zweifellos zum Berufsstand der Hetären. Ihre vielfältigen Qualitäten trugen nicht zuletzt ihren Teil dazu bei, das Bild der Hetäre als einer allbegabten Gesellschafterin entstehen zu lassen.

Eindeutig in die Zuständigkeit von Hetären fallen offen sexuelle Darbietungen, wie sie I. Peschel auf den Innenbildern vieler Trinkschalen erkannte[22]. Jene *Akroamata* (Vorführungen) entsprechen innerhalb der Abendunterhaltung den kühnen Akrobatenakten und kunstvollen Tanzeinlagen, die auf dem von Xenophon beschriebenen, fiktiven Gastmahl des Kallias die

*43 Erotischer Tanz einer Hetäre
mit künstlichen Phalloi.
Schalenbild. 510/500 v. Chr. (Leningrad)*

*44 Sexuelle Darbietung einer Hetäre
beim Gelage. Schalenbild.
Um 510 v. Chr. (verschollen)*

Gäste anregen. Hier ist es eine allgemeine Anregung der Sinne und des Geistes, die jene Auftritte und deren Darsteller mehrfach zum Anstoß des Gespräches werden läßt. Drei Generationen früher wurden den Urgroßvätern jener Männer weniger dezente Erotika geboten. Auf den *Symposien* der Jahrhundertwende (um 500) traten die Tänzerinnen, die anfangs bekleidet waren, im Laufe des Festes nackt auf – ob sie sich während des

*45 Betrunkener Zecher, der sich erbricht.
Schalenbild.
Um 490 v. Chr. (Berlin)*

*46 Urinierende Hetäre.
Schalenbild.
Um 480 v. Chr. (Berlin)*

Tanzes entkleideten, geht aus den Darstellungen nicht hervor – und setzten regelrechte Sexshows in Szene. Sie spielten mit künstlichen *Phalloi* und ähnlich benutzbaren Gegenständen in eindeutiger Weise, die den Betrachter Masturbation und Koitus assoziieren ließ. Auf einem Schalentondo in Leningrad[23] (Abb. 43) schwingt eine Hetäre gleich zwei lederne *Phalloi*, die sie quasi zur doppelten Penetration von hinten und von vorne an sich heranführt. Eher ausgefallen ist die Vorführung einer Flötenspielerin (Abb. 44)[24], die auf der Spitze einer umgedrehten Amphora reitet. Das große Wasserbecken zu Füßen der einen sowie die Flöten in den Händen der anderen zeigen, daß sich beide Szenen beim *Symposion* abspielen. Solche Becken dienten im wesentlichen dazu, die Füße darin zu waschen, bevor man die *Klinen* bestieg. So beschreibt es Platon (*symp.* 175 a). Darüber hinaus sieht man sie auf den Vasenbildern benutzt beim Erbrechen nach übermäßigem Weingenuß (Abb. 45) und beim Urinieren (Abb. 46)[25]. Letzteres gilt allerdings nur für Hetären.

Sexuelle Dienste

Durch das erotische Entertainment stimuliert gab sich die Festgesellschaft dann unter Umständen ganz dem Rausch der einmal entfachten Sinne hin und überließ sich der Macht des Dionysos. Es konnte jener lockere Teil des

47a Hetäre und Zecher beim Gelage. – b Der Vasenmaler Smikros genießt das Flötenspiel einer Hetäre. Weingefäß. Um 510 v. Chr. (Brüssel)

48 Zecher und Hetären beim Liebesspiel. Wassergefäß. 510/500 v. Chr. (Brüssel)

Abends folgen, wo man entweder paarweise der Liebe frönte oder die allgemeine erotische Spannung in einer alles mitreißenden Massenorgie aufging.

Dieser Teil des Sinnenfestes war für die Vasenmaler des frühen rotfigurigen Stils (Ende 6./Anfang 5. Jh.), die sich um die aktionsreiche, erzählerische Darstellung bemühten, ein ergiebigeres Bildthema als das *Symposion* selbst. So fehlt es nicht an bildlicher Überlieferung jener gewaltigen Liebes*komoi*. Die Skala der Darstellungen reicht von verhaltener Zärtlichkeit bis zur ungehemmten Sinnenlust, von der Liebkosung bis zum Geschlechtsverkehr, vom Gruppensex bis zum masochistisch-sadistischen Exzeß.

Sehr zurückhaltend zupft der *Symposiast* auf einem Weingefäß in Brüssel[26] (Abb. 47a) seiner Gefährtin am Gewand über dem Busen. Bereits eine fortgeschrittene Phase des Liebesspiels zeigt ein Wassergefäß[27] (Abb. 48). Zwei Paare, die auf nebeneinander befindlichen Betten lagern, widmen sich selbstvergessen dem gegenseitigen Zärtlichkeitsaustausch. Nur das Flötenfutteral an der Wand erinnert daran, daß dieses Tête-à-tête beim *Symposion* stattfindet. Dem intimen Fürsichsein entspricht die verhaltene Darstellungsart, die das Geschlecht dem Blick des Betrachters entzieht.

Keinerlei Dezenz übte der Nikosthenesmaler bei der Bemalung eines *Kantharos*[28] (Abb. 49a). Fünf Leute vergnügen sich miteinander auf einer *Kline*. Eine Hetäre, die sich zur Fellatio über einen Zecher beugt, wird von einem anderen rücklings mit einem künstlichen *Phallos*, einem *Olisbos* traktiert. Hinter ihnen zieht ein dritter *Symposiast* einen Jüngling auf sich herab. An der Wand oberhalb des Bettes hängt ein anderer doppelköpfiger *Phallos*.

100 Das Hetärenwesen

49 a–c   Sexuelle Orgie beim Gelage. Trinkgefäß. 510/500 v. Chr. (Boston)

50 a–c   *Sexuelle Orgie beim Gelage. Trinkschale. 510/500 v. Chr. (Paris).*
Vgl. Abb. 36

102 Das Hetärenwesen

51a–c Sexuelle Orgie beim
Gelage. Trinkschale.
490/480 v. Chr. (Florenz)

Sexuelle Dienste 103

52 Zecher läßt sich von
Hetäre schlagen.
Schalenbild. Um 510 v. Chr.
(Berlin). Vgl. Abb. 42.

Von den *Klinen* erhoben haben sich die trunkenen Gäste auf der Schale des Pedieusmalers im Louvre[29] (Abb. 50a–c). Angeregt vom Wein geben sie sich einem hemmungslosen Sexualrausch hin, der mit einer Ausnahme stets mehrere Personen im Geschlechtsakt miteinander vereinigt. Soweit der fragmentarische Zustand des Gefäßes erkennen läßt, wird ausschließlich Fellatio und Analverkehr von den Frauen verlangt. Der einen, die seitlich auf einem Stuhl liegend zwei *Symposiasten* zugleich dient, drohen Schläge mit einer Sandale.

Eine ebensolche Orgie im Anschluß an das eigentliche Trinkgelage zeigt eine Schale des Brygosmalers in Florenz[30] (Abb. 51a–c). Rückhaltlos offen setzt er verschiedene Spielarten des Geschlechtsaktes ins Bild. Neben akrobatischen Liebesstellungen – ein Mann kopuliert mit einer Hetäre, die er auf den Armen trägt, im Gehen – und Gruppensex erscheint auch sexuelle Gewalt. Ein festlich bekränzter *Symposiast* will die vor ihm kauernde Hetäre mit einem kurzen Stock zur Fellatio zwingen. Ebenfalls nicht freiwillig scheint sich die Hetäre nebenan den Wünschen ihrer Partner zu fügen. Beide Männer, der vor ihr stehende und der, der sie von hinten penetriert, suchen ihren Kopf zur Fellatio niederzudrücken. Gewalt als Zwangsmittel zur sexuellen Willfährigkeit kommt ebenso vor wie Gewalt als sadistische oder masochistische Lustquelle. Das Innenbild eines Gefäßes in Berlin zeigt eine wilde Orgie[31] (Abb. 52). Eine Hetäre liegt völlig von Sinnen unter der *Kline,* auf der zwei andere Festteilnehmer ihren Lüsten frönen. Während sich der eine mit der Sandale schlagen läßt, sieht der andere zu und masturbiert dabei. Ungleich häufiger ist allerdings der umgekehrte Fall, bei dem die Hetäre geschlagen wird (Abb. 51b–c).

Angesichts solch drastisch pornographischer Bilder drängt sich die Frage nach ihrem Realitätsgehalt auf. Die Namen, die den *Symposiasten* und Hetären einige Male beigeschrieben sind, deuten darauf hin, daß die Darstellungen athenische Wirklichkeit wiedergeben sollen. Dafür sprechen auch die Gebrauchsgegenstände, mit denen der Bildraum ausgestattet ist: Speisekorb, Flötenfutteral und Lampenständer. Solche Alltagsrequisiten fehlen ganz in den Gelageszenen der vorausgegangenen, schwarzfigurigen Vasenmalerei. Hier bestimmen Attribute des Dionysos und einiger mythischer Helden das Ambiente und heben die Zecherrunde in eine höhere Sphäre. Den unmittelbaren Gegenwartsbezug der rotfigurigen *Symposions*bilder zeigt auch die Tatsache, daß sich in einem Fall der Vasenmaler selbst, ein gewisser Smikros, unter den Zechern dargestellt und durch die Beischrift seines Namens kenntlich gemacht hat[32] (Abb. 47b). Er erscheint hier wie auch auf einem anderen Gefäß als andächtiger Zuhörer einer musizierenden Hetäre. Ob die vielen Hetärennamen ebenfalls ganz bestimmte, sozusagen stadtbekannte Mädchen meinten, wagt man angesichts der großen Anzahl von Hetären und ihrer geringen Wertschätzung zu bezweifeln. Selbst das Wiederkehren einiger Namen kann man nicht in diesem Sinne deuten. Es gab einen begrenzten Schatz typischer Hetärennamen, die sich immer wiederholten. Gerade die berühmten Hetären wie Phryne und Lais hatten viele Namensschwestern.

Wandel der Gelagesitten

Unter welchen Voraussetzungen kam es zu solch ausschweifenden Festen? I. Peschel hat jüngst herausgearbeitet, daß die sexuellen Ausweitungen des *Symposions* im Zusammenhang mit dem sogenannten *Komos* standen, jenem ausgelassen ekstatischen Umzug der trunkenen Zecher, der sich dem *Symposion* anschloß und mehr oder weniger sexuelle Züge tragen konnte (Abb. 49b–c, 53)[33]. Das Ineinandergreifen von *Symposion* und *Komos* und die Einheit von Trunkenheit und Liebeslust im dionysischen Rausch erklärt das orgiastische Treiben der Zecher, das auf den *Klinen* beginnen und in einem hemmungslosen Sinnentaumel gipfeln konnte.

Will man etwas über die athenische *Symposions*praxis in archaischer und klassischer Zeit erfahren, ist man weitgehend auf die Darstellungen der Vasenmalerei angewiesen. Selbst wenn sie die historische Wirklichkeit nicht ungebrochen widerspiegelt, vermittelt sie allgemein gültige Vorstellungen und Ideale des Gelages und zeigt diesbezügliche Veränderungen und Tendenzen an.

In den frühgriechischen Gelagedarstellungen der 1. Hälfte des 6. Jhs. fehlen die weiblichen Zechgenossen durchgehend. Obwohl laut literarischer Überlieferung längst eine regelrechte Prostitution existierte – der Lyriker Archilochos (2. Hälfte 7. Jh.) warnt bereits vor der Geldgier der

53 Umzug der trunkenen Festgesellschaft. Trinkschale. Um 490 v. Chr. (Würzburg)

Dirnen (frg. 142) und Solon hat angeblich in seinem Archontat 594 v. Chr. das erste öffentliche Bordell eingerichtet (Athen. 13, 569d) –, scheint die Anwesenheit käuflicher Mädchen bei diesem dem Adel vorbehaltenen Banketten durchaus nicht üblich, jedenfalls nicht darstellenswert gewesen zu sein. Das früheste Zeugnis (1. Viertel des 6. Jhs.) einer Hetäre beim Bankett[34] stammt wohl nicht zufällig aus Korinth, jener Stadt, wo die Prostitution bekanntermaßen seit altersher zuhause war und durch die Nachbarschaft der Tempelprostitution im Aphroditeheiligtum möglicherweise einen anderen Rang hatte. Etwas später erscheinen gemischte Festgesellschaften auch auf attischen Vasen[35] (Abb. 54a–b) und belegen diese seltenere Form neben den weiterhin überwiegenden Männergelagen ebenfalls für Athen.

Auch im ekstatischen *Komos* zeigen die Darstellungen zunächst nur Männer. Im 2. Viertel des 6. Jhs. kommen vereinzelt Frauen hinzu. Die sexuelle Komponente des dionysischen Tanzzuges der trunkenen Zecher bricht sich erst auf den sogenannten tyrrhenischen Amphoren vehement Bahn, die ausgeprägt sexualisierte *Komos*friese kennzeichnen (Abb. 55)[36]. Diese Gefäße bilden allerdings eine Ausnahme in der attischen Keramik. Es handelt sich um eine reine Exportware, die für Etrurien produziert wurde.

Die Vorliebe der Etrusker für sexuelle Darstellungen übertraf die der Griechen. Eine vorsichtige Statistik von R. Sutton[37] zeigt, daß weit über die Hälfte aller attischen Vasen mit sexuellen Szenen in Etrurien gefunden wurde. Selbst wenn die schlechte Überlieferungslage und fehlende Funddokumentation eine nicht geringe Fehlerquelle für dieses Zahlenspiel darstellt, ändert dies nichts an dem erstaunlich hohen Fundanteil in Etrurien. Die genuin etruskischen Kunsterzeugnisse bestätigen die Beliebtheit sexueller Darstellungen. Allerdings treffen sie hier auf ganz andere gesellschaft-

54a–b Zecher mit Hetären beim Gelage. Amphore. Um 540 v. Chr. (Paris)

Wandel der Gelagesitten 107

55 Sexueller Tanzzug nach dem Gelage. Sog. tyrrhenische Amphore.
    Um 560 v. Chr. (München)

56 Zwei Paare beim Liebesakt während des Gelages. Trinkschale.
    540/530 v. Chr. (Berlin)

liche Voraussetzungen, vor allem was die Rolle der Frauen betrifft, so daß ihre Rezeption hier der in Athen kaum vergleichbar war.

In Athen zeigen die unter anderem für den einheimischen Markt produzierten Vasen in der folgenden 2. Jahrhunderthälfte zunehmend Hetären beim Gelage und vermehrt auch sexuelle Szenen im anschließenden *Komos*. Das Mittelbild einer Augenschale in Berlin (Abb. 56)[38] stellt zwei Festteilnehmer dar, die ihre Hetären auf dem Speisesofa lieben. Den dionysischen Charakter dieses Sinnenrausches deutet die Rebe im Hintergrund an. Ausgeweitet ist das orgiastische Treiben auf einem Friesbild (Abb. 57)[39]. Losgelöst vom realen Festraum gibt man sich möglicherweise im Freien dem Liebesrausch hin.

Im letzten Viertel des 6. Jhs. vollzog sich infolge politischer und gesellschaftlicher Umwälzungen ein Wandel im Bereich des Festgelages. Das aristokratische Bankett, in dessen Zentrum das Mahl stand, wurde zum reinen Trinkgelage, einem *Symposion*, dem nur noch ein kurzes Essen vorausging. Dieser Wandel ist literarisch belegt und wird durch die Bildquellen bestätigt[40]. Während die Tische in den schwarzfigurigen Mahlszenen außer Brot und Kuchen regelmäßig üppige Mengen Fleisch bieten, das in großen Lappen von den Tischplatten herabhängt (Abb. 56), zeigen auf den nun einsetzenden rotfigurigen Gelagedarstellungen blanke Tische allenfalls ein abgestelltes Trinkgefäß.

Darüber hinaus wurde die ursprünglich adlige Einrichtung des Festgelages popularisiert. Der athenische Mittelstand prägte die soziale Struktur der neuen *Symposions*gesellschaft: außer den Aristokraten Kaufleute, Warenproduzenten und Landwirte. Wir hatten gesehen, daß sogar die wenig angesehenen Handwerker, wie der Vasenmaler Smikros am *Symposion* teilnahmen. Gerade diese Namensnennung in einer *Symposions*darstellung verdeutlicht den Prestigewert, den das ursprünglich vornehme Gelage für den einfachen Mann besaß.

In dieser Zeit des neu etablierten *Symposions* setzt auf den dazu benötigten Trinkgefäßen eine Welle von sexualisierten *Komos*darstellungen ein. Alle gezeigten sexuellen Vasenbilder (Abb. 37, 38, 40–52, 59, 63, 64) stammen aus dem Zeitraum von 520–490 v. Chr. Ob die sexuelle Betätigung bei *Symposion* und *Komos* nun tatsächlich gegenüber der Vergangenheit so beträchtlich zugenommen hatte, oder ob man das Liebestreiben nur betonter zur Darstellung brachte, bleibt offen. Jedenfalls liegt es nahe, dieses Phänomen mit der veränderten Struktur des Gelages und seiner Teilnehmer in Verbindung zu bringen[41], für die der sexuelle Rausch offenbar ein darstellenswerter Zug des *Symposions* war.

Nach den Vasenbildern existierte im ausgehenden 6. und beginnenden 5. Jh. eine Standardform des *Symposions* mit einer Hetäre, nämlich der Flötenspielerin, die die obligatorischen Kulthandlungen bei solch einem Gelage, z. B. das Trankopfer, mit ihrem Spiel zu begleiten hatte. Daneben

57 *Sexuelle Orgie nach dem Gelage. Trinkschale. 540/530 v. Chr. (Berlin)*

gab es aber auch rauschende, ausgelassene Trinkfeste, an denen oft ebenso viele Hetären wie Gäste teilnahmen. Während des Trinkens sorgte aufreizendes Entertainment für sexuelle Stimulation, der die Zecher in den Armen einer Hetäre nachgeben konnten, um entsprechend dem Grad ihrer Entrücktheit Schritt für Schritt im Liebesrausch aufzugehen.

Doch jene Phase des bildlich propagierten doppelten Sinnenrausches dauerte kaum mehr als 30 Jahre, dann setzt auf den Vasenbildern der Gegenprozeß der Entsexualisierung ein. Die Nacktheit der Hetären verschwindet, und sie liegen nicht mehr bei den Männern auf den *Klinen*. Das Einheits*symposion* (Abb. 35) mit einer Flötenspielerin, die die regelrechte Erfüllung der kultischen Pflichten gewährleistete, bestimmt die Gelagedarstellungen der Klassik. Auch im 4. Jh., wo wieder mehrere Hetären in den *Symposion*szenen der Vasen auftreten, sind sie nicht viel mehr als attraktive und entsprechend herausgeputzte Bedienungen, die mit kleinen Handreichungen und bestenfalls musikalischer Unterhaltung zur Verfügung stehen.

Die Entwicklung, die sich hier in der Vasenmalerei niederschlägt, entspricht den geistigen Strömungen, deren Extrem Platon vertrat. Jeder „billigen" Unterhaltung durch Flötenspielerinnen und Tänzerinnen abhold, sah er den Sinn eines *Symposions* einzig im philosophischen Gedankenaustausch gewahrt. Weniger radikal und näher an der historischen Realität verwirklicht das *Symposion* des Xenophon die Ideale der neuen bürgerlichen Moral[42]. Dem *Symposiasten* werden zwar die Sinne geöffnet, auch an erotischer Anregung fehlt es nicht, aber Erfüllung wird ihm nur im Genuß des Weines gestattet, die Befriedigung anderer geweckter Wünsche wird in das dezente Dunkel des Privaten verwiesen.

Wie jenseits aller literarischen Idealvorstellungen die Gelagepraxis aus-

110   Das Hetärenwesen

58 Gelage mit
Flötenspielerin.
Weinmischgefäß.
Frühes 4. Jh. v. Chr.
(Wien)

sah und wie groß das tatsächliche Ausmaß sexueller Betätigung beim *Symposion* war, darüber gibt die mehrfach zitierte Gerichtsrede *Gegen Neaira* (Mitte 4. Jh.) einigen Aufschluß. Die Anklage führt auf, daß Phrynion mit Vorliebe auf dem *Symposion* vor aller Augen seiner Hetäre beiwohnte. Außerdem ist hier die Rede davon, daß zu vorgerückter Stunde ebenfalls andere *Symposion*steilnehmer und sogar die Dienerschaft mit jener Frau zusammen waren. Zugleich aber hört man, daß Phrynion diese Art sexuellen Teilhabens an seiner Hetäre, seinem Besitz, nicht schätzte, und daß dies erst im Zustand des Vollrausches stattfand, als Phrynion schlief und Neaira betrunken war. Die Zeugenaussagen in diesem Gerichtsverfahren, die von mehreren Leuten bestätigte Tatsachen schildern, machen deutlich, daß

59 Zecher und Hetäre
beim Geschlechtsverkehr.
Trinkschale.
Um 470 v. Chr. (Tarquinia)

*60 Junger Mann und
Hetäre beim
Geschlechtsverkehr.
Trinkschale.
480/470 v. Chr. (Malibu)*

sexuelle Ausgelassenheit und Extravaganz nicht ungewöhnlich waren, man sich ihrer aber nicht gerade rühmte. So wird Phrynions Exhibitionismus auch eher herabsetzend ins Feld geführt.

Die moderaten *Symposien* auf gleichzeitigen spätklassischen Vasen (Abb. 58) stehen, wie man sieht, nicht für eine ebensolche Realität. Diese konnte nach wie vor krude aussehen, wie sie die frührotfigurigen Darstellungen des Pedieus- und des Brygosmalers (Abb. 50–51) zeigen, selbst wenn die offene sexuelle Lusterfüllung als unfein galt. Aus der historischen Wirklichkeit filtern die Vasenbilder Muster*symposien* heraus, sowohl im Sinne von typisch als auch von vorbildhaft. Sie geben Idealzustände wieder. Wie alle künstlerischen und literarischen Produkte sind sie Zeichen für Strömungen der Zeit und propagierter wie gewachsener Wertvorstellungen. Danach scheint offen sexuelle Betätigung beim Symposion spätestens seit den 70er Jahren des 5. Jhs. verpönt gewesen zu sein. Die bereits genannten literarischen Zeugnisse, Werke von Xenophon (430–355 v. Chr.) und Platon (427–317 v. Chr.) bestätigen dies. Eine zarte Erotik hingegen, wie sie die Tanzvorführungen des Xenophontischen Gastmahls ausströmen, war offenbar salonfähig und mit den moralischen Idealen vereinbar.

In klassischer Zeit läßt die Diskrepanz zwischen Stimulierung und Unterdrückung sexueller Aktivitäten beim *Symposion* einen Bildtypus entstehen, der eine Art Ersatzcharakter hatte, nämlich jene voyeuristischen Schalentondi, die kopulierende Paare zeigen (Abb. 59–60)[43]. Sie führen im Bilde aus, was in Wirklichkeit verwehrt war. Es fehlen die Requisiten, die den Ort des Geschehens als das *Symposion* und die Verkehrenden als *Sympo-*

siasten kennzeichnen. Die Darstellung wurde auf den wesentlichen Inhalt, den Geschlechtsverkehr verkürzt. Diese Schaleninnenbilder, die durch die Lichtbrechung des im Gefäß schwappenden Weines für den Trinkenden lebendig wurden[44], haben als erotischer Augenschmaus und optischer Sexualreiz dieselbe Funktion wie jene raffinierten Tanzvorführungen, die Xenophon beschreibt. Ihre aufreizende Wirkung lag aber nicht nur in der detaillierten Wiedergabe des Geschlechtsaktes, die die tänzerischen Liebesszenen sicher an Deutlichkeit übertraf, sondern in der Obszönität seiner Abbildung. Das Obszöne bestand darin, daß der Geschlechtsakt aus der Privatheit in die Öffentlichkeit und vor aller Augen gezogen wurde. Diese Bilder gaben Intimsphäre allgemeinen Blicken preis, machten den Betrachter zum Voyeur und Exhibitionisten zugleich. Das Prinzip, das Sexualität an sich bejaht und fördert, ihre praktische Ausübung aber in die Abgeschiedenheit des Privaten verweist, äußert sich auch im Platonischen Schrifttum. Der Geschlechtstrieb galt als etwas natürliches und die sexuelle Lust im Sinne der Reproduktion der eigenen Art als positiv (Plat. *polit.* 8, 559c), aber in der Öffentlichkeit war Liebe unanständig. Sie gehörte in das Dunkel der Nacht, da sie eher zu den niedrigen Trieben zählte, die der Mensch mit den Tieren teilt (Plat. *phil.* 67d; *rep.* 9, 586c).

Diese Diskrepanz kritisierte Diogenes (4. Jh.), indem er öffentlich masturbierte. Seine Argumentation, daß etwas, das an sich nicht für schlecht gehalten werde, nicht durch das Licht der Öffentlichkeit schlecht werden könne (Diog. Laert. 6, 2, 46; 69), kennzeichnet die gesellschaftlichen Regeln in der Handhabung von Sexualität. Es ist verständlich, daß sein Benehmen Empörung auslöste.

Hetärensymposion

Der Wandel der *Symposions*gepflogenheiten muß sich unmittelbar auf die Hetären ausgewirkt haben. Mit der Bejahung oder Ablehnung des sexuellen Orgiasmus beim *Symposion* stieg oder fiel der quantitative Bedarf und der qualitative Anspruch an weibliche Festgefährtinnen. Insofern könnte die „Sexwelle" in der Jahrhundertwende der athenischen Prostitution einen gewissen Aufschwung gegeben haben, der den Hetären allerdings keinen Prestigegewinn gebracht haben muß. Er hat allenfalls einen wirtschaftlichen Vorteil bringen können, der jedoch weniger den meist abhängigen Hetären als deren Zuhältern und Kupplerinnen zugute gekommen sein wird. Historische Quellen, die auf einen Bedeutungszuwachs der Prostitution schließen lassen, fehlen. Möglicherweise sind die in dieser Zeit aufkommenden Darstellungen von Hetären*symposia* in diesem Sinne zu werten.

Das Schulterbild einer *Hydria* in München zeigt zwei Hetären, die auf Polster gelagert zusammenliegen und *Kottabos* spielen (Abb. 61)[45]. Die

61 Zwei Hetären beim Kottabosspiel. Wassergefäß. 520/510 v. Chr. (München)

eine widmet den *Kottabos*wurf dem Euthymides, einem schönen Halbwüchsigen, dem vor allem die homophilen Männer Athens zu Füßen lagen. Der bewundernde Ausruf ist der Hetäre beigeschrieben: ΚΑΛΟΙ ΣΟΙΤΕΝΔΙ ΕΥΘΥΜΙΔΕΙ, d.h. *Dir, schöner Euthymides schleudere ich die Neige des Weines.* Die beiden Frauen sind physisch unterschiedlich charakterisiert. Die Verehrerin des Euthymides ist schlank, ihre Kollegin eher üppig gebaut. Ob jene weibliche Fülle generell als Zeichen vorgerückten Alters zu werten ist, wie man häufig meint, möchte ich bezweifeln.

Solche Darstellungen trinkender Hetären, die im ausgehenden 6. Jh. verbreitet waren, meinen wohl reine Frauengelage. Es waren offenbar Veranstaltungen gutgestellter Prostituierter, die sich den Aufwand eines solchen Festes leisten konnten. Literarisch bezeugt sind solche Feste nicht. Man weiß allerdings sicher aus den Schriftquellen, daß Hetären ihre Liebhaber und andere Gäste zu sich ins Haus luden (Athen. 13, 579e; 580a; 584d).

I. Peschel wies auf die Übernahme männlicher Verhaltensmuster und Requisiten beim Hetären*symposion* hin. Die Frauen nehmen die sonst ausschließlich den Männern vorbehaltenen Plätze rechts am Kopfende der *Klinen* ein und sind im Einzelfall sogar wie die Zecher mit dem um die Hüften geschlungenen *Himation* bekleidet. Die Aneignung der männlichen Rolle ist kein Einzelphänomen des Münchner Vasenbildes, sondern eine Besonderheit in der Darstellung des Hetärengelages. Es scheint sich darin der gesellschaftliche Anspruch dieser wohlsituierten Prostituierten auszudrücken, für die das *Symposion* offenbar dieselbe Funktion des Statussymbols hat wie für den Vasenmaler Smikros. In Anbetracht des hohen Lebensstandards, den die Ausrichtung eines *Symposions* voraussetzte, wird sein

Repräsentationswert verständlich. Nicht zufällig erscheint die Darstellung des Hetärengelages ausschließlich in den Jahrzehnten, in denen die Sexualisierung des *Symposions* einen gestiegenen Wert der Hetären vermuten läßt. Auch für die Männer verkörperte das *Symposion* in jener Zeit einen Lebensstil, den man gern nach außen trug. Nur so kann die namentliche Bezeichnung einzelner Zecher verstanden werden. Man zeigt sich im Habitus eines Mannes von Welt, mit Lebensart, der sich einen Luxus leisten kann, der einst der Aristokratie vorbehalten war.

Wandel in der Hetärendarstellung

Sucht man in den Hetärendarstellungen nach wertenden Charakterisierungen, begegnet man dem bekannten griechischen Phänomen der egalisierenden Sehweise, die soziale Unterschiede zugunsten einer idealen Vorstellungswelt verwischt. Wie der Sklave, der im antiken Athen unbestritten als von Natur aus niedriges Wesen galt, nur in bestimmten Zusammenhängen als solcher gekennzeichnet ist, so ist auch für die Hetäre von vornherein keine durchgängig pejorative Darstellung zu erwarten. Eine physiognomische Stigmatisierung fehlt generell. Stets ist die Hetäre nur aus dem Bildkontext als solche auszumachen. Eine erkennbare Wertung zeichnet sich jedoch in der Veränderung der Handlungen ab, die zwischen einer Hetäre und einem Mann, ihrem Besitzer, Mieter oder Kunden, dargestellt werden. Hier vollzieht sich ein deutlicher Bruch im ausgehenden 6. Jh.

Die Friese der tyrrhenischen Amphoren[46] (Abb. 62a–b) zeigen die Hetären ebenso wie die *Komasten* im Gleichklang der Bewegung dem Rausch hingegeben. Auch wenn der Akt, sofern er überhaupt vollzogen und nicht durch sexuelle Manipulation ersetzt wird, regelmäßig von hinten erfolgt, wenden sich die Paare stets das Gesicht zu und oft umfassen sie einander. Die Vorliebe für den dorsalen Koitus ergibt sich zunächst aus der prozessionsartigen Reihung im *Komos*. Außerdem war der möglicherweise gemeinte Analverkehr keine anstößige Sexualpraktik. Die Haltung der Frauen differiert kaum von der der Männer. Die Paare stehen hintereinander mit leicht gebeugten Knien und nach vorn geneigten Oberkörpern. Dabei sind die Frauen häufig höher aufgerichtet. Je intensiver der Körperkontakt ist, desto mehr überragen sie die Männer. Die stärker gebückte Stellung der *Komasten,* selbst wenn sie nur durch die Liebestechnik bedingt ist, läßt jene leidenschaftlicher und werbend erscheinen. Sie ähnelt der Haltung des Päderasten beim Geschlechtsverkehr mit dem Geliebten (Abb. 109, 110), den allein seine sexuelle Beherrschtheit und emotionale Zurückhaltung nicht zum Objekt werden läßt. Auf den tyrrhenischen Vasen ist die Hetäre ebensowenig Objekt, sondern „Gefährtin".

62a–b   Sexueller Tanzzug nach dem Gelage. Sog. tyrrhenische Amphore. 560/550 v. Chr. (Heidelberg)

Ähnlich dionysisch inspiriert und heiter erscheint der ausgelassene Sexualkomos auf der Thaliaschale[47] (Abb. 63a–d), die nach einer der namentlich auftauchenden Hetären benannt ist. Auch hier scheinen die Frauen ähnlich lustvoll teilzunehmen wie die Männer. Man ergeht sich beiderseits in orgiastischen Tänzen und sexuellen Spielen, bei denen der weibliche Partner oft der aktive und niemals der unterlegene Teil ist. Eine Hetäre hat

63 a–d   Orgiastisches
Treiben nach dem
Gelage. Trinkschale.
Um 510 v. Chr.
(Berlin). Vgl. Abb. 42

den tanzenden Gespielen am Penis gepackt und sucht ihn mit sich fortzuziehen. Einer anderen hat sich ein *Komast* zu Füßen niedergelassen, um ihr im Cunnilingus zu begegnen. Ein drittes Paar vereinigt sich in der gleichen Weise wie zwei Festteilnehmer auf der tyrrhenischen Amphora (Abb. 62 a). Der Mann penetriert die Hetäre von hinten, wobei er ihr den rechten Schenkel hochspreizt. Sein Kopf ist wie auf dem schwarzfigurigen Bild an die Brust der Frau gelehnt, die ihn so um Haupteslänge überragt.

In diesem *Komos* sind die Hetären ebensolche *Komasten* wie ihre männlichen Gefährten. Sie werden in erster Linie als Frauen, d. h. als sexuelles Komplement des Mannes wahrgenommen. Ihre berufsbedingte sexuelle Verfügbarkeit wird ihnen nicht zum Makel, die Willfährigkeit macht sie nicht zum Objekt.

Ganz andere Wertvorstellungen stehen hinter der nur wenige Jahre später entstandenen *Komos*darstellung, die der Pedieusmaler ganz am Ende des 6. Jhs. schuf (Abb. 50 a–c). Sämtliche Frauen haben unwürdig kriechende Stellungen eingenommen und bedienen die durchweg aufrecht stehenden Männer mit Fellatio und Darbietung ihres Anus. Die Wahl der Sexualpraktiken, die primär, wenn nicht ausschließlich auf den Genuß der Männer abzielt, schließt die anwesenden Hetären von einer aktiven Teilnahme am Fest und dem Aufgehen im dionysischen Sinnentaumel aus. Schon die Körperhaltung der Frauen ist nicht geeignet, sie als Partnerinnen der *Komasten* erscheinen zu lassen. Das demütigende Verharren auf allen Vieren, dem die Vasenmaler nicht von ungefähr um Fressen bettelnde Hunde an die Seite stellten[48], wird durch eine verhäßlichende Körperdarstellung unmißverständlich als Zeichen von Minderwertigkeit markiert, nicht als die notwendige Folge geforderter Liebesstellungen. Die Frauenkörper sind plump, die Bewegungen ungeschlacht, die Gesichter durch die Fellatio unschön verzerrt.

Der *Komos* ist zur reinen Männersache stilisiert, die den Frauen die dienende Rolle überläßt, sie zu Werkzeugen männlichen Lustgewinns funktionalisiert. Die Hetären nehmen nicht als weibliche Liebspartner teil, sondern als Prostituierte, die man mietet. Wenn die pejorative Präsentation auch darauf gerichtet ist, die Minderwertigkeit der Hetäre aufzuzeigen, taugt sie bestens, die harte Arbeit der Prostitution zu dokumentieren.

Die eben betrachtete Schale ist zwar das eindrücklichste Beispiel krude pornographischer *Komos*darstellung, aber keineswegs das einzige. Die bereits erwähnte Schale des Brygosmalers (Abb. 51 a–c), die etwa 10–15 Jahre später geschaffen wurde, steht ihr nur wenig nach. Die Frauen haben in der Mehrzahl ebenfalls gebückte oder hockende Positionen, während die Männer sich stehend dem Liebesgenuß hingeben. Analverkehr und Fellatio sind hier gleichermaßen die bevorzugten, aber nicht einzigen Arten des Geschlechtsaktes. Ein Paar scheint im vaginalen Koitus verbunden. Auffällig häufig zeigt dieser Fries sexuelle Gewalt. Die Frauen werden mit Stock oder Sandale willig gemacht. Auch der Brygosmaler fügt der situationsbedingten Erniedrigung durch eine demütigende Haltung die Häßlichkeit schlaffer, aus der Form geratener Körper hinzu und macht sie so als tiefer stehende Kreaturen kenntlich.

In dem gravierenden Unterschied zwischen den beiden Bildgruppen wird nicht etwa ein verändertes Sexualverhalten sichtbar, sondern eine grundlegend andere Sicht der Hetäre. Während die Paare sich dort im gegenseitigen Miteinander berauschen, ist der Rausch hier den Männern vorbehalten, die Frauen werden zu niedrigen Vollzugsorganen. Es ist kaum anzunehmen, daß die tatsächliche Sexualpraxis der dargestellten entsprach, und man erst in der Wende zum 5. Jh. die gebückte Haltung der Frauen beim Koitus bevorzugte, Fellatio verlangte und Hetären beim Geschlechtsverkehr demütigte. Entscheidend ist, wie der Liebesakt von nun an dargestellt wurde, und daß ein bestimmtes, vorher offenbar nicht abbildungsfähiges bzw. -würdiges Sexualverhalten jetzt Eingang fand in die Vasenmalerei.

Wenn in der Nachfolge sexuelle Bildszenen auch nicht von der brutalen Drastik der Pedieusmalerschale bestimmt sind, so wiederholen sie fast ausnahmslos das Prinzip der Dominanz des Mannes gegenüber der Frau. Das Rollenschema des überlegenen, oft stehenden Mannes und der unterlegenen, meist niedergebückten Frau ist unter den Koitusdarstellungen so vorherrschend, daß jüngst der Versuch unternommen wurde, die Abweichung (Abb. 77) von dieser üblichen Position als Ausdruck eines neu gewonnenen Frauenselbstbewußtseins zu deuten[49].

Die Gegenüberstellung des dorsalen Geschlechtsverkehrs, unabhängig davon ob Vaginal- oder Analkontakt gemeint ist, läßt die unterschiedlichen Auffassungen des 6. und des 5. Jhs. evident werden, die am Ende des 6. Jhs. aufeinanderstoßen. Auf den Bildern des 6. Jhs. vereinigen sich Mann und Frau entweder beide aufrecht stehend (Abb. 55; 62) oder umarmen sich übereinander gekauert (Abb. 56; 57). Sie gleichen einander in der Haltung, ihre Bewegungen verlaufen parallel. Sie wenden sich regelmäßig das Gesicht zu. Seit dem letzten Jahrzehnt des 6. Jhs. wird dagegen die von hinten penetrierte Frau überwiegend in einer fast unterwürfigen Stellung dargestellt. Sie beugt sich tief hinab – manchmal bis zum Fußkuß[50] – und bleibt ohne Blickkontakt und ohne jede Umarmung (Abb. 64).

Der Bruch in der Ikonographie erfolgte gerade in der Zeit der großen politischen Veränderungen. Man kann kaum umhin, den Wandel der Sexualdarstellung einerseits mit den Neuerungen der eben eingerichteten Demokratie in Verbindung zu bringen, andererseits mit den gesellschaftspolitischen Auswirkungen der Perserkriege. Die Demokratie bürdete, angesichts der nationalen Gefahr durch den Perserangriff, den männlichen Bürgern verstärkt alle Verantwortung auf und forderte ihren totalen Einsatz mit Leib und Leben, die Frauen dagegen beließ sie in ihrer Unmündigkeit, forcierte ihre Isolierung in der Abgeschlossenheit des Privatbereichs und

64 Hetäre und ihr
Kunde beim
Geschlechtsverkehr.
Trinkschale.
480/470 v. Chr. (Oxford)

verdrängte sie durch Entzug der wenigen traditionellen Funktionen im Kult sogar weiter aus dem öffentlich relevanten Raum. War das Bewußtsein des unbedingten männlichen Vorrang in der Zeit der Neuinstallierung der Demokratie ohnehin gegenwärtig, so wuchs es im Existenzkampf der Griechen gegen die Perser mit der Last der gewaltigen Aufgabe und dem Erfolg des Sieges. Die Vasenbilder scheinen diese Präsenz männlicher Vormacht zu reflektieren. Daß besonders im sexuellen Bereich, so der Mann durch seine Lust außer sich gerät und in eine Abhängigkeit tritt, der männliche Supremat verstärkt hervorgehoben wurde, ist nachvollziehbar.

Während der Aspekt der männlichen Dominanz die Hetäre primär in ihrer Eigenschaft als Frau meint, als Vertreterin des weiblichen Geschlechts, über das der Mann (sexuelle) Macht hatte, so zielt die pejorative Darstellung und Mißhandlung der Hetäre offenbar auf ihren sozialen Status, schlechtestenfalls als Sklavin. In der eben formierten demokratischen Bürgerschaft war ein neues Bewußtsein für die Besonderheiten des Sklaventums erwacht, dessen Existenz von der alten Adelsgesellschaft verschleiert worden war, weil es ihrer Gefolgschaftsideologie widersprach. Dieses Interesse führte in der Kunst zur Ausbildung spezifischer ikonographischer Kennzeichen von Sklaven. Durch physiognomische Verhäßlichungen und ordinäre Körperhaltungen wurde ihre „niedrige" Natur und ihr geringes ethisches Niveau zum Ausdruck gebracht. In diesem Sinne müssen auch die verzerrenden und abwertenden Hetärendarstellungen des Pedieus- und Brygosmalers (Abb. 50–51) verstanden werden. Die verzogenen Gesichter und unförmig plumpen Körper verdeutlichen ebenso wie das unschöne Gebücktsein, das tierhafte Verharren auf allen Vieren und am Boden Hocken das sklavenhafte Wesen der Hetären.

In der früheren archaischen Kunst fehlt sowohl jede pejorative Darstellung von Hetären, als auch das Phänomen der demonstrierten sexuellen Vormacht des Mannes über die unterlegene Frau. Liebevolle Sinnenfreude und naive Zartheit prägen die sexuellen Szenen schwarzfiguriger Bilder (Abb. 55–57). Hier überdeckt jedoch nur die am Lebensstil der homerischen Aristokratie orientierte, unbeschwert luxurierende Idealwelt der Kunst die Realität, in der die Hetären gleichermaßen Sklavinnen oder Freigelassene waren. Die berühmte Thrakerin Rhodopis, die dem Bruder der Sappho zum Verhängnis wurde, war nach Rhodos versklavt worden und kam als eine der wenigen später selbst zu Geld. Hetären standen auch in jener Zeit sozial tief unter ihren Liebhabern und waren in jener hermetischen Adelsgesellschaft keineswegs die gleichrangigen Partnerinnen, als die sie auf den Vasenbildern erscheinen.

Besuch bei einer Hetäre

Bislang wurden Hetären ausschließlich bei ihrer Tätigkeit auf den *Symposien* betrachtet, die zweifellos den Hauptteil der Arbeit einer gehobenen Prostituierten ausmachte. Man mietete sie entweder für einen einzigen Abend oder brachte sie als persönliche Begleiterin mit, wie wir es in dem bekannten Gerichtsverfahren von Phrynion und Neaira hören. Auch Alkibiades erscheint zum Gastmahl des Agathon an der Seite einer Hetäre (Plat. *symp.* 212d). Jedoch auch außerhalb der abendlichen Trinkgelage konnte man jegliches Amüsement durch die Gesellschaft von Hetären würzen. Themistokles wurde – möglicherweise fälschlich – nachgesagt (Athen. 8, 576c), er sei am hellichten Tag mit mehreren Hetären in seinem Wagen durch die Stadt gefahren.

Zumeist aber wird der Athener sein Vergnügen im Haus der Hetäre selbst gesucht haben. Denn war eine Hetäre zu etwas Geld gekommen, ob nach mühsamem Aufstieg aus der Abhängigkeit eines Kupplers, wie z. B. Neaira, oder als freigelassene oder freigeborene *Metökin*, blieb ein gewisser Ausstattungsluxus metierbedingt unausweichlich. Die antiken Schriftquellen berichten über aufwendige Häuser und Dienstpersonal. So beschreibt Xenophon den Besuch des Sokrates bei der Hetäre Theodote, deren Schönheit ihm so gerühmt wurde, daß er sie selber in Augenschein nehmen wollte. Im Kreis seiner Schüler betrat er ihr Haus *(mem. 3, 11, 2; Übers. R. Preiswerk): Als sie kamen, stand sie eben einem Maler Modell, und sie konnten sie betrachten.* Im Laufe eines typisch sokratischen Dialoges mit der Hetäre *bemerkte Sokrates, daß sie mit einem kostbaren Kleid angezogen war und daß ihre Mutter in einem auch nicht alltäglichen Gewand und Aufzug*

65 a–b Junger Mann sucht Hetäre auf. Salbölfläschchen. Um 500 v. Chr. (Berlin)

neben ihr stand, er sah auch viele gut aussehende und gepflegte Dienerinnen sowie die Ausstattung des Hauses, die mit allen Dingen reichlich versehen war. Einer Freundin des Alkibiades war ein solch luxuriöses Haus mit allen Annehmlichkeiten, sogar der jeglicher Dienstfertigkeit des schönen Personals, durchaus zuzutrauen.

In dieses Ambiente luden die Damen ihre Liebhaber so wie allein ihre Freundinnen und Kolleginnen zu den bereits erwähnten *Symposien* ein. Möglicherweise haben solch wohlsituierte Hetären Gefäße mit der Darstellung des Hetären*symposions* gekauft oder geschenkt erhalten. Auch von Neaira hören wir, daß sie gut ausgestattet ihr neues Domizil in Megara bezog, wo sie unabhängig ihr Gewerbe weiterbetrieb (Demost. 59, 35). Während sie das Hausgerät später an Phrynion zurückgeben mußte, gestand das private Schiedsgericht, das diese Angelegenheit im Interesse ihrer beiden Liebhaber Phrynion und Stephanos regelte, die Dinge des persönlichen Bedarfs, darunter auch die Dienerinnen, ihr zu. Ganz offensichtlich hielt man zwei Dienstmädchen für eine Frau ihres Standes für angemessen (Demost. 59, 46). Allerdings ist dies kein Zeichen besonderen Luxus', da fast jeder athenische Haushalt über mindestens einen wenn nicht mehr Sklaven verfügte[51].

Der Besuch bei einer Hetäre findet sich auf Vasen häufig dargestellt. Das

122 Das Hetärenwesen

66 Junge Männer beim Bordellbesuch. Trinkschale. Um 470 v. Chr. (Berlin)

unverkennbare und eindeutige Charakteristikum solcher Szenen ist der gefüllte Geldbeutel, den der Freier der Prostituierten hinstreckt. Außerdem fehlt ihm selten der lange Knotenstock, das übliche Ausgehutensil des griechischen Mannes, der ihn als einen vorübergehenden Gast in jenem Hause kennzeichnet.

Die Hetäre empfängt ihn stehend oder sitzend im Hausinneren wie auf dem *Alabastron* in Berlin[52] (Abb. 65 a–b). Im Habitus einer achtbaren Frau sitzt sie vornehm und zurückhaltend auf einem mit einer Decke gepolsterten Stuhl und spinnt, den Wollkorb hinter sich. Ganz in ihre Arbeit vertieft scheint sie die Anwesenheit des jungen Mannes kaum wahrzunehmen, der dicht vor ihr steht und scheinbar wartend den Geldbeutel hinstreckt.

Ähnlich distinguiert erscheint eine spinnende Dame auf einem Schalenbild des Euaionmalers[53] (Abb. 66) inmitten von mehreren Männern und Frauen. Auch hier läßt der Bildzusammenhang keinen Zweifel daran, daß es sich um ein Hetärenhaus handelt. Die Aufmerksamkeit der eingetretenen Männer gilt allerdings nicht der Spinnenden, sondern den anwesenden Mädchen, die sich der jungen Gäste annehmen. Das *Alabastron* und der Kasten, die die Mädchen tragen, sind wahrscheinlich Geschenke der Freier. Es könnte ein Haus wie das der Theodote sein, wo sich die Angestellten und Dienerinnen um die Gäste kümmern und ihnen sexuell zur Verfügung stehen, während die hohe Hetäre selbst im Hintergrund bleibt und nur besonderen Herren ihre Gunst schenkt. Ihre steife Unnahbarkeit erinnert an die scheinheilige Sittsamkeit der Theodote, die dem Maler nur soweit Modell steht, wie es schicklich ist, die aber jedem Mann zu Gefallen war, der sich bereitfand, ihr den Lebensunterhalt zu finanzieren.

Die Anstandsbezeugung der Theodote entspricht der Ausstattung mit Wollkorb und Spindel, dem Handwerkszeug ehrbarer Ehefrauen auf dem Vasenbild. Wieweit diese Requisiten tatsächlich zur Ausstattung und Repräsentation von Hetären gehörten oder auch hier nur gewöhnliche Haushaltsgegenstände waren, ist den Bildern nicht zu entnehmen. Ungeachtet der Rolle, die die Spindel oder das Spinnen vielleicht im wirklichen Dasein der Hetären spielten, geht die wesentliche Frage dahin, warum sie mit der Spindel dargestellt wurden.

Wie schon die freie Geburt eine Prostituierte begehrenswerter machte – die Kupplerin der Neaira köderte mit der Vorgabe dieser Tatsache ihre Kunden –, so stand das Liebesabenteuer mit einer respektablen Bürgersfrau weit höher im Kurs als die gekauften Dienste einer Dirne. Stephanos, der Beschützer der Neaira, nutzte diese Vorliebe zu einem betrügerischen Geschäft. Er überraschte Neaira mit ihren Liebhabern beim scheinbaren Ehebruch und erpreßte als angeblich geschädigter Ehemann von den ahnungslosen Opfern gehörige Geldsummen (Demost. 59, 41).

Insofern könnte auf einer höheren Ebene der Abstraktion das Symbol hausfraulicher Tugend zum Inbegriff begehrter Weiblichkeit geworden

67 Bordellmutter und spinnende Hetäre. Wassergefäß. 440/430 v. Chr. (Kopenhagen)

sein⁵⁴. Die Vorstellung eines ins Erotische übertragenen Frauenfleißes⁵⁵ schwang möglicherweise in dem Bild mit.

Vor diesem Hintergrund wird auch die Darstellung auf einem Wassergefäß in Kopenhagen⁵⁶ (Abb. 67) verständlich. Dort steht eine nackte junge Frau, die ein Kettchen um den linken Oberschenkel trägt, vor einer sitzenden Madame und scheint von ihr im Spinnen oder auch nur in der eleganten Handhabung der Spindel unterwiesen zu werden. Die Nacktheit der jungen Hetäre, die beim Spinnen unerklärlich ist, spricht dafür, daß hier keine private Tätigkeit, etwa für den eigenen Bedarf an Kleidern, gemeint ist. Gerade dieses Vasenbild kann die vorgeschlagene Deutung des Spindelsymbols stützen. Solange die Hetäre vollbekleidet auf dem Lehnstuhl thront und spinnt, erfüllt sie das Klischee der untadeligen Bürgersfrau. Verbunden mit Nacktheit und Koketterie scheint jenes Tugendbild zu pervertieren. Als attributives Symbol dagegen komplettiert die Spindel die Darstellung der attraktiven Hetäre und verleiht ihr das Flair begehrenswerter Weiblichkeit, vielleicht sogar weiblicher Dezenz.

Wie sehr Wollkorb und Spindel zum Image einer Hetäre gehören, verdeutlicht ein *Kolonnettenkrater* in Rom⁵⁷ (Abb. 68). Hier steht sich ein Paar gegenüber, das durch schwebende Eroten bekränzt wird. Der Frau ist der Wollkorb beigegeben, dem Mann die typischen männlichen Attribute, Knotenstock und Jagdhund. Auch diese beiden, die wie ein einträchtiges Ehepaar, versehen mit den gebührenden Tugendsymbolen, durch den göttlichen Eros zusammengeführt werden, entlarvt der Geldbeutel in der Hand des Mannes als eine Prostituierte mit ihrem Freier.

Erinnert man sich an den Rat des Sokrates auf die Frage der Theodote, wie sie das Verlangen eines Mannes nach einem Zusammensein mit ihr wecken könnte, wird der Mechanismus dieser bürgerlichen Ausstattungsstücke vollends klar. Er empfiehlt als offensichtlich approbates Reizmittel (Xen. *mem. 3, 11;* Übers. *R. Preiswerk): Dann magst du die Verlangenden*

68 *Hetäre mit einem Kunden. Weinmischgefäß. Um 480 v. Chr. (Rom)*

69 Bordellszenen. Wassergefäß. Um 480 v. Chr. (München)

reizen durch ein möglichst züchtiges Betragen und ihnen zum Schein entgegenkommen und dich dann wieder kalt zeigen, bis sie dich heftig begehren.

Der Habitus sittsamer Zurückhaltung und fraulichen Anstandes war es, der die größte Anziehungskraft auf die Athener Männerwelt ausübte und der in Gestalt von Wollkorb und Spindel die Qualität einer Hetäre anzeigte. Zurückhaltung und Dezenz machten auch den Ruhm der Phryne, der bekannten Hetäre des 4. Jhs. aus. Sie soll weder Schminke noch aufreizende Kleidung gebraucht haben[58]. Jene Tugenden teilte sie mit der ehrbaren Bürgersfrau, deren schönster Schmuck die frische Gesichtsfarbe war, die fleißige Arbeit und gesunder Appetit mitsichbrachten (Xen. *oik.* 10, 2ff.).

Im Bordell

Von den Vorgängen im Bordell zeigen die Vasenbilder regelmäßig nur die Präliminarien, die Partnerwahl und die Preisverhandlungen. Die Darstellungen des Liebesaktes selbst lassen sich anders als auf einigen Spiegelreliefs (Abb. 76a–b) nie mit Sicherheit im Bordell ansiedeln.

Einblick in das Foyer eines Bordells gibt das Schulterbild einer *Hydria* in München[59] (Abb. 69). Links ist eine Hetäre mit langem offenen Haar an einen sitzenden jungen Mann herangetreten und legt ihm vertraulich die Hand auf die Schulter. Indem sie das Kleid verführerisch lupft, animiert sie ihn, ihr zu folgen. Bei dem Paar gegenüber sind die Rollen vertauscht. Die Hetäre sitzt und der Kunde, ein älterer, bärtiger Mann, steht auf den Knotenstock gelehnt vor ihr. Er reicht ihr einen *Astragal,* einen Spielstein mit aphrodisischer Bedeutung[60]. Es ist nur ein symbolisches Geschenk. Ob die Hetäre mit dem Griff an den Oberarm des Mannes Zustimmung oder Ablehnung ausdrückt, ist unsicher. Zwischen den beiden Paaren trägt ein junges Mädchen einen Korb voll Blüten oder Früchten und ein Salbgefäß hindurch.

Noch eindeutiger ist die Szenerie eines Schalenfrieses des Makron in New York[61] (Abb. 70a–b). Dort erscheinen sechs Paare, von denen die einen noch um den Preis feilschen, andere bereits einig zu sein scheinen. Ein Paar ist in inniger Umarmung versunken, während auf der Gegenseite der Schale eine Hetäre ihrem Freier auf den Schoß steigt.

Der Reigen dieser dünngewandeten Hetären, deren Körper unter dem leichten Gewebe der *Chitone* hindurchscheinen, nimmt um 490 v. Chr. die Schilderungen einiger spätklassischer Komödiendichter vorweg, die uns Athenaios überliefert hat (Athen. 13, 568e; Übers. H. Licht, *Sittengeschichte Griechenlands II*, 47f.):

Weißt du nicht, wie es in der Komödie Pannychis des Eubulos [1. Hälfte 4. Jh.] heißt von den musikliebenden, geldherauslockenden Vogelstellerinnen, den aufgeputzten Venuspferdchen, wie sie halbnackt, der Reihe nach in Parade dastehen, in durchsichtigen Spinnefäden, wie die Nymphen an den heiligen Wassern des Eridanos? Bei ihnen kannst du dir nach Herzenslust und ohne Gefahr die Wollust für wenig Scheidemünzen kaufen.

Ähnliche Zustände beklagt Xenarchos (4. Jh., Athen. 13, 569a; Licht, a. a. O.):

Schreckliches, Schreckliches und nicht mehr Erträgliches tun in unserer Stadt die jungen Leute. Wo man nur schöngewachsene Mädchen in den Bordellen sieht – man kann sie anschauen, wie sie mit entblößten Brüsten in Florgewändern der Reihe nach aufgestellt sich in der Sonne darstellen; jeder darf die auswählen, die ihm gefällt, eine dünne, dicke, rundliche, lange, krumme, junge, alte, mittelgroße, reife – dabei brauchst du keine Leiter anzustellen, um heimlich einzusteigen, brauchst nicht durch die Dachluke dich einzuschleichen, noch listig dich in Streuhaufen hineinzuschmuggeln: sie selbst ziehen dich ja beinahe mit Gewalt ins Haus zu sich hinein und nennen dich, wenn du schon ein Greis bist, Väterchen, sonst Brüderchen und Jüngelchen, und jede von ihnen kannst du ohne Gefahr besitzen und für wenig Geld, am Tage oder gegen Abend.

Diese Beschreibungen zeigen die Frauen halbentblößt und in durchsichtigen Gewändern nebeneinanderstehen. Dem Kunden zur Auswahl aufgereiht suchen sie ihn mit den schönsten Verlockungen an sich zu ziehen. Solche Schaustellungen spielten sich offenbar nicht nur im Inneren jener Etablissements ab, sondern auch draußen im Freien vor den Bordellen. Das geht nicht nur aus den Worten des Xenarchos hervor; an anderer Stelle spricht auch Eubulos davon (Athen. 13, 568f), daß die käuflichen Mädchen dünnbekleidet in der Sonne stehen. In gleicher Weise beschreibt Philemon (etwa 327–263 v. Chr.), daß die Prostituierten an öffentlichen Orten

Im Bordell 127

70 a–b   Hetären und ihre Kunden im Bordell. Trinkschale.
490/480 v. Chr. (New York)

plaziert waren und zur Geschäftsabwicklung mit dem betroffenen Mann in der nächsten Haustür verschwanden (Athen. 13, 569 e–f).

Der offenherzige Aufzug, den die Komödiendichter sicher mit der gattungsspezifischen Übertreibung ausmalen, steht im Gegensatz zu dem typischen Bild unzähliger Darstellungen, die Hetären auf Kundenfang zeigen. Sowohl in archaischer als auch in klassischer Zeit erscheinen hier Hetären, die einen Mann kontaktieren oder von ihm angesprochen werden, voll bekleidet, oft sogar besonders verhüllt (Abb. 71)[62]. Diesen Bildern ist weniger die historische Wirklichkeit zu entnehmen als eine bestimmte Stilisierung der Hetäre. Die anständige, den Körper ganz bedeckende Bekleidung

128   *Das Hetärenwesen*

71   Kunde bezahlt
Hetäre. Amphore. Um
480 v. Chr. (Leningrad)

war der Zug, den man an Phryne lobte, der weibliche Zurückhaltung und Mäßigung ausdrückte und achtbaren Bürgersfrauen eignete. Andererseits hatte die betonte Verhüllung einer käuflichen Frau einen voyeuristischen Aspekt. Sie implizierte den umgekehrten Vorgang des Entkleidens und führte ihn provozierend vor Augen.

Den fast fetischartigen Symbolcharakter, den Kleidung im erotischen Kontext erhält, verdeutlicht das obligate Kleiderbündel, das in kaum einer Badeszene fehlt. Entweder trägt es die Nackte im Arm (Abb. 72)[63], oder es ist bereits abgelegt auf einem Stuhl sichtbar. Das sorgsam gefaltete Kleiderpaket ist bezeichnenderweise auch ein Accessoire vieler Beischlafszenen (Abb. 59), wo ihm, wie dem Knotenstock des Mannes, zusätzlich das Moment des Flüchtigen anhaftet, die Vergegenwärtigung des Vorher und des Nachher. Das Motiv steht weniger für die Nacktheit selbst, mit der es zusammen komplementär auftaucht, sondern für das Entblößen und gleichzeitige Verfügbarsein. In diesem Sinn fungiert das Nacktsein auch bei spätarchaischen *Symposions*darstellungen[64].

Während die Masse der Darstellungen einer mit ihrem Kunden verhandelnden Hetäre einen Standardtypus variiert, trägt eine *Pelike* in Tarquinia[65] (Abb. 73a–b) zwei Versionen vor, die eher satirischen Charakter haben. Auf der einen Seite des Gefäßes ist ein Mann dargestellt, der sich vor einer Prostituierten auf den Boden gesetzt hat und ihr den *Chiton* bis über den Bauchnabel hochhebt, um sie mit neugierigen, lüsternen Blicken zu begutachten. Die Frau läßt diese Prüfung mißmutig über sich ergehen. Das Gegenbild kann man als witzige Fortsetzung lesen. Nachdem dem Kunden die Vorderseite nicht zugesagt hatte, ist er nun mit der rückwärtigen Partie

Im Bordell 129

72 Sklavenmädchen
bereitet sich ein Bad.
Trinkschale.
Um 480 v. Chr. (Brüssel)

jener Schönen beschäftigt, die immer noch ihr Gewand am Leibe hat. Das voyeuristische Moment des Bekleidetseins wird hier evident.

Wie der weitere Verlauf eines Bordellbesuchs aussah, berichtet keine antike Textquelle. Unter den zahlreichen Darstellungen des Geschlechtsaktes lassen sich nur sehr wenige sicher als Bordellszenen identifizieren. Das Problem liegt darin, die Umarmungen der *Symposiasten* von denen im Bor-

73 a–b Kunde begutachtet Hetäre. Hetäre und Kunde beim Geschlechtsverkehr.
Weingefäß. 510/500 v. Chr. (Tarquinia)

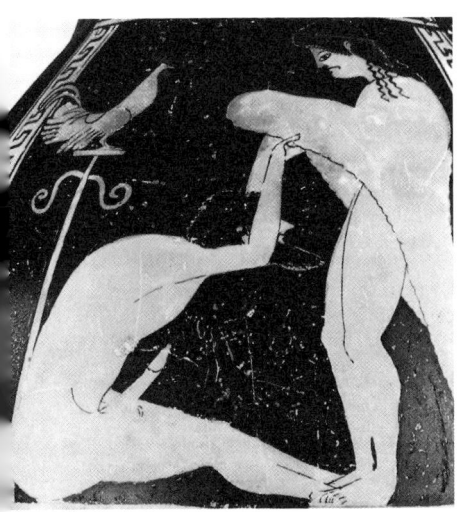 

74 Hetäre und Kunde.
Trinkbecher.
Um 470 v. Chr. (Altenburg)

dell abzusetzen. Die Schwierigkeit der Unterscheidung tritt in dem Moment ein, in dem das Koitusbild nicht mehr die Festrealität abbildet, sondern ein rein pornographisches Erotikum wird. Manchmal erinnert die dionysische Bekränzung noch an den ursprünglichen Zusammenhang des Geschehens.

Allerdings ist der Kranz allein kein zuverlässiges Indiz für die gedachte Zugehörigkeit eines Paares zum *Symposion*. Er bringt nur die sinnliche Komponente einer Handlung besonders zum Ausdruck. Gerade bei Darstellung von Prostitution findet sich nicht selten eine solche Bekränzung. Auf einem *Skyphos* in Altenburg[66] (Abb. 74) trägt der bärtige Mann, der der Hetäre seinen Geldbeutel entgegenstreckt, einen Efeukranz. Der gesamte Bereich der Erotik wird traditionell mit allgemein Dionysischem ver-

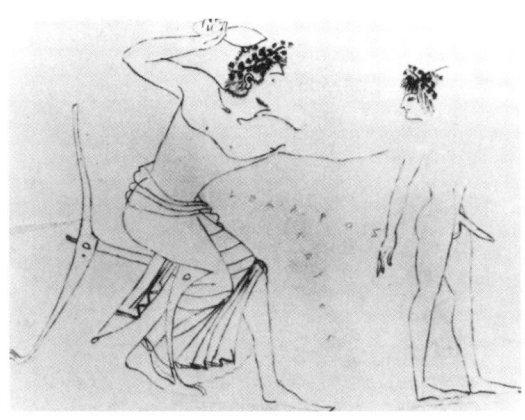

75 Der Knabe Leagros
wird wegen
Onanierens (?) bestraft.
Weingefäß.
510/500 v. Chr. (Rom)

Im Bordell

76 a–b Hetäre mit ihrem Kunden im üppig gepolsterten Bett. Hetäre und ihr Kunde beim Geschlechtsverkehr vor einem üppigen Bett. Spiegel. 350/330 v. Chr. (Boston)

knüpft. So zeigt beispielsweise ein schwarzfiguriger *Skyphos* (Abb. 105) die freudige Liebesbegegnung eines Päderasten mit seinem Geliebten inmitten einer Rebenlaube. Das dionysische Ambiente unterstreicht die Besonderheit dieser Darstellung, in der der Knabe ganz gegen den üblichen Bildtyp päderastischer Liebe seine Contenance verliert[67]. Die Ikonographie der Rebenlaube setzen in hellenistischer Zeit viele *Symplegma*darstellungen auf Reliefkeramik fort.

Auf einem karikierenden Vasenbild, das die Päderastie und die Lieblingsknaben verspottet[68] (Abb. 75), ziert der Efeukranz selbst einen strafenden, Sandale schwingenden Erzieher, der seinen Zögling möglicherweise wegen Onanierens maßregelt, und verleiht so der erotischen Spannung, die über der Szene liegt, subtilen Ausdruck. Der Knabe Leagros, dessen Name beigeschrieben ist, war einer der stadtberühmten Homophilenlieblinge im Athen der letzten Jahre des 6. Jhs.

Sicher sind es Bordellszenen, die einen Spiegel des 4. Jhs. in Boston[69] schmücken. Das Deckelrelief (Abb. 76a) zeigt ein Paar beim Liebesakt auf einer *Kline,* die eine lang zum Boden fallende Decke und dicke Kissen bedecken. So werden nur Schlaf*klinen* ausgestattet. Den Speise*klinen* fehlt stets die überfallende Decke, die den Schläfer während der Nacht wärmt. Das Paar vollzieht den Akt von hinten, wobei es so plaziert ist, daß dem Betrachter kein Zug der sexuellen Interaktion entgeht. Die Gesichter mit dem Kuß der Münder, das Spiel der Hände und schließlich die Verbindung der Genitalien sind dem Blick rückhaltlos preisgegeben. Die Genitalien bilden das Zentrum des Bildes, von dem die Gliedmaßen der Liebenden sternförmig ausstrahlen. Über ihnen fliegt ein Eros, um sie zu bekränzen. Nicht weniger offen, in der Wahl der Perspektive aber noch raffinierter ist die gravierte Innenseite des Spiegeldeckels (Abb. 76b). Wiederum ist ein kopulierendes Paar dargestellt. Es steht vor dem Bett, auf dem sich Decken und Kissen hoch auftürmen. Wiederum erfolgt der Akt von hinten, wobei das Gesäß der beiden Partner effektvoll ins Bild gerückt ist. Die Hetäre hat sich tief herabgebeugt und die schweren Hinterbacken nach oben geschoben. Während sie die eine Hand auf einem Fußschemel abstützt, der außerdem ihre Schuhe trägt, führt sie mit der rechten den Penis des hinter ihr befindlichen Mannes ein oder sucht ihn zusätzlich zu reizen. Der Mann steht mit leicht gebeugten Knien und hebt im Ausdruck höchsten Genusses die rechte Hand.

Diese beiden Liebesbegegnungen finden ohne Zweifel in einem gehobenen Bordell statt oder im Schlafzimmer einer Edelprostituierten, die ihre Gäste bei sich empfängt. Die Qualität des Spiegels verrät einen gewissen Lebensstandard der Besitzerin. Denn sicher gehörte dieses Luxusgerät keiner ordentlichen Ehefrau, für die Schönheitsmittel und Schminke nur Betrug an ihrem Mann waren, wie Ischomachos in Übernahme sokratischer Ideen seine junge Gattin lehrte (Xen. *oik.* 10, 2ff.). Allerdings wird es auch

Im Bordell 133

77 Junge Hetäre steigt jungem Mann auf den Schoß. Weinkanne. 430/420 v. Chr. (Berlin)

nicht der Besitz einer einfachen Dirne gewesen sein, die für einen Zuhälter oder eine Kupplerin arbeitete. In dem Prozeß gegen die Prostituierte Neaira argwöhnte Lysias, der Sophist, der der Liebhaber einer Mitsklavin der Neaira gewesen war und nun als Zeuge auftrat, daß alle materiellen Geschenke an die Hetären von der Kupplerin einbehalten wurden (Demost. 59, 21). Er zog es deswegen vor, seiner Geliebten eine Reise nach Eleusis und die Einweihung in die Mysterien zu schenken.

Es gibt noch einige Liebesaktdarstellungen mehr, die möglicherweise einen Bordellbesuch meinen. So das wegen seiner künstlerischen Gefälligkeit immer wieder abgebildete Schaleninnenbild des Schuwalowmalers in Berlin[70] (Abb. 77). Hier steigt eine Hetäre einem sitzenden Mann rittlings auf den Schoß. Die Beliebtheit jenes Bildes beruht auf dem Eindruck, es handele sich um ein wirkliches Liebespaar. Die beiden sind gleichaltrig und blutjung, der Mann trägt noch die langen Locken des Jünglings. Das Mädchen ist zierlich und sehr schlank. Es haftet ihnen kein Zug von Prostitution an. Am stärksten aber wirken die Sentimentalität der zueinander geneigten Köpfe und die innigen, ineinander versinkenden Blicke. Das in der heutigen bürgerlichen Gesellschaft erträumte Ideal der Einheit von Körper und Seele, der Kongruenz von Geschlechtstrieb und Liebe, findet in dieser Darstellung seine bildliche Erfüllung. Sie ist insofern bestens geeignet, die freizügige Liebespraxis der Griechen selbst in den Augen eines modernen Kritikers sexueller Liberalität noch edel und groß erscheinen zu lassen.

Tatsächlich fällt dieses Vasenbild, das zu den wenigen sexuellen Darstellungen aus der Zeit der Hochklassik gehört, aus der Reihe. Dies wird besonders deutlich im Vergleich mit einem anderen, nur wenig früheren Sexualbild, das zwei Zecher im Liebesspiel mit einer Hetäre zeigt[71]

134 *Das Hetärenwesen*

(Abb. 78). Gerade im Verhältnis zu dem derb sexuellen Ton dieser Darstellung wird die Besonderheit des romantisch erscheinenden Kännchenbildes auffällig. Wegen der ungewöhnlichen Jugend vor allem des Jünglings und wegen des Gefäßtypus, der bei dem Weinfest der *Anthesterien* verwendet wurde, bezog O. Brendel die Szene auf eine Liebesromanze während jenes Festes[72].

In jedem Fall handelt es sich bei diesem Paar um eine Hetäre und ihren Liebhaber, da einzig unter diesen Vorzeichen Mann und Frau sexuell verbunden dargestellt werden konnten. Auch die Hingabe der Blicke kann nicht als Ausdruck ihrer besonderen Beziehung gewertet werden, sondern ist eine Spezialität des Vasenmalers, der das Bild gezeichnet hat. Er versah nicht nur liebevoll verbundene Paare und einander freundlich begegnende

78 *Zwei Zecher beim Liebesspiel mit einer Hetäre. Weinmischgefäß. Um 440 v. Chr. (Paris)*

Partner mit diesem gefühlvollen Blick, sondern auch feindlich gesonnene Gegner[73]. Dieser Ausdruck ist weder Zeichen von Innigkeit noch von Sinnlichkeit, sondern Darstellung emotioneller Erregung und Emotionsfähigkeit. Der verschwimmende Blick ist ein Zeitphänomen der 2. Hälfte des 5. Jhs., zweifellos im Zusammenhang mit dem Interesse am seelischen Erleben des Menschen.

Der Sexualakt

An diesem Punkt drängt sich die Frage nach bestimmten Vorlieben und Besonderheiten im altgriechischen Liebesleben auf. Erweckt doch die eminente Bedeutung des Hetärenwesens leicht den Eindruck besonderer Raffinesse jener Dienerinnen der Aphrodite und exquisiter Ansprüche ihrer Kunden. Bei der Auswertung der Quellen, ob und welche Liebespraktiken präferiert wurden, gilt es stets die spezifischen Bedingtheiten des Informationsträgers, sei es ein antiker Text oder eine Darstellung, zu berücksichtigen.

Dargestellt findet sich fast jede Art von Geschlechtsverkehr, Vaginal- und Analkoitus, Fellatio und Cunnilingus. Letztere treten allerdings ebenso wie Gruppensex ausschließlich im Sinnenrausch des *Symposions* und *Komos* auf. Die Orgien der frühen rotfigurigen Trinkschalen zeigen die trunkenen Zecher bei den verschiedensten Formen sexueller Betätigung (Abb. 49–52), wobei Fellatio am häufigsten vorkommt. Cunnilingus erscheint nur einmal, nämlich auf der frühen Thaliaschale (Abb. 63 a–d). Jene Praktiken sind vorher, im dionysischen Sexual*komos* der schwarzfigurigen Vasenbilder, nicht zu finden. Andere Möglichkeiten als der Anal- oder Vaginalverkehr wurden hier, im früheren 6. Jh., nicht zur Darstellung gebracht. Auch später in klassischer Zeit fehlen entsprechende Bilder gänzlich. Es paßt zu der bereits erwähnten sexuellen Mäßigung beim *Symposion,* daß solche Szenen selbst auf den pornographischen Voyeurbildchen nicht mehr vertreten waren. Einzig in der Hochzeit des propagierten Rausches mit der Einführung des reinen Trinkgelages waren im Rahmen der orgiastischen Begehung des *Symposions* offenbar sexuelle Spielarten wie Oralverkehr und Gruppensex salonfähig.

Diese Formen des Sexualverhaltens wurden den Satyrn und Silenen, halbtierischen Wesen aus dem Dionysosgefolge, zugeschrieben. Auf einem Vasenfries in Berlin[74] (Abb. 79) ist inmitten eines ausgelassenen Satyrntanzes einer von ihnen in die Knie gegangen und schnappt mit offenem Mund nach dem Phallos des vor ihm stehenden Gefährten. Cunnilingus kommt unter den sexuellen Aktivitäten der Satyrn oder anderer Wesen des Thiasos nicht vor. Denn die Mänaden sind keineswegs die Liebespartner der Satyrn und mit den Hetären nicht auf eine Stufe zu stellen.

Nur im ausgehenden 6. und beginnenden 5. Jh. sind also Fellatio, Cunnilingus und Gruppensex soweit toleriert, daß sie als Phänomene dionysischen Sinnenrausches beim *Symposion* ins Bild gesetzt werden. Ansonsten galt offenbar Vaginal- und Analverkehr als eine geziemende Praktik.

Man muß davon ausgehen, daß die Welt der bildenden Kunst nur Ausschnitte der realen Verhältnisse widerspiegelt. So beinhaltet die Wahl bestimmter Liebespraktiken in der Darstellung nicht ihre bevorzugte oder ausschließliche Ausübung im wirklichen Leben. Cunnilingus z. B., der in klassischer Kunst niemals abgebildet ist, war nach den Anspielungen des Aristophanes durchaus nicht tabu, allerdings ziemlich vulgär. In der Komödie *Der Friede* (884–5) ist die Rede davon, daß Trygaios die schöne Theoria einem gewissen Ariphrades nicht in Obhut zu geben wagt, denn *der fiele her über sie und leckt' ihr aus die Brühe* (Übers. L. Seeger). In den *Wespen* (1180–83) besingt der Chor die Fähigkeiten jenes Mannes, *der, ein großer Autodidakt, ganz von selbst – sein Vater hat's noch beteuert! – ganz allein, ohne Lehrer, rein dem Zug seiner sinnigen Natur folgend, seine Zunge brauchen lernt', und wie? – Im Hurenhaus* (Übers. L. Seeger). Beide Male wird der Mann durch Unterstellung der Praktik des Cunnilingus diffamiert und lächerlich gemacht[75].

Die negative Färbung jener Praktik, die in der Komödie zum Ausdruck kommt, entspricht dem Fehlen solcher Darstellungen in der Kunst. Cunnilingus war ebenso wie Fellatio keine „anständige" Art des Geschlechtsverkehrs. Dichtung und Vasenbilder vermitteln hier eine Norm, eine Rangabfolge in der sexuellen Werteskala. Wenn sogar die voyeuristischen Darstellungen in klassischer Zeit, die vornehmlich der Stimulierung ihrer Betrachter dienen sollten, auf den Vortrag gerade jener Praktiken verzichteten, die traditionell als orgiastisch und hemmungslos galten, so wurden hier zweifellos Moralvorstellungen wirksam. Oralverkehr und Gruppensex waren Liebespraktiken, denen die Satyrn frönten, Zeichen animalischer Triebe. Mit Ausnahme des spätarchaischen Sexual*komos,* wo die berauschten Zecher sich im dionysischen Taumel satyresk benehmen, zeigen die Vasenbilder ausschließlich Satyrn bei solchen Praktiken.

Für die Tabuisierung des Oralverkehrs, speziell des Cunnilingus, wiegen andere Widerstände möglicherweise noch schwerer als sein animalisch triebverhafteter Charakter. Beide Praktiken erfordern quasi einen Rollentausch. Die Fellatio macht den Mann zum passiven Geschlechtspartner, dem allerdings Lust bereitet wird und der der Mittelpunkt der Aktivitäten bleibt. Beim Cunnilingus dagegen läuft der Mann Gefahr, obwohl er getreu seiner angestammten Rolle im Patriarchat der aktive Teil ist, zum bloßen Auslöser weiblicher Lust zu werden und selbst nicht im Zentrum der Handlung zu stehen. Jenes Risiko des „Weiberhelden" ist sicherlich der Punkt, auf den sich der Spott der Komödie gründet.

Wie unverzeihlich es war, im sexuellen Bereich die passive Objektrolle

79 *Sexuelles Treiben der Satyrn. Trinkschale. Um 500 v. Chr. (Berlin)*

der Frau zu übernehmen, zeigt überdeutlich die Verpöntheit von Analverkehr im homosexuellen Umgang, wurde doch dadurch ein männlicher Liebespartner zum penetrierten Objekt. Die objekthaft dienende Rolle des Mannes beim Cunnilingus erklärt das gänzliche Fehlen dieser Praktik auf den Orgienfriesen, die alle möglichen anderen exzentrischen Sexualformen aufzeigen. Die einzige Ausnahme, die Thaliaschale (Abb. 63 b), ist bezeichnenderweise vor den extrem frauenfeindlichen Anfängen der Demokratie entstanden. Umgekehrt mag wenig später, unter dem Eindruck der absoluten Dominanz des Mannes in der neugegründeten Demokratie, gerade die Zwielichtigkeit der Fellatio zu den betont überlegenen, gewalttätigen Herrscherposen (Abb. 50 a–b; 51) geführt haben, um den Anschein der Passivität, des an sich Geschehenlassens, aufzuheben.

Auf einer höheren, ethischen Ebene eines Platon oder Aristoteles, findet sich keine prinzipielle Empfehlung oder Ablehnung des ein oder anderen Sexualaktes. Ihre Sorge galt allein der richtigen Handhabung des Sexualtriebes und dem maßvollen Umgang mit der Lust. Da jede künstlich erweckte Begierde und verlängerte Lust gegen das Maß verstößt, fallen die zur Diskussion stehenden Praktiken wohl zumeist unter das Gebot der Enthaltung.

Nach Ausweis der Vasenbilder waren Vaginal- und Analkoitus die üblichen und akzeptierten Arten des Geschlechtsverkehrs. Dabei scheint der Analverkehr keine unfeinere Art des Koitus gewesen zu sein als der vaginale. Im homosexuellen Bereich war Analverkehr auch nur problematisch, weil er für den einen Partner, einen Mann, Penetration, d. h. passives, weibisches Verhalten bedeutete. Sich hinzugeben und wie eine Frau benutzen zu lassen, war schändlich, nicht der Analkontakt an sich. Es fragt sich, ob der Analverkehr eventuell auch für die Frau in der Alternative zum vaginalen Koitus als erniedrigend galt. Dies kann natürlich nur aus der Sicht der Männer betrachtet werden, deren Anschauungen in die von ihnen geschaffenen Vasenbilder eingingen. Die Stimmen der Frauen blieben auch in diesem Fall stumm; sie fanden keinen Niederschlag.

Die vielen Beischlafszenen lassen keine Kriterien erkennen, die den Analverkehr abwerten. Ganz im Gegenteil, vielfach ist er kaum vom vaginalen Koitus zu unterscheiden. Denn die weitaus häufigste Art der Darstellung zeigt den Sexualakt von hinten. Der Mann steht mit leicht gewinkelten Knien hinter der Frau, die sich mehr oder weniger tief nach vorne hinabbeugt. Der Penetrationspunkt ist selten eindeutig. Daß der Betrachter über die Art der Penetration oftmals im Ungewissen gelassen wird, kommt nicht von ungefähr. Einerseits ist auch der vaginale Koitus von hinten nicht ungewöhnlich. So schildert in den *Thesmophoriazusen* des Aristophanes (488–89) eine betrügerische Ehefrau ihr Schäferstündchen mit dem Jugendfreund (Übers. L. Seeger):

Ich aber schmier die Türangel, schlüpf hinaus
zum Liebsten, und, am Lorbeerbaum mich haltend,
beim Bild Apolls, gekrümmt laß ich ihn ran.

Andererseits mögen in jener homophilen Gesellschaft Voyeurbildchen bevorzugt Szenen präsentiert haben, die der homoerotischen Phantasie entgegenkamen und entsprechende latente Wünsche befriedigten. Daß in dieser Gesellschaft auch das Hinterteil von Frauen eine besondere sexuelle Anziehungskraft hatte, geht aus etlichen Stellen der Komödien hervor.

Die zur Hochzeit gerichtete Braut des Trygaios im *Frieden* wird gelobt (868): *das Mädchen hat gebadet und ihr Popo ist schön*. An anderer Stelle (876) bewundert man das Gesäß der Theoria als einen *Hintern, den es nur alle fünf Jahre einmal gibt*. Am bekanntesten ist eine diesbezügliche Überlieferung zur knidischen Aphrodite. Selbst dieses in der Antike unbestrittene Meisterwerk des Praxiteles, jener Inbegriff weiblicher Schönheit, genoß man nicht weniger enthusiastisch von hinten in seiner Rückansicht, die von einem antiken Betrachter (Pseudolukian. *Erotes* 412) unmißverständlich als παιδικὰ μέρη bezeichnet wird. Frei übersetzt bedeutet dies die „päderastische Seite"[76], die ein Pilger folgendermaßen rühmte (Pseudolukian. *Erotes 413ff.;* Übersetzung C. Blinkenberg[77]):

Ach Herakles, wie ist der Rücken schön geformt! Wie runden sich die Lenden, zur Umarmung geeignet. Wie herrlich ist der Umriß des Gesäßes, die Muskulatur weder zu knapp, sodaß sie sich an die Knochen andrückt, noch zu schwellend oder von übertriebener Fülle! Mit unbeschreiblicher Süße lächeln zwei Grübchen, die beiderseits, rechts und links, in die Lenden eingedrückt sind, den Beschauer an.

Der Sexualakt 139

80 Zwei Hetären und ihre Kunden beim Geschlechtsverkehr von vorn und von hinten. Ölfläschchen. 460/450 v. Chr. (Athen)

Ein Fleck auf dem Oberschenkel, unterhalb des Gesäßes, den der antike Besucher beschreibt, bezeugt, daß ein unglücklich Verliebter, der hier angeblich seiner Leidenschaft zu der Göttin nachgegeben hatte, ebenfalls ihre Rückseite bevorzugte. Der negative Beiklang, den Analverkehr in vielen Untersuchungen antiken Sexualität hat, scheint moderner Projektion zu entspringen. Seit Beginn sexueller Darstellungen werden in der attischen Kunst der vaginale und der anale Liebesakt als Variationen eines Themas gleichwertig nebeneinander gestellt wie auf einem schwarzfigurigen Schalenbild in Berlin (Abb. 56), das ein *Deipnon*, ein Gastmahl, zeigt. Es ist eines jener Vorgängerfeste des *Symposions,* bei denen man außer zu trinken üppig zu speisen pflegte. Der Tisch mit lang herabhängenden Fleischstücken und kleinen Kuchen zeugt davon. Auf der *Kline* liegen sich die berauschten Gäste bereits in den Armen und geben sich der Liebe hin. Die einen üben vaginalen Beischlaf, die beiden anderen Analverkehr. Die Partner beider Paare blicken sich an und scheinen gleichermaßen innig miteinander verbunden. Als komplementäre Pendants und im wertfreien Nebeneinander begegnen beide Sexualpraktiken das ganze 6. Jh. hindurch. An diese ikonographische Tradition knüpfen entsprechende Darstellungen in klassischer Zeit an wie auf einem Weingefäß in Athen[78] (Abb. 80). Die Polarisierung der beiden Praktiken durch die Verbindung mit einer schlanken Hetäre einerseits und einer fülligeren, möglicherweise älteren andererseits ist wohl kein Grund, die eine Art des Koitus als negatives Gegenbild des anderen zu interpretieren[79].

Athenische Bordelle

Wie regelrechte Bordelle ausgesehen haben, lassen die Vasenbilder nicht erkennen. Sie beschreibt auch kein antiker Autor. Aus der einen oder anderen Erwähnung geht allenfalls hervor, in welcher Gegend Athens man die Freudenmädchen finden konnte. Aristophanes (*Pax* 165) nennt den Hafen Piräus, bekannt dafür war aber vor allem der Kerameikos, das Töp-

81 *Grundriß eines Gasthofs und Bordells. 4. Jh. v. Chr. (Athen)*

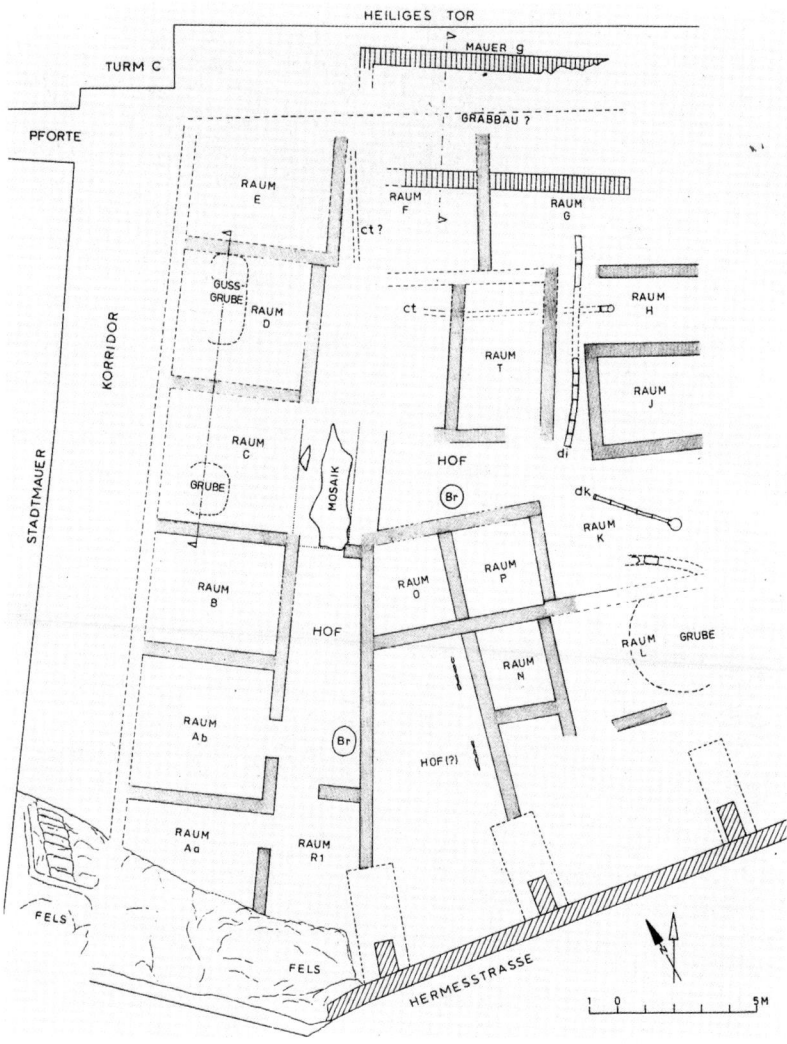

Athenische Bordelle 141

82 Ziegenopfer an Aphrodite. Gefäßfragment. 420/400 v. Chr. (Athen)

ferviertel, im Nordwesten der Stadt. Dieser Bereich wird mehrfach als Wohnort von Hetären und Gegend von Bordellen genannt (Lukian. 4, 2; Alkiph. *Briefe,* 3, 8, 1; 3, 48, 3; 3, 64, 3;).

Ausgrabungen haben weder hier noch anderswo ein Gebäude ans Licht gebracht, das die Befunde eindeutig als ein öffentliches Haus haben ausweisen können. In den letzten Jahren glaubte man, daß Bau Z im Kerameikos möglicherweise diese Lücke schließen könnte. Der Bau ist inzwischen ausgegraben und die ersten Grabungsberichte liegen vor[80]. Tatsächlich handelt es sich um eine Lokalität, wo offensichtlich auch Hetären ihr Geschäft betrieben, wenn auch wohl nicht direkt um ein Bordell.

Der Komplex (Abb. 81) wurde kurz vor der Mitte des 5. Jhs. beim Heiligen Tor unmittelbar vor der Stadtmauer stadteinwärts gebaut. Er bestand aus vielen kleinen Räumen, die um einen Hof angeordnet waren. Im Inneren des Hauses fanden sich zahlreiche Frauenutensilien wie Schminknäpfchen und Pyxiden, kleine Dosen zum Aufbewahren von Schmuck und ähnlichem. Obwohl der Befund stark zerstört ist, die Fundgegenstände eher zufällig erhalten und nicht repräsentativ für das gesamte ehemalige Inventar sind, konnte die Ausgräberin der Größe der Anlage und deren Funde wegen wahrscheinlich machen, daß das Gebäude eine Herberge gewesen ist. Der extravagante rote Wandputz in einigen Räumen spricht für den hohen Standard jenes Hauses. Es stand etwa eine Generation. Nach seiner Zerstörung errichtete man an derselben Stelle einen Gasthof mit ähnlichem Grundriß. Die großen Mengen von Koch- und Eßgeschirr zeigen, daß jener

Betrieb sich ganz oder zusätzlich auf die Gastwirtschaft verlegte. Weiterhin waren hier jedoch Prostituierte zu Hause. Deutlichster Hinweis ist das Bild auf einem Weinmischgefäß, das ein Ziegenopfer an Aphrodite wiedergibt (Abb. 82). Dieses scheint für Hetären typisch gewesen zu sein (Lukian. 7, 1). Nach kurzer Zeit der Benutzung fiel das Gebäude einem Brand zum Opfer. Über den alten Grundmauern errichtete man später einen Nachfolgebau, der außer den Resten eines Wirtshauses wie Geschirr alle Anzeichen eines Bordellbetriebes erbrachte: Schmuck und verschiedene Aphroditebilder. Darüber hinaus traten hier ungewöhnlich viele Webgewichte zu Tage.

Es ist offensichtlich, daß die Gebäude, die seit Mitte des 5. Jhs. auf diesem Platz standen (Z1–Z3) mehr oder weniger als Bordell dienten. Daß Herbergen, Wirtschaften und Gasthäuser Brutstätten für Prostitution waren, geht aus verschiedenen antiken Schriftquellen hervor. Abweichend von der Funktion der beiden Bauten aus dem 5. Jh. war die Gebäudenutzung im 4. Jh. Außer einer Wirtschaft existierte hier eine Weberei. Die Menge der Webgewichte und eine Waschanlage wohl für Wolle lassen keinen Zweifel, daß hier regelrechte Textilproduktion betrieben wurde. Dem mitgefundenen Schmuck und den Götterfiguren nach waren die Beschäftigten ausländische Sklavinnen. Wurden dieselben Frauen, die bei Tageslicht webten, abends als Hetären vermietet? Dies ist eine der denkbaren Erklärungen. Mit dem Symbol von Spindel und Wollkorb, die athenische Prostituierte auszeichneten, hatten diese Wollarbeiten jedenfalls nichts zu tun.

Das Innere eines Bordells wird wahrscheinlich von dem eines römischen *Lupanars* wenig abgewichen sein. In Pompeji kamen einige zum Vorschein, die einen Eindruck geben von der ernüchternden Kargheit solcher Etablissements. Dort waren sie durch einschlägige Wandbilder als solche erkennbar. Die Häuser umfaßten viele kleine Räumchen, die um ein Vestibül oder an einem Korridor entlang angeordnet und meist schlecht, z. B. durch eine Scharte über der Tür, oder gar nicht belichtet waren. Innen ersetzte häufig ein gemauertes Podest, das als Auflager für Matratzen und Kissen diente, das aufwendigere Holzbett. Dies war allerdings keine unzumutbar bescheidene Einrichtung, denn auch beim *Symposion* lagerte man oft direkt am Boden, nur auf Matratzen gebettet. Stärkere Beeinträchtigungen brachten das Dämmerlicht und die unzureichende Belüftung mit sich. Die zahllosen römischen Lampen mit Beischlafszenen (Abb. 83)[81] bezeugen ihre Verwendung in diesem Zusammenhang. Da griechische Lampen erst im Hellenismus bildlich verziert werden, sind sie für die Zustände in vorhellenistischen Freudenhäusern nicht heranzuziehen.

Die sanitären Verhältnisse ließen sicher zumindest in den billigen Absteigen Athens ebenso zu wünschen übrig. Andererseits sind sich waschende Hetären ein beliebtes Bildthema und bestimmt nicht von den Vasenmalern erfunden. Die besseren Bordelle boten wohl ebenso selbstverständlich wie die Privathäuser der Luxushetären auf diesem Sektor mehr Komfort.

83 Prostituierte bei der Fellatio. Römische Lampe. 1. Jh. n. Chr. (Neapel)

Die einfachste Methode, sich zu waschen, zeigt eine Schale des Onesimos in Brüssel (Abb. 72). Hier bereitet sich ein junges Mädchen ein Bad. In der einen Hand trägt es einen großen Wasserkessel heran, in der anderen hält es das Bündel der ausgezogenen Kleider. Vor ihr steht ein niedriges Becken, über dem es sich waschen wird. Das kurze Haar bezeichnet das Mädchen als Sklavin, die Beischrift ἡ παῖς καλή *(das Mädchen ist schön)* auf dem Kessel ist eine jener Inschriften, die in weiblicher und männlicher Form die Vorzüge einer Favoritin oder eines Lieblingsknaben preisen. Die Nacktheit, die Haartracht und die Inschrift machen deutlich, daß es sich um eine Hetäre handelt. Ganz abgesehen von der Unmöglichkeit der Nacktdarstellung einer ehrbaren Bürgerin in dieser Zeit, wäre bereits ihr Schönheitslob auf einem Gebrauchsgegenstand einer öffentlichen Nennung gleichgekommen und ganz und gar undenkbar gewesen. Untersuchungen ergaben, daß in den zahlreichen erhaltenen Gerichtsreden von den Frauen ausschließlich Sklaven und Prostituierte namentlich auftreten[82].

Mehr Aufwand und einen richtigen Badeplatz erforderte das große marmorne *Louterion,* ein freistehendes hohes Waschbecken, das als Zentrum gemeinsamer Körperpflege auf vielen Darstellungen auftaucht. Das Liebesgewerbe, dessen Verschönerungsprozeduren ebenso bekannt wie für anständige Frauen verpönt waren, scheint durch jene Örtlichkeit durchaus adäquat vertreten. Auf einer *Hydria* in London[83] (Abb. 84) sind zwei Frauen, die ein Oberschenkelschmuck als Hetären erkennen läßt, am *Louterion* mit ihrer Toilette beschäftigt.

Das Motiv des Waschens ist zweifellos ein erotisches. Es ist kein Zufall, daß gerade das Sujet des badenden Mädchen wie auch das des badenden Knaben sehr oft mit Lieblingsinschriften und Schönheitslob verbunden ist.

Ein Schalenbild in Paris[84] (Abb. 85) zeigt eine entsprechende Beischrift auf dem tragbaren Wasserbecken, an dem sich der angesprochene Liebling gerade nach dem Sport reinigt. Die *Strigilis*, mit der er Sand und Öl vom Körper schabt, und der *Aryballos,* das Salbölgefäß, hängen an der Wand neben dem Knotenstock.

Den erotischen Charakter offenbart schon die Anbringung solcher Bilder im Inneren von Trinkschalen, Gefäßen also, die bei der Toilette keinerlei Funktion haben. Es sind eindeutig voyeuristische Darstellungen, die die Schaulust der Zecher ansprachen und ihre Phantasie beflügelten. In diesen Zusammenhang gehören auch die Bilder urinierender Hetären[85] (Abb. 46), die ebenfalls Schalenböden zierten[86].

Die Kosten

Die Kosten eines Bordellbesuchs waren erträglich. Mehrfach heben die antiken Autoren hervor, wie billig man auf diese Art zu einem sexuellen Vergnügen kommt, das frei ist von allen Gefahren, die ein Abenteuer mit einer verheirateten Frau birgt, und das dabei den individuellen Wünschen keine Grenzen setzt (Athen. 13, 568e, 569a, 569e–f). Die Preisangaben reichen von einem Obolos bis zu 10 Drachmen (6 Obolen = 1 Drachme) für die klassische Zeit, wobei ein paar Obolen und ein oder zwei Drachmen am häufigsten genannt werden[87]. Nach Aristoteles (*Ath. pol.* 50, 2) waren 2

84 Zwei Hetären bei der Toilette. Wassergefäß. 440/430 v. Chr. (London)

Die Kosten 145

85 Jüngling beim
Waschen. Trinkgefäß.
490/480 v. Chr. (Paris)

Drachmen der behördlich festgesetzte Höchstsatz für Flöten- und Kitharaspielerinnen. Außerdem ist bezeugt, daß die *Agoranomen,* Beamte, die die Marktaufsicht führten und für einen ordnungsgemäßen Verkauf, für Warenreinheit und angemessene Preise sorgten sowie Preisbindungen erließen und überwachten, auch die Hetären kontrollierten. Ein Lexikograph (Suidas s. v. διαγραμμα) vermerkt, daß sie vorschrieben, wieviel jede Hetäre nehmen durfte.

Was die käufliche Liebe einen Mann kostete, zeigt der Vergleich mit einigen Löhnen. Der Tageslohn eines Bergwerkssklaven in den Silberminen von Laurion betrug im 5. und 4. Jh. durchgehend einen Obolos. 2 Obolen täglich zahlte man in perikleischer Zeit quasi als Verdienstausfall für die Teilnahme an der Volksversammlung und anderen staatlichen Gremien, in denen der einzelne Bürger seinen Anteil an der politischen Arbeit leistete. Diese Diätenzahlung galt vor allem der besitzlosen Klasse der *Theten* und sollte diesen Athener Bürgern, die weder von der Arbeit ihrer Sklaven und Angestellten, noch vom Ertrag ihrer Äcker, sondern von ihrer eigenen körperlichen Arbeit lebten, einen Mindestverdienst und die Möglichkeit des Mitwirkens bei politischen Entscheidungen sichern. Die Tageseinnahmen eines Steinmetzen, der in hochklassischer Zeit an den Akropolisbauten beschäftigt war, beliefen sich auf etwa eine Drachme.

Für jene unteren Einkommensklassen der Handwerker und Arbeiter war das Aufsuchen einer Prostituierten ziemlich kostspielig. Es verschlang unter Umständen einen ganzen Tageslohn oder mehr. Auch für die Kleinbauern wird dies ähnlich gewesen sein. Waren diese Leute Dauergast bei einer Hetäre, führte das in den Ruin, wie es später Lukian von einem Matrosen schildert, der der Angebeteten alle Geschenke aufzählt, die er ihr gemacht hatte (Lukian. *Hetäreng.* 14): sikyonische Schuhe für 2 Drachmen, ein Parfümflakon aus Syrien für 2 Drachmen und schließlich zyprische Zwiebeln, fünf Heringe, Feigen und Käse. Es sind zum Teil eher symbolische Liebesgaben, wie sie auch auf den Vasenbildern auftauchen. Billig war eine Prostituierte nur aus der Sicht der Wohlhabenderen, jener, die auch *Symposien* feierten.

Neben der Gruppe der einfachen Dirnen gab es die besser und hoch bezahlten Hetären. Für Neaira z.B. verlangte die Kupplerin die Summe, die die Haushaltsführung pro Tag kostete (Demost. 59, 29). Dieser Preis, dessen genaue Höhe nicht genannt wird, galt wohl nicht für ein kurzes Schäferstündchen, sondern für tageweise oder längerfristige Überlassung. Der Verkauf der Neaira brachte schließlich 3000 Drachmen. Dies ist ein sehr hoher Preis für eine Sklavin, bedenkt man, daß Arbeitssklaven für 140–230 Drachmen zu haben waren[88]. Neaira zählte jedoch noch nicht zu den „*Megalomisthoi*", den Großverdienern unter den Hetären. Die berühmte Phryne (4. Jh.) kostete 100 Drachmen (Athen. 583b, c), und Gnathaina (4.–3. Jh.) forderte sogar 1000 Drachmen für eine Liebesnacht (Athen. 13, 584c). Solche Damen konnten sich nur die reichsten Männer Griechenlands leisten, wie Pasion, dem allein seine Schildfabrik 6000 Drachmen im Jahr einbrachte (Demost. 36, 11). Es liegt allerdings nahe, daß die schwindelnde Höhe solcher Forderungen, die niemals von zeitgenössischen Autoren, sondern meist in kaiserzeitlichen Quellen überliefert ist, nur der effekthascherischen Übertreibung jener Berichterstatter entstammt.

Werdegang einer Hetäre

Man muß davon ausgehen, daß die meisten Prostituierten Sklavinnen waren oder gewesen waren und sich mittels ihres Ersparten freigekauft hatten, bzw. von Liebhabern ausgelöst und freigelassen worden waren, die aus verschiedenen Gründen ein nachhaltiges Interesse an ihnen hatten. Entschloß sich eine freigeborene Frau zu solch einem Broterwerb, gehorchte sie meist wirtschaftlicher Not. Zumindest für die Kaiserzeit überliefern die Textquellen mehrfach diesen Fall (*Anth. Pal.* VI 47, 48, 285). Möglicherweise spielte auch die Verlockung, leichtes Geld zu verdienen, eine Rolle. Eine typische Hetärenlaufbahn, die von der Sklavendirne zur freien Prostituierten führte, dokumentiert die Anklageschrift *Gegen Neaira* aus dem mittleren 4. Jh. (zwischen 373 u. 339, Demost. 59). In beispielhafter Weise steht ihr Werdegang für das Schicksal der meisten Hetären, die nicht nur im Bordell kaserniert der schnellen Triebbefriedigung zu dienen hatten, sondern auch zur Unterhaltung beim *Symposion* vermietet wurden. Anders als Neaira schafften viele von ihnen die Befreiung aus dem Sklavenstand nicht.

Wie schon mehrfach erwähnt, hatte Neaira einer Freigelassenen aus Elis, namens Nikarete gehört, die sie zusammen mit sechs anderen kleinen Mädchen gekauft hatte. Jene hatte die zukünftige Schönheit der Kinder erkannt, die entweder als Sklaven geboren oder ausgesetzt und von Sklavenhändlern zum Zweck des Verkaufs aufgenommen worden waren, und zog daraus ihren Profit. Sie ließ ihnen eine gute Erziehung angedeihen und vermietete sie als Hetären. Um die Attraktivität zu erhöhen, gab sie sie als ihre eigenen Töchter aus und erweckte so den Anschein, daß es sich um freigeborene Mädchen handelte. Als sie sah, welchen Anklang ihre Mädchen fanden, zog es sie nach Korinth, der große Geschäfte versprechenden Handelsmetropole und dem Zentrum der Prostitution. Hier verkaufte sie schließlich Neaira für 3000 Drachmen an einen Korinther und einen Mann aus Leukas, die es für rentabler hielten, sie ganz zu erwerben und gemeinsam als ihre beiderseitige Sklavin so wie bisher zu benutzen. Als jene Herren heirateten, nahmen sie Abstand von ihr und stellten sie vor die Alternative, in ein Bordell zurückzugehen oder ihnen die Kaufsumme mit einer Ermäßigung von 1000 Drachmen zu erstatten, sich also freizukaufen. Neairas Ersparnisse reichten nicht aus, den Betrag aufzubringen, und so zog sie einen anderen Liebhaber ins Vertrauen, den Athener Phrynion, der das restliche Geld bereitstellte. Er schloß das Geschäft mit den beiden Männern für die Frau ab, die ja juristisch vertragsunfähig war, und brachte damit Neaira in seine Abhängigkeit. Er nahm sie mit nach Athen, wo er sich überall mit ihr auf den *Symposien* amüsierte. Nach dem erwähnten Vorfall, bei dem sie auch mit anderen Gästen und dem Personal Verkehr gehabt hatte, verlor er das Interesse an ihr. Sie verließ ihn und nahm ihre persönliche Habe, zwei Dienerinnen und einen Teil des Hausstandes mit sich nach Megara, wo sie wiederum der Prostitution nachging. Hier fand der Athener Stephanos Interesse an ihr und versprach, sie und ihre Kinder – zwei Söhne und eine Tochter – als seine Frau und seine Kinder mit sich nach Athen zu nehmen. Dort lebten sie vom Verdienst der Neaira, deren Preise jetzt, da sie eine respektable Ehefrau zu sein schien, gestiegen waren. Zusätzliches Geld verschaffte sich das Paar, wie bereits erwähnt, durch gelegentliche Erpressungen unerfahrener, ortsfremder Kunden wegen angeblichen Ehebruchs.

In Athen erfuhr Phrynion von Neairas Anwesenheit und machte seine Besitzansprüche geltend. Ein privates Schiedsgericht, das die Freunde der beiden Kontrahenten gebildet hatten, schlug vor, daß Neaira beiden Männern zur Verfügung stehen sollte. Sie sollte abwechselnd bei Phrynion und bei Stephanos wohnen und ihnen als Hetäre zu Diensten sein. Dies geschah dann auch nach den Aussagen anderer Zeugen, die Neaira bald mit dem einen, bald mit dem anderen Mann auf *Symposien* gesehen hatten. Außerdem gestand man ihr die Freiheit, d. h. den Status einer Freigelassenen zu. Von dem gestohlenen Besitz des Phrynion hatte sie alles zurückzugeben bis auf ihre persönlichen Gegenstände.

Ein Rechtsfall wurde die Existenz der Neaira erst, als Stephanos die Tochter der Neaira als sein eigenes Kind und damit als eine vollbürtige Athenerin ausgab und mit einem Athener Bürger namens Phrastor verheiratete. Jener ließ sich aber auf Grund des Geredes über die wahre Herkunft der Stephanostochter scheiden. Danach gelang es Stephanos, sie in zweiter Ehe einem gewissen Theogenes zur Frau zu geben. Er machte sich beide Male des schweren Verstoßes gegen das Verbot von Mischehen schuldig. Das Gesetz schrieb vor, daß jemand, der eine Nichtathenerin unter der Vorgabe, sie sei eine Verwandte, d. h. eine Athener Bürgerin, mit einem Athener verheiratete, seines Bürgerrecht verlustig ging, und sein Vermögen an die Gemeinde und den Geschädigten fiel. Jene Heiraten der Neairatochter, einer Auswärtigen, mit honorigen Athener Bürgern waren ein Grund des Verfahrens gegen Neaira. Die offizielle Anklage richtete sich jedoch gegen sie, die sich als Auswärtige den Status der legitimen Gattin des Stephanos angeeignet hatte. Ihr drohte die erneute Sklaverei.

Stephanos verteidigte sich mit der Behauptung, die besagten Kinder stammten aus seiner ersten, rechtmäßigen Ehe mit einer Athenerin und seien somit legitim. Eine Befragung der Dienerinnen der Neaira, die der Kläger beantragte, ließ er nicht zu. Da solche Verhöre üblicherweise unter Folter stattfanden, und eine Verweigerung des Sklavenbesitzers aus Angst vor Verlust dieser Arbeitskraft nicht selten war, kann man die Ablehnung des Stephanos nicht als Schuldbeweis werten. Der Ausgang des Prozesses ist nicht bekannt.

Die Lebensgeschichte der Neaira zeigt in erster Linie, wie ausgeliefert und abhängig selbst jene Hetären waren, die viel begehrt und gut bezahlt wurden. Dabei war die Abhängigkeit vielschichtig. Sie beruhte auf dem Status der Sklavin, die einen Besitzer hatte, oder dem der *Metökin,* die einen Patron brauchte, oder auf der rechtlichen Unmündigkeit der Frauen generell, für die der Familienvorstand handelte. Selbst beste wirtschaftliche Verhältnisse konnten auch der Hetäre nicht aus dem Kreis männlicher Bevormundung und Zwänge heraushelfen. Im Gegensatz zur bürgerlichen Frau, mit der sie die grundsätzliche Abhängigkeit der Frauen teilte, fehlte der Prostituierten jeder Schutz durch das allgemeine Rechtsempfinden und Moralgefühl. Die heute vielgerühmte Selbstbestimmtheit und Unabhängigkeit der Hetären, die den Sklavendirnen ohnehin nicht zugesprochen werden, finden auch bei den freien Prostituierten ihre Grenzen an den Interessen des jeweiligen Patrons und einstigen Herrn. Denn mit der Freilassung endete nicht die Verpflichtung, ihm zu Diensten zu sein. Auch mit ihren Kindern konnte er wie mit ihr nach Gutdünken verfahren. Die anfänglichen Beteuerungen des Stephanos, Neaira vor jedem Übergriff des Phrynion zu bewahren, wichen sehr schnell einem Übereinkommen der beiden Rivalen auf Kosten der Hetäre.

War eine Hetäre freigeboren, so lag die Prostitution möglicherweise in der Familie. Eine ihrer Ahnherrinnen war von der Sklavendirne zur Freigelassenen aufgestiegen und hatte Talent wie Berufserfahrung den Kindern und Kindeskindern weitergegeben. Mehr als einmal überliefern die antiken Quellen, daß die Tochter einer Hetäre demselben Gewerbe nachging. So scheint die berühmte Lais, deren Schönheit der Maler Apelles entdeckte, eine Tochter der Alkibiadesfreundin Timandra gewesen zu sein (Athen. 12, 535c; Plut. *Alk.* 39). Auch die jüngere Lais war Tochter einer Hetäre (Athen. 13, 574e). Gnathaina vererbte ihr Gewerbe sogar bis ins dritte Glied auf die Enkelin (Athen. 13, 581).

Daß Hetären Kinder hatten, geht auch aus der Anklageschrift der Neaira hervor. Sofern es sich nicht um ungewollte Schwangerschaften handelte, spielte der Faktor der Altersversorgung durch die Kinder eine wesentliche Rolle. Töchter konnten, wie gesagt, gegebenenfalls das eigene Gewerbe lernen und den Unterhalt der Mutter gewährleisten.

Daß eine athenische Bürgerin sich prostituierte, kann nur aus Not und wenn ein männlicher Haushaltsvorstand fehlte, vorgekommen sein. Denn einerseits durfte ein Mann seine Familienangehörigen nicht verkuppeln: Eine freie Frau zu verkuppeln, war sogar streng verboten. Andererseits konnte sich eine Frau aus einer Bürgerfamilie kaum prostituieren, da jeder uneheliche Geschlechtsverkehr eines weiblichen *Oikos*mitgliedes die Rechte des *Kyrios* verletzte und geahndet werden mußte.

Geburtenkontrolle

Angesichts der Kinder von Hetären stellt sich die Frage nach der Vermeidung ungewollter Nachkommen. Das Problem der Geburtenkontrolle[89] betraf den ehelichen Verkehr selbstverständlich ebenso wie die Prostitution. Empfängnisverhütung, Abtreibung, Kindestötung und -aussetzung sind die Methoden, die in der Antike zu Gebote standen, den Umfang der Nachkommenschaft zu begrenzen. Die medizinische Literatur, und auch Aristoteles überliefern eine Reihe Antikonzeptiva. Neben jeder Menge magischer Mittel wie Amulette und Zaubereien empfahlen die Autoren mechanische und chemische Wirkstoffe, deren Verhütungscharakter ersichtlich ist. Soranos, ein ephesischer Gynäkologe aus dem 2. Jh. n. Chr., dem die Hippokratischen Schriften bestens geläufig waren, riet, zur Verhütung die für unfruchtbar gehaltenen Tage des Monatszyklus zu nutzen und die angeblich fruchtbaren unmittelbar vor und nach der Menstruation zu meiden (Soranus 1, 45). Möglicherweise griff er damit bereits älteres Wissen auf. Als eine andere leicht zu realisierende Methode nennt er eine Art Koitus interruptus, bei dem die Frau sich dem Mann ein wenig entziehen soll.

Außerdem kannte man Pessare in Form von Wolltampons, die mit mehr oder weniger adstringierenden und spermaziden Substanzen getränkt waren. Dieselben Mixturen wurden auch in die Gebärmutter eingeführt. Das gilt in gleicher Weise für das sogenannte *Misy,* ein Antikonzeptivum, das Hippokrates nennt. Es war ein eisenvitriolhaltiger Stoff[90], der in kleiner Menge in einer wässrigen Lösung genommen wurde und ein Jahr vor Schwangerschaft schützen sollte. Eine eher mechanische Wirkung wurde den verschiedentlich aufgeführten Harzen und dem Honig zugeschrieben. Wenn man aus der chemischen Beschaffenheit der Mittel auch die Wirkungsmechanismen vermuten kann, so jedoch nicht ihren Erfolg. Die diesbezüglich vielversprechendsten Pharmaka waren mit Sicherheit auch die schädlichsten wie Bleiweiß, das sonst in erster Linie als Kosmetikum verwandt wurde.

Zur Abtreibung, die übrigens Hippokrates, außer aus medizinischer Indikation, streng verwarf, verwandte man ebenfalls pflanzliche Extrakte, die oral verabreicht wurden, z. B. ein Mittel aus dem wacholderartigen Sadebaum (Stinkwacholder), dessen abortives Gift von heutigen Ärzten bestätigt wird[91]. Bei Hippokrates findet sich auch die mechanische Art, einen Abort herbeizuführen: kräftiges Springen.

Wie aus den überlieferten Methoden hervorgeht, lag die Sorge der Verhütung allein bei den Frauen. Versagten die angewandten Mittel, büßten sie mit einer Abtreibung, vor deren Gefahren bereits die antiken Ärzte warnten. Abtreibung als reguläres Mittel der Geburtenbeschränkung sahen die Philosophen Platon (*rep.* 461c) und Aristoteles (*pol.* 1335b) vor. Die ethische Rechtfertigung dieser Praktik basiert bei Platon auf der Vorstellung, daß der Fötus erst mit der Geburt ein beseelter Mensch wird. Aristoteles hält dagegen eine Abtreibung nach den ersten Kindsbewegungen bereits für unrecht.

Wie weit Abtreibung verbreitet war, ist nicht bekannt. Ebenso unsicher ist die Größenordnung der Tötung nach der Geburt bzw. der Aussetzung. Dadurch daß die Kindesaussetzung, das Wiederauftauchen und die Wiederentdeckung eines totgeglaubten Kindes ein häufiges und besonders in der neuen Komödie sehr beliebtes Thema waren, entsteht der Eindruck, daß dies die übliche Art der Familienplanung gewesen sei. Zuverlässige Quellen darüber fehlen. Da die Aussetzung eines Kindes offenbar vielfach nicht zum Tod führte, sondern solche Kinder von Fremden gefunden und aufgezogen wurden, mag die ethische Schranke hier niedriger gewesen sein als beim direkten Kindesmord. Allerdings galten Findelkinder von vornherein als unfrei, auch wenn sie dem Schicksal, professionellen Sklavenhändlern in die Hände zu fallen, entgingen. Für Mädchen, denen mit Blick auf die Kosten der Mitgift die Aussetzung häufiger drohte als Söhnen, bedeutete dies wohl oft das Los der Prostitution wie bei Neaira. Denn eine Hetäre brachte ihrem Besitzer höhere Gewinne als z. B. die Vermietung oder betriebseigene Nutzung einer Weberin.

Soziale Stellung

Hetären waren in der Regel entweder Sklaven oder *Metöken (Mitbewohner)*. Den *Metöken*status hatte jeder freie Einwohner der Stadt, der kein athenischer Bürger war. Jeder Fremde, Nichtathener, der sich vorübergehend oder für immer in der Stadt niederließ, war ebenso *Metöke* wie die ansässigen Athener, die freien Ehen und Konkubinaten entstammten. Auch die Freigelassenen gehörten dem *Metöken*stand an.

Obwohl die Informationen über Geburt und Herkunft von Hetären sehr spärlich sind, scheinen die bekannten Hetären *Metöken* gewesen zu sein. Dies versteht sich fast von selbst, da nur von den Erfolgreichen geredet wurde, die, selbst wenn sie eine Sklavin gewesen waren, hatten aufsteigen können, indem sie entweder von einem reichen Liebhaber freigekauft worden waren oder sich selbst freigekauft hatten. Je begehrter ein Sklavenmädchen war, desto kürzer war der Weg in die Freiheit des *Metöken*standes.

Die berühmten Hetären Lais (4. Jh.) und Phryne (4. Jh.) waren z. B. nicht in Athen geboren und aufgewachsen, aber bereits als Kinder vermutlich im Zusammenhang mit der Zerstörung ihrer Heimatstädte, Hykkara in Sizilien und Thespiä in Böotien, nach Athen gekommen[92]. Die Anekdote, die erzählt, daß Phryne in der Armut ihrer Jugend Kapern sammelte, spricht dafür, daß sie als freie *Metökin* so ihren Lebensunterhalt verdiente. Die Hetäre Thais (2. Hälfte 4. Jh. – frühes 3. Jh.) galt als Athenerin; von Lamia, der Geliebten des hellenistischen Feldherrnfürsten Demetrios Poliorketes (307–283 v. Chr.), kennt man den Vater, den Athener Kleanor (Athen. 13, 577c). Aus dem Zusammenhang, in dem dieser Umstand Erwähnung findet, geht hervor, daß es sich um illegitime Bürgertöchter handelte, die vielleicht sogar der Verbindung mit einer Prostituierten entstammten.

Diese Frauen waren *Metökinnen,* die als Prostituierte registriert waren und Steuern zahlen mußten (Aischin. 1, 119). Gegenüber einer ehrbaren Frau, besonders einer Bürgersfrau hatten sie die Möglichkeit, sich freier zu bewegen. Sie unterlagen nicht dem Diktat gesellschaftlicher und sittlicher Normen oder konnten sich ihm entziehen und gegen Konventionen verstoßen. Sie mußten nicht in der Zurückgezogenheit des Hauses leben und weitgehend auf soziale Kontakte und Ansprache verzichten. Sie konnten Gäste empfangen wie Theodote (Xen. mem. 3, 11), in der Stadt umhergehen, ihre Liebhaber besuchen und an *Symposien* teilnehmen. Lebten sie mit einem Mann in einem dauerhaften oder lockeren Konkubinat, bestand zwischen ihnen ein quasi eheliches Schutz- und Rechtsverhältnis, das ihnen unter Umständen gattinnengemäße Beschränkungen auferlegte, sie aber auch der Willkür des Mannes auslieferte, wie das Beispiel des Phrynion beweist. Verließen sie ihn, waren sie ohne effektiven Schutz, wenn jemand ihnen gegenüber ungeschriebene oder verbriefte Rechte verletzte; denn um

86 Betrunkene Hetäre, sog. Trunkene Alte. 230/220 v. Chr. (München)

ihre Rechte geltendzumachen benötigten sie einen Mann, einen Patron, der üblicherweise einer ihrer Liebhaber war. Daß das Durchsetzen dieses Rechts vielfach an der Solidarität der Männer untereinander scheiterte, zeigt der Fall der Neaira.

Nicht nur für den Fall eines Rechtsstreits bedurften sie männlichen Beistandes, sondern für jedes auf einem Vertrag basierende Geschäft: jeder Kauf und Verkauf war nur durch einen Rechtsvormund möglich. Eine *Metökin* konnte außer Geld keinen Besitz haben, keinen Grundbesitz, der

Vollbürgern vorbehalten war, keine Immobilien, keine Sklaven. Während männliche *Metöken* gerade im Bereich der auf Sklavenarbeit gestützten Warenproduktion tätig wurden, war es Frauen zwar möglich, de facto Sklaven zu besitzen, aber sie konnten sie nicht rechtskräftig erwerben und waren damit nicht die rechtmäßigen Eigentümer[93]. Im Alltag scheint die Rechtslage allerdings keine große Rolle gespielt zu haben, solange es nicht zu Streitigkeiten kam und der Patron eingeschaltet werden mußte. Aus dem Fall der Kupplerin Nikarete wissen wir, daß sie Sklaven kaufte und verkaufte.

Die wesentlichen Verdienstmöglichkeiten für *Metökinnen* lagen im Bereich des Handels. Frauen durften bis zur Höhe des Geldwertes von einer *Medimne* (Scheffel) Gerste Handel treiben. In Normalzeiten betrug der Preis 3 bis 6 Drachmen pro *Medimne*. Allerdings wurde auf die Einhaltung der Vorschrift offensichtlich nicht streng geachtet. Denn unter den *Metökinnen* gab es einige gute Geschäftsfrauen, deren Umsatz deutlich über dem erlaubten Grenzwert lag[94].

Daß eine Hetäre ihren wirtschaftlichen Wohlstand genutzt hätte, die Zukunft durch ein solides Geschäft zu sichern, wird in keiner Schriftquelle berichtet. Ein Epigramm besagt, daß eine Hetäre Weberin geworden sei (*Anth. Pal.* 6, 283), ein brotloser Beruf, der die Frauen häufiger zur Prostitution trieb (*Anth. Pal.* 6, 284f.). Das übliche Altersbild einer Hetäre zeigt sie als Bordellmutter – sicher eine naheliegende Altersversorgung für Prostituierte – oder als trunksüchtige Elendsgestalt. Ob jene Frauen, durch das dauernde Trinken auf den *Symposien* an Alkohol gewöhnt, tatsächlich häufig dieser Berufskrankheit verfielen und verkamen, oder ob hier nur ein Klischee reproduziert wird, muß offen bleiben.

Das als „Trunkene Alte" bekannte Bildwerk[95] (Abb. 86) hat man jüngst als Darstellung einer altgewordenen, dem Trunk ergebenen Hetäre gedeutet. Die Frau sitzt am Boden und schaut weinselig von einer festlich bekränzten Weinflasche auf. Sie ist durchaus nicht ärmlich gekleidet, sondern trägt einen stoffreichen *Chiton* mit Paspeln und Ziernähten sowie einen Mantel. Das Gewand, das ihr von der linken Schulter geglitten ist, scheint eine situationsbedingte Nachlässigkeit zu sein, ruft aber den für die Liebesgöttin Aphrodite typischen Bildzug der entblößten Schulter in Erinnerung.

Hetärenreichtum

Wenn die wirtschaftlichen Verhältnisse von Hetären erwähnt werden, wird schon in der Antike stets das Bild vom sagenhaften Reichtum gezeichnet, den Schönheit und andere Vorzüge solchen Frauen einzubringen imstande waren. Jener toposhafte Hetärenreichtum erscheint bereits in der Überlieferung der ersten historischen Luxushetäre: der Rhodopis, jener berühmten

Thrakerin, die als Sklavenmädchen nach Ägypten gebracht, zur Prostitution gezwungen und von Sapphos Bruder, dem Geschäftsmann Charaxas, gesehen und freigekauft wurde. Zum Kummer seiner Schwester ruinierte er sich für jene Schöne, die in Ägypten blieb und vermögend wurde. Herodot erzählt diese Liebesgeschichte bei seinen Beschreibungen Ägyptens (Hdt. 2, 134). Er entlarvte den sagenhaften Reichtum jener Hetäre als Mythos. Er weist die Behauptung, sie habe den Bau der Mykerinospyramide finanziert, unter anderem mit der Begründung zurück, daß solch ein Unternehmen für eine Hetäre schließlich doch zu teuer gewesen sei. Er erkannte in dieser Zuschreibung eine der Blüten, die die Gerüchte um das unglaubliche Vermögen der Hetäre trieben.

Die Vorsicht Herodots ist auch bei manch anderer Nachricht außergewöhnlichen Hetärenreichtums am Platze. Dies gilt vor allem für das monumentale Vorhaben der Phryne, das dem angeblichen Bauprojekt der Rhodopis nur wenig nachstand. Phryne soll sich erboten haben, die Stadt Theben, die Alexander zerstört hatte, wieder aufzubauen mit der Auflage, daß eine Inschrift anzubringen sei, die besagte: Alexander zerstörte es, die Hetäre Phryne aber baute es wieder auf (Athen. 8, 591 d). Auch diese Anekdote gibt nicht die Wirklichkeit wieder, sondern beruht auf einer Übertreibung der Komödie, die eine Spende der Phryne zum Aufbau des zerstörten Thebens ironisierte[96]. Zuverlässiger scheint die Nachricht, die Polemon von Ilion, ein hellenistischer Perihget, weitergibt, daß die Hetäre Lamia den Sikyoniern eine Stoa Poikile, eine mit Gemälden ausgestattete Wandelhalle, erbauen ließ (Athen. 8, 577 c).

Außer durch große öffentliche Stiftungen machten die Hetären besonders durch die Aufstellung aufwendiger Weihgeschenke von sich reden. Rhodopis sandte von dem Zehntel ihres Vermögens eherne Ochsenbratspieße nach Delphi, die zwischen dem Tempel und dem Altar der Chier, also an prominentestem Platz, aufgestellt gewesen sein sollen (Hdt. 2, 134). Phryne stiftete eine Erosstatue des Praxiteles in das Erosheiligtum ihrer Heimatstadt Thespiä[97]. Die Hetäre Kottina weihte eine eherne Kuh zusammen mit einem Standbild ihrer eigenen Person in das Athenaheiligtum von Sparta (Athen. 8, 574). Verständlicherweise erregten solche Hetärenstatuen erheblichen Anstoß. Berühmt sind die beiden Standbilder der Phryne in Thespiai und Delphi, die Praxiteles schuf und Phryne weihte[98]. Das delphische Monument zeigte eine goldene Statue auf marmorner Säule. Es trug die Inschrift *Phryne, die berühmte Thespierin* und stand zwischen den Statuen der Könige Archidamos von Sparta und Philipp von Makedonien. Abgestoßen nannte der kynische Philosoph Krates es ein Denkmal griechischer Maßlosigkeit (Athen. 8, 591 b).

Daß Hetären ihr eigenes Bild weihen, taucht mehrfach in hellenistischen Epigrammen auf (*Anth. Pal.* 9, 605; 13, 24). Ein derartiges Votiv mag ein bemaltes Tontäfelchen aus dem späten 6. Jh. von der Akropolis[99] (Abb.

Hetärenreichtum 155

*87 a–b   Drei koitierende Paare. Fragmente von Weihetäfelchen. 520/510 v. Chr.
(Athen)*

87 a–b) gewesen sein. Erhalten sind nur zwei Fragmente des Bildes, das mehrere Hetären im Liebesakt mit *Symposiasten* zeigt. Sind solch eher bescheidene Weihegaben, abgesehen von dem sexuellen Sujet, nicht ungewöhnlich, erregten große Stiftungen schon allgemeines Aufsehen. In welchem Maße, zeigt die Geschichtsschreibung, die bis heute die Berühmtheit jener Frauen mit ihren aufwendigen Spenden verbindet, auch wenn nicht alle Hetären zugeschriebenen Stiftungen authentisch sind.

Traditionell war es die wohlhabende, oft aristokratische, Athener Oberschicht, die sich an der Finanzierung öffentlicher Bauten beteiligte oder sie ganz übernahm und teure Votive stiftete. Solche Unternehmen dokumentierten neben persönlichem Wohlstand politisches Engagement und beachtlichen Einsatz für das Gemeinwesen und waren Zeichen der sozialen Geltung und der politischen Bedeutung des Spenders. Nicht von ungefähr greifen zu Geld gekommene Hetären, die außerhalb jeder bürgerlichen Existenz stehen, diese Mittel der Selbstdarstellung auf und geben so ein Beispiel ihres gesellschaftlichen Selbstverständnisses und Anspruchs. Die freche Inanspruchnahme erhabener, politischer Repräsentationsformen durch eine Hetäre ist auch der Grund für die Empörung des Krates, der Phryne neben den Königen stehen sieht.

Gesellschaftliches Ansehen

Wie verhält sich die außergewöhnliche Bedeutung des Hetärenwesens zur Wertschätzung der Hetären? Entspricht ihr Sozialprestige ihrer Rolle im gesellschaftlichen Leben?

Die Bildquellen geben zu dieser Frage keinen Aufschluß, da soziale Hierarchien kaum zur Darstellung gebracht werden. Dies gilt für die archaische Zeit noch mehr als für die klassische. So werden z.B. auch Sklaven nur unter bestimmten Umständen als solche gekennzeichnet. Einzig im ausgehenden 6. und beginnenden 5. Jh. sind aus Gründen, die bereits erörtert wurden[100], Hetären pejorativ charakterisiert. Später sind sie oft nur aus dem Kontext zu erkennen. Beim *Symposion* treten sie nicht nur in dienenden Funktionen als Unterhalterinnen oder Bedienung auf, sondern lagern fast gleichberechtigt neben den Männern auf den *Klinen*, wobei jedoch der angestammte Platz am Kopfende des Bettes dem Mann vorbehalten bleibt.

Mehr als das Bildmaterial sagen die antiken Texte über das allgemeine Image und das gesellschaftliche Ansehen der Hetäre. Ihr Loblied singt man bereits in der Antike, allerdings erst in einer Zeit, als die berühmten Hetären der Klassik schon der Vergangenheit angehörten. In nachklassischer Zeit befaßten sich zunächst alexandrinische Philologen mit dem Phänomen der Hetäre. Ihre Werke sind heute alle verloren, aber soweit man weiß, waren sie philologischer und lexikographischer Natur. Erst in der Kaiserzeit erreichte das Interesse an Hetären ein solches Ausmaß, daß Literaten sogar fiktive Gespräche (Lukian) und Briefe (Alkiphron) von Hetären verfaßten. Um 200 n.Chr. setzte der alexandrinische Autor Athenaios den historischen Hetärengestalten Griechenlands ein rühmendes Denkmal, indem er eine Sammlung biographischer Hetärengeschichten seinem *Gelehrtengastmahl (Deipnosophistai)* integrierte. Dieses Werk ist die ergiebigste Quelle all unserer Informationen über Hetären.

Die Zeitgenossen einer Lais und Phryne hatten dagegen generell keine hohe Meinung von jenen Begleiterinnen ihrer Vergnügungen. Man betrachtete sie wesentlich unter dem funktionalen Aspekt ihrer sexuellen Verfügbarkeit und persönlichen Fügsamkeit. Dies geht aus den Bordellbeschreibungen hervor, die stets die Wahlfreiheit des Kunden gegenüber der Willfährigkeit der Dirne hervorheben[101]. In einer Komödie des Amphis (4. Jh. v. Chr.) wird gesagt (Athen. 13, 559a; Übers. K. Schneider):

Ist nicht die Hetäre der angetrauten Ehefrau vorzuziehen? Gewiß und ganz natürlich. Denn diese bleibt unter gesetzlichem Schutz im Hause, mag man sie auch noch so verachten; jene aber weiß, daß sie sich nur durch einnehmendes Benehmen verkaufen kann, während sie sonst zu einem anderen wandern muß.

Diese Haltung und der Mangel jedes emotionalen Engagements kennzeichnet auch angebliche Äußerungen des Aristipp über seine Beziehung zu

Gesellschaftliches Ansehen 157

Lais (Athen. 12, 544d): *Ich habe die Lais und nicht sie hat mich.* An anderer Stelle, als er gefragt wird, warum er mit einer Dirne verkehre, vergleicht er die Beziehung zu einer Hetäre mit dem Benutzen eines Hauses oder eines Schiffes, das schon andere gebraucht hatten (Athen. 13, 588e). Die geringe Achtung, die man der Hetäre zollte, zeigt auch die Kampagne gegen Aspasia. Sollte sie sich zu Beginn ihrer Zeit in Athen prostituiert haben, machte man ihr dies später zum Vorwurf, im anderen Fall suchte man sie durch Unterstellung der Prostitution oder Kuppelei zu verunglimpfen. Wenn Aspasia zur Hure gestempelt wurde, so geschah das, um sie herabzusetzen, nicht um die Hetärenkünste zu rühmen, die sie in die Lage setzen, den Perikles zu manipulieren. Den Zeitgenossen war Aspasia nicht die große Hetärendame, zu der sie erst Plutarch (2. Jh. n. Chr.) stilisierte.

In der Komödie des 5. und weitgehend auch des 4. Jhs. v. Chr., in der die Figur der Hetäre mehrfach, zuweilen sogar namengebend (wie in Pherekrates' Komödien *Korianno, Petale*) erscheint, hat sie ebensowenig positive Züge. Meist nur stummer Bestandteil einer Festausstattung gilt sie als trunksüchtig, habgierig und ordinär. Wahre Haßtiraden begegnen dem Leser in einem Textfragment des Anaxilas (4. Jh. v. Chr.), wo Hetären mit allen Ungeheuern der antiken Welt verglichen werden (*frg.* 22). Wenn diese Beschimpfung auch ironisch gemeint und als Übertreibung zu verstehen ist, spiegelt sie das allgemeine negative Urteil über Hetären wider. Dabei ist zu berücksichtigen, daß die Komödie sich an die einfachere Bevölkerung richtete und dementsprechend besonders die Oberschicht verspottet wurde, die gerade auch im Zusammenhang mit den *Symposien* sicher häufiger Hetärendienste in Anspruch nahm als der kleine Mann. Trifft man in der Mittleren Komödie vereinzelt auf ein Hetärenlob, so gilt es der Schönheit, den Manieren, der Heiterkeit oder den musischen Kunstfertigkeiten des Mädchens, all jenen typischen Qualitäten, die man von einer Hetäre erwartete (Anaxilas *frg.* 21; Euboulos *frg.* 42; Ephippos *frg.* 6; Theophilos *frg.* 12)[102]. Das gelegentliche Lob von Charakter und Gesittung ist stets mit der Frage verbunden, wie ein solches Mädchen Hetäre werden konnte (Antiphanes *frg.* 212). Offenbar paßten jene Eigenschaften nicht zu einer Dirne. Tatsächlich findet sich die Erklärung dann in dem Umstand der Not, der ein eltern- und schutzloses Mädchen in die Prostitution trieb.

In der Neuen Komödie des Hellenismus, als deren Exponent stets Menander genannt wird, erscheint neben dem bekannten Typ der gerissenen, raffgierigen und gemeinen Hetäre auch die Dirne mit dem goldenen Herzen[103], die menschlich und edel handelt (Menander, *Abrotonon* und *Bacchis*). Selten ist sie wie in den genannten Fällen eine „echte" Hetäre, sondern typisch ist jene Verwicklungsgeschichte, in der es sich um eine verkannte Bürgerstochter handelt, für die eine edle Gesinnung selbstverständlich ist. Die Vorstellung, daß Prostituierte wie auch Sklaven von Natur aus niedrige Wesen sind, klingt hier in Umkehrung an.

Das Bild der großen, kultivierten Dame, der *es an Esprit und Witz nicht fehlte,* die über eine *Fülle gesellschaftlicher Talente* verfügte und mit *feiner Bildung und geistigen Genüssen* die Großen ihrer Zeit zu fesseln verstand, dieses Bild, das ein Großteil moderner Altertumsforscher zeichnet, fehlt in der griechischen Literatur vor der Kaiserzeit gänzlich.

Auch die griechischen Epigramme zeigen keine Hetäre dieser Art. Neben dem immer wiederkehrenden Lob ihrer Schönheit wurden ihre Lebensfreude, ihr Scherzen und ihre Trinkfestigkeit besungen. Geschmälert waren jene Vorzüge jedoch durch Geldgier, Kälte und Arroganz (*Anth. Pal.* 5, 162; 5, 189; 6, 1; 7, 218; 7, 220; 7, 221; 7, 222; 7, 476).

Es ist bezeichnend, daß außer dem Grabspruch für eine Lais, der sich sicher auf eine der drei bekannten namensgleichen Hetären bezog (*Anth. Pal.* 6, 1), kein einziges Epigramm einer der berühmten Hetären galt, ebensowenig wie die Komödien historische Hetären meinten. Die Thais des Menander hat nichts mit der angeblichen Alexandergeliebten zu tun[104]. Trotz gelegentlicher Namensgleichheit mit berühmten Hetären sind die Dirnen der Komödien keine benennbaren Personen, sondern Typisierungen. Insofern korrigiert sich der erste, falsche Eindruck, die gleichnamigen Komödien gälten dem Geschick der entsprechenden Hetären und eröffneten so den Reigen späterer anekdotischer Hetärenliteratur.

Namensgleichheiten bei Hetären scheinen eher zufällig und ohne Bedeutung gewesen zu sein, da die meisten Namen häufig und wie Aspasia, Lais, Phryne und Thais keine spezifischen Hetärennamen waren. Handelt es sich um die Namen bekannter Vertreterinnen, kann man allerdings vermuten, daß die Namen bewußt übernommen wurden. Die literarischen Quellen bezeugen allein drei bekannte Hetären namens Lais, zwei Lamiai und ebenfalls zwei Phrynen[105]. Daß selbst der persische Großkönig Kyros seine Lieblingsfrau nach Aspasia benannte, wie Plutarch berichtet (*Per.* 24), zielte eher auf die bekanntermaßen große Liebe des Perikles zu seiner Frau und auf ihre außergewöhnliche Persönlichkeit ab als auf ihr mögliches Hetärentum.

Die zentrale Figur in der Überlieferung von Hetärenbiographien und Anekdoten und einer der für uns faßbaren Väter des falschen Hetärenglanzes ist, wie gesagt, der Alexandriner Athenaios. Er stellte hautpsächlich im 13. Buch seines Werkes die ihm bekannten Quellen zu Hetären zusammen. Dabei schöpfte er weitgehend aus den Komödien, in denen traditionell Hetären auftreten, benutzte aber auch andere hellenistische Autoren, vorzugsweise aus Alexandria. Obwohl seine Überlieferungen als zuverlässig und seine Zitate als korrekt gelten, erfordert ihre Auswertung einige Vorsicht. Isoliert und ohne Kontext kann der ursprüngliche Sinn mancher Zitate verloren gegangen oder entstellt worden sein. Dies trifft besonders für die Komödienauszüge zu, da hier mit den gattungsspezifischen Ironisierungen, Übertreibungen und Verdrehungen zu rechnen ist. Die aus klassischer Zeit zitierten Texte entstammen aber ausschließlich den Komödien. Vieles, das Athenaios ohne Quellennachweis weitergibt, unterlag durch eine jahrhundertelange Tradierung solchen Veränderungen, daß es der historischen Realität kaum mehr entspricht. Athenaios' eigene Kommentare tun ein übriges.

Ein gutes Beispiel für den Selbstlauf einer lang andauernden Überlieferung sind die Geschichten, die sich um die Figur der Phryne, der Geliebten des Praxiteles, ranken. Gerade die beiden berühmtesten Episoden zu ihrem Reichtum und zu ihrer Schönheit scheinen nicht authentisch zu sein[106]. Bereits erwähnt wurde dies für die Anekdote über den geplanten Wiederaufbau der Stadt Theben, die auf die Verspottung der Phryne wegen einer Spende für diese Stadt zurückgeht. Ähnliches gilt für die wohl noch bekanntere Episode, nach der Phryne, der *Asebie* angeklagt, allein dadurch dem Todesurteil entging, daß ihr Verteidiger Hypereides als letztes Mittel, die Richter umzustimmen, ihren Busen entblößte. Geblendet von der Schönheit, sollen sie Phryne freigesprochen haben. Hypereides verteidigte die Hetäre zwar erfolgreich, aber nach anderen Quellen offenbar ohne diesen Entblößungsakt. Es handelt sich vielmehr um eine Ausschmückung des historischen Prozeßverlaufs mit einer anderen Anekdote über Phryne, die angeblich nie öffentliche Bäder besuchte, aber beim Fest der Eleusinien vor aller Augen nackt ins Meer gestiegen sein soll. Beide Episoden überliefert Athenaios (13, 591d u. e).

Die Anekdotensammlung des Athenaios ist geeignet, die griechischen Hetären in einem Licht erscheinen zu lassen, das den zeitgenössischen Zeugnissen über jene Frauen in keiner Weise entspricht. Schon durch die Kumulierung von Geschichten berühmter Hetären wird der Eindruck erweckt, für jenen Berufsstand sei auf Grund einer besonderen gesellschaftlichen Stellung Berühmtheit eine regelmäßige Folge gewesen. Des weiteren werden die allgemeine Charakterisierung der Hetäre als Typus und die Begründung ihres Ruhmes dadurch verfälscht, daß Athenaios die Prostituierten in einem Atem nennt mit Konkubinen, den nicht legitimierten Lebensgefährtinnen, deren quasi-eheliche Lebensform jedoch vom Gesetz geschützt war. Gestalten wie Aspasia (Athen. 13, 589c), fügten dem allgemeinen Bild von der griechischen Hetäre eine Facette der Intellektualität hinzu, die sie nicht erfüllte. Die Komponente geistiger Qualität prägte aber entscheidend die moderne Hetärenvorstellung.

Intellektuelle Fähigkeiten und geistige Ansprüche verkörpern neben Aspasia auch jene angeblichen Philosophenhetären, von denen einige sogar selbst Schriften verfaßten, wie Leontion. In allen Fällen handelte es sich um Frauen aus dem Schülerkreis von Philosophen, die ein Liebesverhältnis mit dem Lehrer selbst oder einem seiner Jünger hatten, oder denen eines nachgesagt wurde. Lastheneia (4. Jh. v. Chr.) hörte bei Platon, Nikarete (4. Jh. v. Chr.) folgte dem der kynischen Schule nahestehenden Stilpon, und Leontion (Ende 4. Jh. v. Chr.) war Epikureerin und Lebensgefährtin des Epikurschülers Metrodor (Athen. 7, 546d; 13, 588b u. 596e)[107]. Daß solchen Frauen, die gegen die Norm handelten, sich der bürgerlichen Ehe entzogen und in Bereiche der Männerwelt einbrachen, übel nachgeredet wurde, steht außer Zweifel. Andererseits muß man davon ausgehen, daß diese Anhängerinnen bestimmter philosophischer Lehren die Prinzipien dieser Lehre möglicherweise auch im Leben praktizierten. Wenn sie wie ihre männlichen Kollegen bestimmte Vorstellungen vom Sexualtrieb und der Erfüllung der Lust in die Tat umgesetzt haben, was voraussichtlich von den männlichen Verfechtern dieser Doktrinen erwartet wurde, kann sich ihr Liebesleben nicht viel von dem eines Aristipp und Diogenes unterschieden haben.

Die Schulen der Kyniker und Epikureer erstrebten eine funktionale Sexualität ohne emotionale Bindung[108]. Unsere Kenntnisse von den praktischen Auswirkungen bestimmter philosophischer Theorien auf das Sexualleben ihrer Verfechter sind allerdings zu spärlich, um uns diesbezüglich ein Bild von jenen Philosophinnen machen zu können. Möglicherweise lebten sie in ganz üblichen Konkubinaten mit ihren philosophischen Weggefährten. In keinem Fall können diese Frauen als Hetären gelten. Wenn sie als solche bezeichnet werden, dann geschieht dies in diffamierender Absicht und aus Ignoranz. Es erübrigt sich zu sagen, daß jene Frauen nicht mehr mit einer Hetäre gemeinsam hatten, als daß auch sie ohne die Legitimierung der Ehe mit einem Mann Geschlechtsverkehr hatten. Jene zum Maßstab der allgemeinen Geistesgröße von Hetären zu machen, hieße das intellektuelle Niveau der Prostituierten des 20. Jhs. an einer Simone de Beauvoir messen.

In archaischer und klassischer Zeit gibt es nichts, das für eine große Wertschätzung der Hetären spräche. Selbst an den berühmten Hetären wie einer Lais und einer Phryne lobte man allein jene Eigenschaften und Fähigkeiten, die sie als Begleiterinnen auf den *Symposien* und als Bettgefährtinnen in hohem Maße geeignet machten: Schönheit, Lebenslust und angenehme Manieren, d.h. außer den Tischsitten auch Unaufdringlichkeit und Dezenz im Benehmen. Nicht umsonst rühmte man der Phryne nach, daß sie sich nicht schminkte, und vermerkte positiv, daß sie keine öffentlichen Bäder besuchte (Athen. 13, 590f.; Quint. *inst.* 2, 15, 9). Und nicht ohne Grund rät Sokrates der Theodote Zurückhaltung an (Xen. *mem.* 3, 11, 14). Dagegen wird der wesentliche Zug ihrer Existenz, daß sie nämlich all diese Freuden gewerblich spendeten, daß sie käuflich waren, unter dem Vorwurf der Geldgier verteufelt. Die Wertschätzung einer Hetäre reichte nur so weit, wie sie die erwarteten Funktionen erfüllte. Danach blieben ihr, sofern sie nicht als Bordellmutter ihr Auskommen fand, das soziale Abseits, Armut und Alkoholsucht. Ein solches Ende nahm angeblich eine der beiden berühmten Korinther Hetären Lais (Athen. 13, 570d). Die Chance der Hetäre lag darin, einen Liebhaber zu finden, der mit ihr dauerhaft zusammenlebte. Als seine Konkubine hatte sie dann einen quasi-ehelichen Stand und Schutz.

Im Hellenismus scheinen sich im Zusammenhang politischer und gesellschaftlicher Umwälzungen die Maßstäbe ein wenig verschoben zu haben. Zwei Tempelgründungen für Aphrodite Lamia durch die Athener und die Thebaner, die Athenaios (8, 574c, d) überliefert, kann man in diesem Sinne verstehen. Lamia war die Hetärengeliebte des Demetrios Poliorketes, der 307 v. Chr. Athen eroberte und dort wie ein König residierte. Daß man der Aphrodite in Gestalt seiner Geliebten einen Tempel weihte, bezeugt nicht nur eine grenzenlose Schmeichelei gegen den Eroberer, sondern auch eine tiefe Verneigung vor der Hetäre. Einer seiner anderen Geliebten Leaina soll ebenfalls eine solche Ehrung zuteil geworden sein (Athen. 6, 253a). Für die Beurteilung dieser Dedikationen ist es allerdings wichtig zu wissen, daß sie von einem Teil der Athener wie von dem zeitgenössischen Politiker und Historiker Demochares als skandalös empfunden wurden. Der Rang selbst einer Fürstenhetäre war nicht so unbestritten, daß eine derart vermessene Huldigung allgemein akzeptiert und nicht als geschmacklos zurückgewiesen worden wäre. Indes ist eine solche Ehrung, die in klassischer Zeit undenkbar wäre, jetzt zumindest möglich gewesen. Im Hellenismus mag auch der Grundstein liegen für das neue Bild von der Hetäre, das von Athenaios ausgemalt und weitergegeben wurde. Aus jener Zeit stammen einige der Episoden, die die Kenntnis der Tragiker für einige Hetären dokumentieren sollen (Athen. 8, 582d; 13, 579a). Ob diese Geschichten erfunden sind oder nicht, ihre Überlieferung scheint darauf hin zu deuten, daß die Vorstellung von Bildung und Kultiviertheit im Zusammenhang mit einer Aufwertung der Hetäre, die auch in der Neuen Komödie deutlich wird, ihre Wurzel bereits im 3. Jh. v. Chr. hat.

Das griechische Hetärenwesen war eine spezifische Art der Prostitution. Wenn es diese in Griechenland erst seit dem frühen 6. Jh. gab, scheint dies eine Folge des neu aufgekommenen Handels mit seinen zahlreichen Handelsreisenden zu sein, denen in der Fremde der Hafenstädte und Handelszentren weder die Ehefrau noch die eigenen Bediensteten und Sklavinnen zum erotischen Vergnügen und zur sexuellen Entspannung zur Verfügung standen, die andererseits aber ausreichende Geldmittel hatten, sich diese momentan zu mieten. Weniger die handelsreisenden Fremden als die noch unverheirateten athenischen Männer unter dreißig Jahren hatte Solon im Auge, als er mit Blick auf die Gefahr des Ehebruchs die ersten Bordelle eingerichtet haben soll und so überschüssige Männerkräfte in legitime Bahnen lenkte (Philemon bei Athen. 13, 569e–f; Übers. H. Licht):

Du warst es, der von allen Sterblichen zuerst
Dies wahrhaft nützlich und soziale Werk getan.
Du sahst die ganze Stadt erfüllt von Jugendkraft,
Du sahst der jungen Männer kraftgeschwellten Trieb.
Damit nun dieser Manneskräfte Überschuß

Gefahr nicht bringe rechtlich ehelichem Bett,
Erschufst du Freudenhäuser, wo nun jedermann
Ein Mägdlein findet, opferwillig und bereit.
Ganz nackend stehen sie da, und alles kannst du sehn.
Nimm an, dir stört der geile Trieb die Seelenruh,
– ein Groschen Eintritt – drin gibt's keine Ziererei,
Und keine hat Ausflüchte, daß sie dich nicht mag,
Nein, jede macht dir's, die du willst – und wie du's willst.

IV. Die Knabenliebe

Beschreibung des Phänomens

Die einzig wahrhafte Liebe war die Liebe zum Knaben. Sie war die einzige sexuelle Beziehung, für die eine geistig seelische Verbundenheit notwendig und unabdingbar war, während der sexuelle Kontakt sekundär blieb und sich unter Umständen auf sehr sublime Äußerungen sinnlichen Verlangens und erotischer Annäherung beschränkte. Sexuelle Zügelung war zumindest in der Spätklassik das ethisch geforderte Ideal. Zuneigung und Gleichklang galten zwar auch im Rahmen der Ehe bei der Frauenliebe als vorbildlich, waren aber nicht die wesentliche Voraussetzung. Die Knabenliebe dagegen basierte auf einer menschlich sittlichen Hinwendung zueinander, die nach einer päderastischen Initialphase zu lebenslänglicher *Philia* (Freundschaft) führte. Diese erotisch gefärbte Mentorschaft eines Erwachsenen, die in der Bewunderung und Dankbarkeit des Heranwachsenden Erwiderung fand, wurde allein durch ihren ethischen Anspruch zu jenem geachteten Verhältnis zwischen Jüngling und Mann, das ohne den pädagogischen Eros schändliche Prostitution war oder sogar widernatürliche Unzucht (Plat. *leg.* 636c; 835c–842a).

Die Knabenliebe wurde in der Antike oft der Frauenliebe gegenübergestellt, ihr nicht selten vorgezogen. Die Reden über den Eros im platonischen *Symposion* sprechen beide Arten der Liebe an, den Vorrang hat allerdings die Knabenliebe. Im *Symposion* des Xenophon steht dagegen die eheliche Frauenliebe zuvorderst, für die Sokrates engagiert Partei ergreift[1]. Die Parallelisierung von ehelicher Liebe und Knabenliebe läßt erkennen, daß beide im gesellschaftlichen Wertesystem nebeneinander rangierten und gleichermaßen akzeptiert waren. Die Knabenliebe als homoerotische Verhaltensweise war keineswegs verpönt oder ein Grund, sich zu schämen und sie verborgen zu halten. Das gegeneinander Abwägen und Aufmessen beider Arten von Liebe in der Literatur verdeutlicht die Koexistenz homosexuellen und hesterosexuellen Handelns durch ein und dieselbe Person. Die Wahl der einen oder anderen Liebe war keine Frage einer individuellen Konditioniertheit, sondern einer gesellschaftlichen Konvention, abhängig von Alter und Sozialstatus. Bezeichnend dafür ist der bekannte Ausspruch bei Diogenes Laertios (IV 7, 49), daß Alkibiades in seiner Jugend die Ehemänner ihren Frauen und dann die Frauen ihren Ehemännern ausspannte. Die Knabenliebe war außerdem eine streng reglementierte, gesellschaftliche Verhaltensweise, deren Unregelmäßigkeiten besser im Verborgenen der Privatsphäre blieben. Sie ist eine Sonderform homosexuellen Agierens. Ob sie als Homosexualität zu bezeichnen ist, wird kontrovers diskutiert[2]. Diese Problematik soll hier ausgeklammert bleiben, da die Frage der Begrifflichkeit einer inhaltlichen Klärung des Phänomens nicht dient, allenfalls den Begriff der Homosexualität auslotet. Insofern soll hier der Terminus Päderastie bzw. dessen deutsche Übersetzung „Knabenliebe" benutzt werden, jener Ausdruck, mit dem die Griechen selbst diese homosexuelle Erscheinung benannten.

Terminologie

Der Terminus Päderastie enthält die beiden Begriffe Παῖς (Kind) und ἐρᾶν (verlangen, lieben). Während *Pais* generell sowohl das männliche als auch das weibliche Kind meint, bezieht sich das Wort in diesem Zusammenhang allein auf Knaben. Allerdings richtete sich die Päderastie nicht auf alle Knaben, gleich welchen Alters, sondern allein auf ältere, jene Jugendlichen, die sich in der Endphase ihres *Pais*daseins befanden, das sie mit dem Abschluß der Pubertät hinter sich ließen. Dann begann das *Epheben*alter.

Mit *Pais* wurde nicht nur eine Altersstufe bezeichnet, sondern auch jemand, der sich wie ein Kind in sozialer Abhängigkeit befand. Die natürliche Unterlegenheit des Kindes wurde so auf die soziale übertragen; z. B. wurde der Sklave gleich welchen Alters *Pais* genannt. In der homosexuellen Verbindung war der *Pais* dementsprechend nicht nur der altersmäßig, sondern auch von der Partnerrolle her der jüngere, unterlegene, passive Teil. Diese Sinnebene des Begriffes spielte eine besondere Rolle in Liebschaften zwischen beinahe Gleichaltrigen, die beide noch in der *Pais*phase steckten. Hier war der jüngere, der Knabe, der am Anfang des Jugendalters stand, der *Pais* des Älteren, des Jünglings, der diesem Alter fast schon entwachsen war. Gegenüber einem erwachsenen Mann jedoch war auch der Jüngling noch ein *Pais*.

Auf einen *Pais* in diesem doppelten Sinne zielte also die Päderastie. Das Spezifische war die Verbindung eines erwachsenen Mannes mit einem Jugendlichen bzw. eines Jünglings mit einem Knaben. Die wesentliche Voraussetzung war die altersbedingte physisch-geistige Ungleichheit der beiden Liebespartner. Entfiel diese Ungleichheit durch das Erwachsenwerden des Knaben, wurde eine solche gleichgeschlechtliche Liebe, die sich dann zwischen zwei Männern abspielte, anstößig. Insofern durfte ein respektables päderastisches Verhältnis nur so lange ein solches, d. h. ein sexuell gefärbtes bleiben, wie der *Pais* das schickliche Alter nicht überschritten hatte. Die zweite Prämisse legitimer Päderastie war die unbedingte Einseitigkeit des Liebesbegehrens, das allein auf der Seite des Älteren lag und vom *Pais* nicht erwidert wurde. Der Heranwachsende brachte dem liebenden Mann im Gegenzug einzig freundschaftliche Zuneigung auf Grund von Hochschätzung und Bewunderung entgegen. Seine Zuneigung war nicht sexueller Natur, sondern gründete sich auf die charakterlichen Vorzüge des Älteren und seine menschliche und staatsbürgerliche Vorbildlichkeit. So war der aktiv Liebende auch nur der erwachsene Mann, wogegen der *Pais* dessen Liebesbezeugungen ohne sexuelles Engagement hinnahm. Diese Rollenverteilung und Zuordnung der Initiative geht überdeutlich aus der Benennung der beiden Partner hervor. Während der erwachsene Mann *Erastés* (Liebender, Liebhaber) genannt wurde, bezeichnete man den *Pais* als *Erómenos* (der geliebt wird, Geliebter).

Altersstufen

Eromenos sein konnte der Athener, wie gesagt, nur während einer bestimmten Zeit seiner *Pais*-Jahre, nämlich in der Pubertät, wenn er auf der Schwelle von der Kindheit zur Erwachsenenreife stand. Bereits mit 12 Jahren fand ein Knabe das Interesse der erwachsenen Männer, das stetig wuchs bis er etwa 18 Jahre und kein *Pais* mehr war. Ein nachchristliches Epigramm von Straton von Sardes (2. Jh. n. Chr.) beschreibt die Steigerung der Anziehungskraft mit fortschreitender Jugendreife (*Anth. Pal.* 12, 4; Übers. H. Beckby):

88 *Junger Mann umarmt seinen Liebling. Amphore. 510/500 v. Chr. (Paris)*

*Zählt ein Knabe zwölf Jahre, dann macht er mir Freude, und wenn er
schon im dreizehnten steht, zieht er noch stärker mich an.
Doch im vierzehnten ist er die süßere Blüte der Liebe,
fängt er das fünfzehnte an, beut er noch schönere Lust.
Sechzehnjährige sind für sämtliche Götter; mit siebzehn
such ich sie selber nicht mehr, denn sie gehören dem Zeus.
Wenn dich noch ältere reizen, dann ist es gewiß kein Spiel mehr,
sondern dann suchst du bereits: „Und ihm entgegnete drauf".*[3]

Die verschiedenen Altersstufen des geliebten Knaben oder Jünglings scheinen für das Liebesverhältnis nicht unerheblich gewesen zu sein, da auch die Vasenmalerei kein Einheitsbild des *Eromenos* schlechthin zeichnet, sondern sorgfältig differenziert zwischen jüngeren und älteren *Paides*. Das eindeutigste Kennzeichen sind die Körpergröße und bei ganz jungen Knaben zuweilen die langen Jugendlocken. Das lockige Haar, das ein Knabe bis zum Militärdienst tragen konnte, erscheint auch in der homoerotischen Dichtung als Zeichen besonderer Jugend. So beschreibt ein Epigramm des Meleagros (130–60 v. Chr.) den blutjungen *Eromenos* eines Jünglings als lockigen Knaben (*Anth. Pal.* 12, 164; Übers. H. Beckby):

*Süß ist's, den köstlichen Seim der Bienlein zum Weine zu mischen,
süß, wenn ein hübscher Gesell hold sich ein Knäblein erwirbt.
Also auch fand sich Alexis zum lockigen Bub Kleobulos.
Ist es nicht göttlicher Met, was hier Kythere mischt?*

89 Erregter Päderast
berührt die Genitalien
seines Lieblings.
Trinkschale.
Um 480 v. Chr. (Oxford)

Altersstufen 167

90 Mann umwirbt
Knaben mit
Fleischgeschenk.
Weinmischgefäß.
Um 460 v. Chr. (Wien)

Solch ein jugendliches Liebespaar zeigt eine *Amphora* in Paris[4] (Abb. 88). Der ältere Partner, der *Erastes*, mag kaum 20 Jahre alt sein. Er trägt keinen Bart. Entweder steht er selbst noch am Rande der Pubertät und hat noch keinen rechten Bartwuchs, oder er rasiert sich bereits, wie es für die 19–20 Jährigen, die *Epheben*, üblich war. Dieser Jüngling hat seinen *Eromenos* in enger Umarmung an sich gezogen und hebt sein Gesicht zu sich empor. Der *Pais* ist deutlich jünger. Er ist noch nicht voll ausgewachsen, sondern reicht seinem Liebhaber gerade bis zur Schulter. Während das kurze Haar des Jünglings wohlgeschnitten Stirn und Ohren freiläßt, fallen dem Knaben die Haare lang und dicht bis auf die Schultern und hängen in losen Lockensträhnen über Stirn und Schläfen. Ein ähnlich voller Haarschopf, der sich in weicher Lockenrolle um Gesicht und Nacken legt, ziert den knabenhaften *Eromenos* auf einem Schalenbild des Brygosmalers in Oxford[5] (Abb. 89). Die ausgesprochene Jugend dieses *Pais* zeigt sich auch in dem zierlichen Körperbau und der kindhaften Größe gegenüber seinem *Erastes*. Er ist ein ausgewachsener Mann mit kräftigem Bart und deutlicher Brustbehaarung. Außer den körperlichen Merkmalen lassen manchmal auch die Attribute eines *Eromenos* sein Alter erkennen. So hält z. B. auf einem Wiener Gefäß der Knabe einen Reifen[6] (Abb. 90).

Eromenoi verschiedener Altersstufen stellt ein Vasenfries in Berlin[7] (Abb. 91) nebeneinander. Links liebkost ein junger Mann mit Bartflaum auf der Wange einen zarten, langgelockten Knaben, der ihm gerade bis zur Brust reicht. Der Junge scheint eben die Palästra verlassen zu haben, das Salbgefäß hängt ihm von der Hand herab. Bereits erwachsener ist der *Eromenos* des benachbarten Paares. Sein Kopf befindet sich auf gleicher Höhe

91 Päderastische Paare. Trinkschale. 510/500 v. Chr. (Berlin)

mit dem seines Liebhabers, der vor Leidenschaft in die Knie gesunken ist. Der dritte Jugendliche, der seinem Liebhaber recht distanziert gegenübersteht, hat ihn an Körpergröße fast erreicht, wenngleich er graziler gebaut ist.

Die Blüte eines *Eromenos* liegt bei 16–17 Jahren, einem Alter, das mehrfach in päderastischen Liebesgedichten genannt wird (*Ant. Pal.* 12, 22. 4. Jh. v. Chr.). Allerdings ist der Höhepunkt der Jugendschönheit individuell ebenso verschieden wie ihr Ende, das mit dem Eintritt des Knaben in das Stadium des Mannseins erfolgte. Als Zeichen des erwachsenen Mannes galt der Bartwuchs und die Körperbehaarung. Ein Epigramm besagt (Alkaios von Messene, 3./2. Jh. v. Chr. *Anth. Pal.* 12, 30; Übers. H. Beckby):

*Haare schon decken dein Bein, mein lieber Nikandros. Gib acht, du
daß deinen Bäckchen nicht auch plötzlich das gleiche passiert.
Dann erkennst du, wie spärlich die Werber geworden. Bedenke
heut noch: die Jugend, sie eilt unwiderruflich hinweg.*

Ein *Erastes,* der eine päderastische Beziehung über diesen Punkt hinaus aufrechthielt, erntete Spott und Verachtung. So zog man z. B. den Sokrates, dessen erotische Beziehung zu Alkibiades bekanntermaßen keusch war, mit der Bemerkung auf (Plat. *Prot.* 309a), daß Alkibiades zwar noch ein schöner Mann, aber immerhin bereits ein Mann sei, dem schon ein üppiger Bart wüchse.

Während der erste Wangenflaum keinen Anstoß erregte, war stacheliger Haarwuchs an Beinen und Gesäß eines *Eromenos* degoutant. Wer mit dem

92 Liebeswerbung um einen Jüngling. Amphore. Um 540 v. Chr. (München)

Inhaber eines solch „zottigen Steißes" (*Ant. Pal.* 12, 41) verkehrte, mußte sich gefallen lassen, daß diese Liebe als Prostitution bezeichnet und der *Eromenos* als Prostituierter beschimpft wurde.

Daß jedoch auch nach Überschreitung der Jugendgrenze päderastische Verhältnisse gepflegt wurden, dafür ist das bekannteste Beispiel die Beziehung zwischen dem Politiker Pausanias und dem Dichter Agathon (Plat. *Prot.* 315 d; *symp. 177* d), dem jener sogar ins Exil folgte[8]. Wie weit dieses Verhältnis ein sexuelles war, liegt dabei ebenso im dunkeln wie die Frage, ob es einen Einzelfall und eine Ausnahme von der Regel darstellte oder nicht. Denn die Norm, die Liebe zwischen erwachsenen Männern ächtete, drängte solche Homosexuellen ins Verborgene.

Während seines Daseins als *Eromenos* konnte ein junger Mann bereits selbst einen *Eromenos* haben, also in der einen Beziehung ein *Eromenos*, in der anderen ein *Erastes* sein. Am Ende der Jugendphase, kurz vor dem Erreichen des Männerstatus verliebte sich der ein oder andere in einen jüngeren Altersgenossen. So war z.B. der jugendschöne Kritoboulos, ein *Eromenos* des Sokrates, dem etwas jüngeren Kleinias verfallen (Xen. *symp.* 4, 12–28).

Für die *Erastai*, die ja erwachsene Männer waren, bestand naturgemäß keine Altersgrenze. Dies hatte zur Folge, daß das Zahlenverhältnis zwischen *Erastai* und *Eromenoi* sehr unausgewogen war. Auf die kleine Gruppe der 12- bis 18-jährigen kam die Masse der erwachsenen männlichen Bürger Athens. Verschärft wurde diese Asymmetrie durch die Schönheitsforderung, die nicht alle altersmäßig prädestinierten Knaben begehrenswert machte. Schon das numerische Übergewicht der potentiellen *Erastai* erklärt die übliche Erscheinung, daß ein schöner Jüngling z. B. im *Gymnasion* mit einer ganzen Schar Verehrer auftrat, die ihn hofierten. Solch eine Situation wird nicht nur in der Literatur immer wieder geschildert, sondern ist auch Gegenstand von Vasenbildern. Die Darstellungen zeigen vielfach einen einzigen *Pais* von mehreren Männern umgeben, die seine Gunst zu gewinnen suchen. Auf einer *Amphora* in München[9] (Abb. 92) bedrängen drei bärtige, d. h. reife Männer einen Jugendlichen. Einer von ihnen war offenbar erfolgreich, denn der begehrte Jüngling hat den Kranz, den er ihm als Liebespfand anbot, angenommen und hält ihn in der Hand. Die Annahme eines solchen Geschenkes galt als Zeichen der Einwilligung in ein päderastisches Verhältnis und des Einverständnisses mit jenen intimen Zärtlichkeiten, zu denen sich auch der *Erastes* auf der Münchner Vase hinreißen läßt. Um das Paar tänzeln aufgeregt zwei weitere Verehrer, von denen der linke ein Reh geschultert hat, das er dem Angebeteten zum Geschenk machen will. Die Beschenkung des Lieblings mit teuren, aber auch ideellen Gaben, war ein wesentlicher Bestandteil der Liebeswerbung. Geschenke waren schließlich auch das nächstliegende Mittel, Konkurrenzen unter den *Erastai* auszutragen. Wenn es für einen Knaben auch ehrenvoll war, viele Verehrer zu haben, vor allem unter den angesehenen Bürgern, so ging das Interesse nicht dahin, möglichst viele Liebesverhältnisse einzugehen, sondern nur die Besten zu erhören – wenige Auserwählte, die eines solchen Verhältnisses wert waren. Das Umwerben eines *Pais* und sein Einlenken zielten im Ideal auf eine dauerhafte Liebesbeziehung, die bis zum Erwachsensein des *Eromenos* anhielt und anschließend in eine lebenslange freundschaftliche, nicht sexuelle Liebe einmünden sollte (Plat. *symp.* 181b).

Erzieherische Funktion

Der wesentliche Sinn und der Wert der Knabenliebe lag ganz offensichtlich in ihrer pädagogischen Funktion. Die erotische Anziehung des Mannes durch den Knaben war dabei die eigentliche Triebkraft, der „pädagogische Eros", während der sexuelle Kontakt bestenfalls komplettierende Wirkung hatte.

Der erwachsene *Erastes* sollte den geliebten Knaben Verhaltensideale lehren und ihm Wertmaßstäbe auf den Weg geben. Es galt, dem Heranwachsenden das gesellschaftliche Ideal der *Kalokagathia* nahezubringen und ihn zu einem καλοσκαγαθός (schönen und guten Mann) zu erziehen. Der Terminus *Kalokagathia* (schön und gut zu sein) bildete den Leitbegriff männlicher Vorbildlichkeit und Tugend. Er umfaßte körperliche Schönheit und Tüchtigkeit ebenso wie sittliche Tadellosigkeit, wobei sich dieses Ideal seit dem späten 5. Jh. zunehmend zugunsten geistiger Inhalte wandelte.

An der pädagogischen Zielrichtung der Knabenliebe lassen die einschlägigen Texte der griechischen Literatur keinen Zweifel. Exponierte Autoren sind in diesem Zusammenhang der Lyriker Theognis von Megara für die archaische Zeit und der Philosoph Platon für die Klassik. Während Theognis dem Liebling Kyrnos die ererbten Lebensregeln seines aristokratischen Standes weitergibt, für den neben Treue und Besonnenheit vor allem Reichtum und Ruhm zentrale Werte waren[10], formuliert Platon mehr als ein Jahrhundert später das päderastische Ethos folgendermaßen: den *Pais weise und gut* zu machen, *in Vernunft und der übrigen Tugend zu fördern, Bildung und die übrige Weisheit* zu vermitteln (Plat. symp. 184 b). Am pädagogischen Grundprinzip der Päderastie änderte sich allerdings nicht viel. Platons Schrift *Symposion* entwickelt ausführlich diesen Aspekt der Knabenliebe. Auf einem fiktiven Gastmahl des Dichters Agathon anläßlich seines Sieges in der Tragödie (vermutlich im Jahre 416), hält jeder der *Symposiasten* eine Lobrede auf den Gott Eros. Die meisten Redner sehen den Eros vornehmlich in der Knabenliebe wirken. Auch ohne Kenntnis des spezifisch platonischen Erosbegriffes erschließt sich dem Leser in den verschiedenen Ausführungen die pädagogische Seite der Päderastie in Anspruch und Praxis.

Der junge Phaidros schildert den erzieherischen Wert im allgemeinen (Plat. *symp.* 178 b; Übers. Kurt Hildebrandt).

Ich wenigstens wüßte kein größeres Gut zu nennen, als schon früh für den Knaben einen wahren Liebenden und für den Liebenden einen Liebling. Denn, was die Menschen, die schön zu leben trachten, ihr ganzes Leben leiten muß, das kann nicht die Verwandtschaft ihnen, noch Ehren, noch Reichtum, noch irgend etwas anderes so schön verleihen wie Eros.

Schön zu leben, bedeutet entsprechend der Gleichung *Kaloskagathos* im sittlichen Sinne gut zu leben: *Scham vor Schändlichem* zu empfinden, *im Schönen* zu wetteifern. Zugrunde liegt die Vorstellung, daß der Eros, die Liebe, den erwachsenen *Erastes* bewegt, seinem jugendlichen *Eromenos* Tugendvorbild zu sein, und umgekehrt jener ihm in Bewunderung und Anerkennung der vermittelten Werte nacheifert. Diese Konstellation schafft eine Konkurrenz zwischen den Partnern im Bemühen um ein Verhalten und Handeln, das höchste ethische Ansprüche erfüllt. Phaidros führt aus:

Wenn ein Mann, welcher liebt, bei etwas Schändlichem betroffen wird, oder wenn er aus Feigheit sich etwas gefallen läßt, so schmerzt es ihn nicht so sehr, vom Vater gesehen zu werden oder von einem Gefährten oder von irgend einem anderen wie von dem Geliebten. Dasselbe sehen wir an dem Geliebten, daß er sich besonders vor den Liebhabern schämt, wenn er bei etwas Schändlichem gesehen wird.

Wenn Begriffe wie σόφρων (weise), ἀγαθός (gut) und καλός (schön) auch umfassende und grundsätzliche Verhaltensideale meinen, zeigen die angeführten Beispiele, daß es in erster Linie um das richtige Agieren und Reagieren im öffentlichen Raum ging. Das Tun und Lassen des Staatsbürgers stand im Zentrum des pädagogischen Bemühens. Bezeichnend ist das von Phaidros entworfene Bild der Optimierung politischer und militärischer Leistung durch päderastisches Ethos. Er malt die Utopie einer Stadt und eines Heeres, bestehend jeweils nur aus päderastischen Liebespaaren. Die Stadt würde mit größter Umsicht und Klugheit verwaltet, das Heer fände an Tapferkeit und Edelmut nicht seinesgleichen (Plat. *symp.* 178c).

Die Idee, durch den Einsatz von päderastischen Paaren die militärische Schlagkraft zu steigern, wurde in der berühmten Heiligen Schar von Theben historische Wirklichkeit, einer böotischen Elitetruppe, die sich ausschließlich aus homosexuellen Paaren rekrutierte (Plut. *Pelop.* 287,6). Im Jahre 378 formiert, ging sie vor allem durch ihren verzweifelten Kampf in der Schlacht von Chaironea (338 v. Chr.) gegen den makedonischen Eroberer Philipp II. in die Geschichte ein[11]. Keiner der Thebaner überlebte. Wahrscheinlich bezieht sich Platon im *Symposion* auf jene Kampftruppe. Nach literarischen Hinweisen wußten aber nicht nur die Thebaner, sondern auch die Eleier den päderastischen Eros militärisch zu nutzen. Anscheinend existierten auch in Elis Verbände, die sich aus männlichen Liebespaaren zusammensetzten (Xen. *symp.* 8, 34).

Dasselbe Potential, das den Kampfgeist jener Truppen bestimmte, wirkte auch im Streben päderastischer Einzelpaare und befähigte sie zu großen politischen Taten, die außerordentlichen Wagemut und Einsatz erforderten. Athenisches Paradebeispiel, das bereits in der Antike (Plat. *symp.* 182c; Aischin. 1, 134) als unbestrittenes Musterbild päderastischer Ethik zitiert wurde, war das glanzvolle Freundespaar Harmodios und Aristogeiton[12]. Platon spricht vom *Eros* des Aristogeiton gegenüber der *Philia* (freundschaftliche Liebe) des jüngeren Harmodios und kennzeichnet beide dadurch eindeutig als päderastisches Liebespaar, nicht als erwachsenes Freundespaar. Sie wagten es, im Jahre 514 die Hand gegen einen der letzten athenischen Tyrannen, den Peisistratiden Hipparchos, zu erheben und töteten ihn. Beide kostete es das Leben. Der eine fiel bei dem Attentat selbst, der andere wurde hingerichtet. Jenes Liebespaar verkörperte für die Athener Demokratie und Freiheit[13] und genoß dementsprechend tiefe Verehrung. Man setzte ihm ein Denkmal auf der *Agora* (Abb. 93).

Das Monument zeigt die beiden Freunde in siegesgewisser Kämpferpose, in der der jugendliche Harmodios impulsiv und heftig zuschlägt, während der reifere Aristogeiton gezielt und durch den Mantel gedeckt gegen den Feind vorgeht. Der charakteristischen Gestik der überschäumenden Jugendkraft des einen und der kalkulierenden Lebenserfahrung des anderen entspricht die verschiedene Gestaltung der Körper. Die jugendlich gerundeten Formen des Harmodios stehen der starken Muskulösität des Aristogeiton gegenüber. Die künstlerische Herausarbeitung dieser körperlichen Verschiedenheit vergegenwärtigt auf einer abstrakten Ebene zwei Pole männlicher *Arete*, die der Jugend und die des reifen Mannes. Sie charakterisiert darüber hinaus die beiden Männer als Liebespaar. Selbst in jenem bedeutenden Staatsdenkmal wird die päderastische Beziehung nicht nur nicht verborgen, sondern herausgestrichen und idealisiert[14].

Wie die Literatur, so bringt auch jene Statuengruppe die Kraft des päderastischen Eros mit der großen Tat in Verbindung, stellt sie als Motor jener freiheitlichen Gesinnung und edlen Tatkraft dar. Weniges macht die gesellschaftliche Bedeutung der Knabenliebe deutlicher als dieses öffentliche Ehrenmal, das auf dem Staatsmarkt stand und dem Athener Bürger außer der historischen Tat der Tyrannentötung auch die Päderastie als Ausdruck männlicher Vorbildlichkeit vor Augen führte.

93 Die Tyrannentöter
Harmodios und
Aristogeiton. Römische
Kopie nach Bronzeoriginal
des Kritios und Nesiotes
von 477/76 v. Chr. (Neapel)

Fälle, wie den des Harmodios und des Aristogeiton, kannte die Antike einige mehr[15]. Platon weist auf die Gefahr hin, die die hochgesinnte Kraft päderastischer Liebesbünde für die Herrschenden hatte (Plat. *symp.* 182 c). Aus diesem Grund soll auch Polykrates, der Tyrann von Samos, das Aufkeimen politischen Wiederstandes in dem der Knabenliebe günstigen Klima der *Palästra* befürchtet und sie daraufhin geschlossen haben (Athen. 13, 602 d–e).

Die erzieherische Funktion der Knabenliebe, die nicht erst bei Platon, sondern bereits in der archaischen Dichtung, z.B. in den Elegien des Theognis (spätes 6.–frühes 5. Jh.) an seinen Liebling Kyrnos faßbar wird[16], kommt ebenso deutlich wie spezifisch in den Geschenken zum Ausdruck, mit denen die *Erastai* um ihre Geliebten werben. Neben Präsenten von rein ideellem Wert, wie Kränzen und Zweigen, schenkte man den Knaben Sportgeräte wie *Strigilis,* Ball und Salbgefäß, oder Gegenstände, die ihrer musisch-geistigen Ausbildung dienten, z.B. eine Schreibtafel oder eine Lei-

94 Päderast umwirbt Knaben mit Leiergeschenk. Weingefäß. 470/460 v. Chr. (Kopenhagen)

95 Päderast umwirbt Knaben mit Hahnengeschenk. Trinkschale. Um 470 v. Chr. (Oxford)

er[17]. Auf einer *Amphora* in Kopenhagen[18] (Abb. 94) hat ein junger Mann einen Jugendlichen angesprochen und sucht mit einer Leier dessen Interesse zu wecken. Bei Geschenken dieser Art liegt der pädagogische Zweck auf der Hand, wenngleich die Leier auch beim *Symposion* Verwendung fand und als Präsent zumindest einen erotischen Nebensinn barg. Weniger offensichtlich und lange nicht in dieser Funktion erkannt sind die weitaus beliebteren Tiergeschenke, deren erzieherischen Sinn G. Koch Harnack kürzlich überzeugend herausgearbeitet hat[19]. Nach den Vasendarstellungen schei-

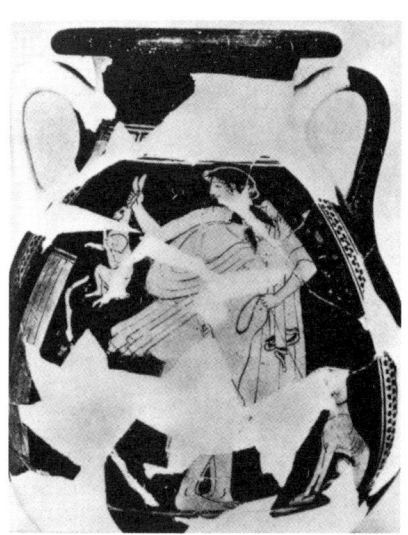

96 Päderast beim Schenkelverkehr mit dem Geliebten. Weingefäß. Um 470 v. Chr. (Mykonos)

97a–c Hasenhatz. Schöpfkelle.
Um 490 v. Chr. (Brüssel)

nen am häufigsten Hasen und Hähne verschenkt worden zu sein. Das Innenbild einer Trinkschale in Oxford[20] (Abb. 95) zeigt einen bärtigen Mann, der einem Knaben einen Hahn offeriert. Einen Hasen hat der *Eromenos* auf einer Vase in Mykonos[21] für seine Liebesdienste geschenkt bekommen (Abb. 96). Beide Tiere dienen einerseits ganz pragmatisch bestimmten sportlichen Unterhaltungsspielen der Jugend, andererseits symbolisieren sie wesentliche Männertugenden.

Der Hase war hier nicht, wie gern angenommen, das Streicheltier, das die Kleinkinder bei sich haben, sondern er wurde zur Hatzjagd verwendet. Diese wenig tierfreundliche Form von Jagdvergnügen stellt ein *Kyathos* in Brüssel dar[22] (Abb. 97a–c). Vorn setzt ein Knabe den Hasen aus, auf den von hinten ein Hund gehetzt wird. Der Hase war einerseits das Symbol für Jagd, andererseits machte er durch seinen wirklichen Einsatz als Jagdtier dieses Ideal erfahrbar. Spielerisch lernte der Knabe die Gesetzmäßigkeiten der Jagd, seine Freude am Verfolgen und Erlegen wurde geweckt, und Jagd und Jagdlust wurden als positiver männlicher Wert vermittelt.

Nur im Detail unterschied sich die pädagogische Intension des Hahnengeschenkes. Hähne brauchte man für einen ähnlich aggressiven Zeitvertreib wie die Hasenhatz, nämlich für den Hahnenkampf. Dieses Kampfspiel zwischen gleichartigen Gegnern führte den Heranwachsenden in kompromißloser Endgültigkeit das agonale Prinzip vor Augen, das das griechische Leben weitgehend bestimmte. Außer der pragmatischen Verwendung als Kampfhahn, der im Falle des Sieges auch den materiellen Gewinn des

Preises einbrachte, spielte beim Verschenken der reine Symbolcharakter des Hahnes eine Rolle. Das aggressive Tier galt als Symbol des Kampfes. Darüber hinaus verkörperte der Hahn jedoch auch männliche sexuelle Potenz[23]. Dabei nimmt er unmittelbar Bezug auf den päderastischen Bildkontext. Jedoch neben der erotischen Aussage bedeutete der Hinweis auf die männliche Sexualkraft gleichzeitig die generelle Überlegenheit und den absoluten Vorrang des inhabenden Mannes. Insofern signalisierte das Hahnensymbol selbst unter dem Aspekt der Potenz ein männliches Ideal: Macht und Herrschaft.

Daß der männliche Sexualakt, die Penetration, als Aggression verstanden wurde und entsprechend als Chiffre für Unterwerfung und Erniedrigung fungieren konnte, zeigt eine Vase in Privatbesitz, die den endgültigen griechischen Sieg über die Perser (465 v. Chr.) mittels der angedeuteten Notzüchtigung eines Persers durch einen Griechen ins Bild setzt[24] (Abb. 98a–b). In diesem Sinn konnte der *Phallos*, Inkarnation männlicher Potenz, durch die von ihm ausgehende Drohung gewaltsamer Penetration zugleich den Charakter eines apotropäischen, d.h. abschreckenden Zeichens, haben[25]. Der Hahn verkörperte beide Komponenten des männlichen Geschlechts.

98a–b   Grieche droht Perser zu vergewaltigen. Weinkanne.
470/460 v. Chr. (Privatbesitz)

Die Haupterziehungsinhalte der Werbe- und Liebesgeschenke sind also Jagd und Kampf. Das Jagdleitbild wird nicht nur durch das Verschenken von Hasen, sondern auch von anderen Jagd- und Beutetieren vermittelt, von Rehen, Hirschen, Wasservögeln und möglicherweise Jagdhunden und Jagdgeparden[26]. Das Kampfideal schlägt sich außer in dem Hahnengeschenk in der Verschenkung von Helmen nieder[27]. Auch in hochklassischer und spätklassischer Zeit, als es diese einschlägigen Darstellungen päderastischer Werbung nicht mehr gab, blieben Jagd und vor allem Kampf weiterhin zentrale Inhalte der Erziehung. Bei Platon z. B. erscheinen die Bewährung im Kampf, Tapferkeit und Einsatzwille als Hauptanliegen päderastischer Pädagogik.

Natürlich hatte das Prinzip von Kampf und Vormacht für den jungen Aristokraten in archaischer Zeit, dem ein Hahn geschenkt wurde, eine andere Bedeutung als für den athenischen Bürgersohn in der Demokratie des 5. Jhs. Dort hieß es, die dem einzelnen angestammten Machtverhältnisse und Privilegien gegen die konkurrierenden Adelsfamilien zu behaupten und, wenn möglich, zu erweitern – ein Bestreben, das einerseits in der Machtergreifung des Tyrannen Peisistratos wie auch in dem Widerstand dagegen seinen Ausdruck fand, andererseits unter der endgültigen *Tyrannis* und der weitgehenden politischen Ausschaltung des Adels nur noch ein Anspruch sein konnte. Im 5. Jh. dagegen galt es, für den athenischen *Polis*staat einzutreten, der die Freiheit der Demokratie garantierte, und seine hegemonialen Interessen innerhalb der griechischen Welt wahrzunehmen und zu schützen.

Trotz der unterschiedlichen Zielrichtungen von Machtstreben, bediente sich auch der demokratische Erzieher der alten Adelssymbolik. Die auf den Vasen dargestellten Liebesgeschenke sind nicht etwa Ausfluß einer ikonographischen Konvention, die in der Wirklichkeit keine Entsprechung mehr gehabt hätte. Selbst im späten 5. Jh. wurden den Knaben nachweislich noch Hähne und verschiedene Jagdtiere geschenkt (Aristoph. *Av.* 705 ff.). Hier werden die altaristokratischen Wurzeln der Knabenliebe wirksam, die auch in der Klassik noch das päderastische Mannesideal bestimmten. Es zielte ab auf den Prototyp des schönen, edlen Adligen, den sein Besitz unabhängig machte, eigener Arbeit enthob, und dem er ein gewisses Maß an Macht garantierte. Den Anspruch aristokratischen Lebensstils verrät die Rolle, die die Jagd und der Jagderfolg in der Erziehung spielten. Angesichts der Tatsache, daß die Päderastie stets ein Phänomen der Athener Oberschicht blieb, die weitgehend aus den alten Adelsgeschlechtern gebildet wurde, wird verständlich, daß es die traditionellen Standeskennzeichen und Privilegien waren, auf die hin die „jeunesse dorée" von Athen erzogen wurde.

Päderastische Praxis

Die aristokratische Grundstruktur der Knabenliebe tritt gerade auch in der päderastischen Praxis zutage. Der Hauptschauplatz für Annäherung und Begegnung war die *Palästra*, der Sportplatz, wo die jungen Athener einen Teil ihrer Zeit verbrachten. Körperliche Ertüchtigung und athletischer Wettkampf waren traditionell zentrale Erziehungsinhalte. Bei der eminenten Bedeutung körperlicher Schönheit galt Sport einerseits als geeignetes Mittel, den Körper zu formen, zu beherrschen und zu disziplinieren, andererseits bot er einen natürlichen Rahmen agonalen Leistungsstrebens. Beides kam nicht zuletzt der militärischen Schulung zugute und förderte die soldatische Tüchtigkeit.

Die Körpererziehung, die wie jede Erziehung ursprünglich eine Erscheinung adliger Lebensführung war, wurde spätestens seit Einrichtung der Demokratie pädagogisches Allgemeingut, der attische *Demos* (Volk) übernahm das altaristokratische Erziehungsprinzip. Insofern schickte seitdem jeder Bürger, der etwas auf sich hielt, seinen Sohn täglich in die *Palästra*, um ihn dort von einem Sportlehrer, einem *Paidotriben* in den einzelnen altersmäßig gestaffelten Disziplinen unterrichten zu lassen. Die *Palästra*, die man auch als Jüngling und Mann noch besuchte, um zu trainieren, begünstigte die Päderastie in verschiedener Hinsicht außerordentlich. Die Anwesenheit der vielen Knaben, die nackt turnten, forderte es geradezu heraus, sich immer wieder zu verlieben. Außerdem bot die *Palästra* die besten Möglichkeiten, dem begehrten Jungen zu begegnen und den Geliebten zu treffen. Zwanglos ergab sich manche Gelegenheit des Kontaktes, zumindest im Austausch von Blicken und Worten. Selbst Berührungen waren nicht unmöglich. So erzählt z. B. Alkibiades (Plat. *symp.* 217 c), daß er häufiger mit Sokrates gerungen habe und ihn auf diese Weise, allerdings vergeblich, für sich zu entflammen versucht hätte. Bestimmte Altersgruppen scheinen jedoch von den übrigen Athleten separiert worden zu sein (Aischin. 1, 12), so daß es zu solch verführerischen Annäherungen nicht kommen konnte.

Während der *Palästra*aufenthalt der Knaben und Jugendlichen durch ihre Ausbildung bedingt und selbstverständlich war, setzte der Besuch eines Erwachsenen dort voraus, daß er über freie Zeit verfügte. Im platonischen *Phaidros* wird davon gesprochen, daß der *Erastes* seine persönlichen Angelegenheiten vernachlässigt, um den ganzen Tag lustwandelnd verschwatzen zu können (Plat. *Phaidr.* 231 a). Wer in *Gymnasion* und *Palästra* der Muße nachging, mußte von eigener Arbeit unabhängig und der Notwendigkeit enthoben sein, seinen Lebensunterhalt zu verdienen. Diese Art Müßiggang konnte sich ursprünglich nur der grundbesitzende Adelsherr leisten. Auch wenn sich mit den wirtschaftlichen und politischen Verhältnissen die Gruppe der Privilegierten änderte, und, wie Theognis beklagt, die ziegenfelltragenden Vorstadtbewohner die angestammten Adelsrechte in Anspruch nahmen, blieb diese Art Müßiggang stets das Privileg der Reichen. Obwohl es also gewisse Voraussetzungen gab, war doch kein werktätiger Athener von der Liebe zum Knaben ausgeschlossen. Sie war das Recht eines jeden freien Bürgers. Faktisch aber war diese Liebe beschränkt auf den Personenkreis, der über die entsprechende Muße verfügte. Es bedurfte jedoch nicht nur der Muße, sondern auch einiger materieller Mittel. Für Alkibiades soll einer seiner *Erastai* sein gesamtes Vermögen von 100 Stateren aufgebracht haben (Plut. *Alk.* 193, 5). Allerdings sind solche Überlieferungen im Fall des Alkibiades, dem der Ruf des Männer- und Frauenhelden vorausging, mit Skepsis zu betrachten. Die nötige materielle Ausstattung war ein weiterer Faktor, der nur eine bestimmte obere Schicht für die Päderastie prädestinierte.

Liebeswerbung

Einen Knaben für sich zu gewinnen, kostete einigen Aufwand. Hatte ein Mann sich verliebt, suchte er mit dem Liebling ins Gespräch zu kommen, durch Geschenke sein Interesse zu wecken und ihn sich geneigt zu machen. Die Kosten einer Knabenwerbung verursachte nicht das einzelne Geschenk, sondern ihre Folge und immerwährende Wiederholung gegen die Konkurrenz anderer Liebhaber, um die einmal errungene Gunst eines Knaben zu behalten. Die Pflege einer päderastischen Beziehung war teurer als ihre Anbahnung. Die Klagen über die Mühe und den Aufwand schildert Platon folgendermaßen (*Phaidr.* 231 a–b; Übers. R. Kassner):

Die Verliebten berechnen stets, wie schlecht sie im Grunde durch ihre Liebe zu stehen kämen, was sie schon alles hätten hergeben müssen, und indem sie zu den Kosten die Mühe, die sie hatten, schlagen, meinen sie, dem Geliebten längst jede Gunst erwidert zu haben.

Die Liebesgeschenke waren keine uneigennützigen Huldigungen an die Schönheit des Beschenkten, sondern die Annahme verpflichtete zu den erwarteten Gegenleistungen, der Knabe mußte dem Liebesbegehren des *Erastes* entgegenkommen. Dieses Prinzip wird überdeutlich bei Darstellungen, in denen der *Pais* das eben empfangene Geschenk noch in Händen hält, während er den sexuellen Wünschen seines Liebhabers schon zur Verfügung steht (Abb. 96)[28]. Die päderastische Werbung trägt insofern Züge, die sie der frühen Form der *Hedna* in der homerischen Gesellschaft, die nicht Mitgift, sondern Brautbeschenkung war, an die Seite stellen[29]. Wie beim Brautgewinn mehrere Freier im Wettbewerb standen, eine bestimmte Frau zu erringen, konkurrierte auch hier eine Reihe Männer zum Teil unter Aufbietung beeindruckender Liebesgaben um die Gunst eines Knaben. So schleppen verschiedentlich die *Erastai* sogar ganze Rehe und Hirsche her-

Liebeswerbung 181

99a–d   Arztpraxis. Salbölfläschchen. 450/440 v. Chr. (Paris)

an, um sie dem Geliebten zu Füßen zu legen (Abb. 92). Auch diese Tiere scheinen wie die Hasen zu künstlich inszenierten Jagden benutzt worden zu sein, in denen die Jugendlichen Jagdübung gewinnen sollten.

Bei den genannten Präsenten tritt der materielle Wert hinter dem erzieherischen zurück. Anders ist dies bei Geschenken, die auch als Zahlungsmittel fungierten, z. B. erlegte Hasen oder einfach nur Fleischteile, die zum Verzehr gedacht waren. Sie erscheinen ebenso als Liebesgeschenke an *Eromenoi*. Ein Weinmischgefäß in Wien zeigt einen noch sehr jungen Knaben, in der Hand einen Reifen, der von seinem *Erastes* gerade ein Fleischstück, offenbar einen Rehschlegel entgegennimmt (Abb. 90). Solche Speisetiere eigneten sich auch bestens zur naturalen Entlohnung. Auf einem Salbölgefäß im Louvre[30] (Abb. 99a–d) scheint ein Hase das Honorar für einen ärztlichen Dienst zu sein. Ebenso wurden beim Hetärenbesuch häufig Wild, Geflügel und Meerestiere oder überhaupt Fleisch von den Kunden mitgebracht[31] (Abb. 100a–c). Gerade in diesem Zusammenhang zeigt sich die Ambivalenz solcher Gaben, die eindeutig als Bezahlung dienten, ihren Geschenkcharakter aber behielten. Im päderastischen Kontext lassen sich zwar auch die erlegten Jagdtiere mit der pädagogisch wichtigen Jagdideologie im Sinne der Jagdtüchtigkeit des Schenkenden erklären und das Fleisch ebenfalls als Ergebnis einer erfolgreichen Jagd oder als Stärkungsmittel für den Geliebten ansehen, jedoch schiebt sich in jedem Fall der materielle Wert unübersehbar in den Vordergrund. Dieser Aspekt der päderastischen Geschenke fand scheinbar seine extreme Ausprägung in der Verschenkung von Geld selbst.

Hier wird ein Punkt berührt, der in der antiken Diskussion um die Knabenliebe eine enorme Rolle spielte und von der modernen Forschung in seinen praktischen Auswirkungen bislang nicht hinreichend geklärt werden konnte. Das Geldgeschenk unterschied sich auf der Basis des „*do ut des*" Prinzips im päderastischen Schenkverhalten schwerlich von einer geldlichen Bezahlung. Dadurch rückte die Knabenliebe in gefährliche Nähe zur käuflichen Liebe, zur Prostitution[32]. Auf die Abgrenzung gegen die Prostitution und die Gefahr der Grenzüberschreitung, die beide ein sozialethisches Problem darstellten und ernste gesellschaftspolitische Folgen hatten, kommen wir später zurück. Aus den literarischen Quellen geht eindeutig hervor, daß den *Eromenoi* auch Geld geschenkt wurde, es wird aber keinerlei Zweifel daran gelassen, daß die Annahme eines solchen „Geschenkes" unehrenhaft, zumindest problematisch war. Aristophanes bringt die Brisanz der päderastischen Werbegeschenke auf den Punkt in dem Dialog zwischen einem armen Athener Bürger und seinem Sklaven (*Plut.* 147 ff., Übers. Seeger):

> *Chr.: Die Dirnen aus Korinth auch, sagt man, wenn sich*
> *an sie ein armer Schlucker macht, so sind*
> *sie taub; doch wenn ein Reicher kommt, da schwänzeln*
> *sie mit dem Hintern gleich um ihn herum.*
> *Kar.: Die Buben, hör ich, machen's ebenso,*
> *nicht den Verehrern, nein dem Geld zuliebe!*
> *Chr.: Die Besseren nicht; das tun nur die Hurenbübchen!*
> *Ein rechter Knabe nimmt kein Geld!*
> *Kar.: Was denn?*
> *Chr.: Ein schönes Reitpferd, eine Koppel Hunde –*
> *Kar.: Bar Geld zu fordern schämen sie sich, ja;*
> *das Schändliche verdeckt ein schöner Name!*

Aristophanes, der die Päderastie durchweg diffamiert und lächerlich macht, bezeichnet die Knaben, die Geld nehmen, als Huren und benutzt dieses Urteil, um auch die *Eromenoi* abzuwerten, da sie prinzipiell dasselbe täten. Damit verhöhnte er die päderastisch gesinnte Aristokratie und sprach die einfachen Bürger an, die die wesentliche Zielgruppe der Komödie bildeten[33]. Unberührt von den antipäderastischen Tendenzen bleibt die Essenz dieser Unterhaltung, daß die Geldannahme oder -forderung ein Zeichen von Prostitution und mit der Knabenliebe nicht vereinbar war. Diese Vorstellungen vermitteln auch Platon und Xenophon (Plat. *symp.* 184a; Xen.

100a–c   Junger Mann entlohnt Hetäre mit einem Hasen. Salbölfläschchen. 500/490 v. Chr. (Athen)

mem. 1, 6, 13). Wie weit solche Moralforderungen von der Wirklichkeit entfernt waren und wie weit sie allgemeiner Auffassung entsprachen, ist unsicher. Nach dem Prozeß (346 v. Chr.) gegen den Politiker Timarchos (Aischin. 1) zu urteilen, dem vorgeworfen wurde, in seiner Jugend als *Eromenos* von seinen Liebhabern Geld genommen zu haben, scheinen derartige, offenbar nicht ungewöhnliche, prostitutionsähnliche Verhältnisse eher ignoriert worden zu sein, als daß man daran Anstoß genommen hätte. Publik gemacht boten sie allerdings die beste Möglichkeit, jemandem zu schaden, ihm seine Integrität zu nehmen und politisch zu ruinieren, wie es im Fall des Timarchos geschah (Demosth. 19, 284).

Nicht anstößig scheint dagegen das päderastische Geldgeschenk vorher in der 1. Hälfte des 5. Jhs. gewesen zu sein. Jedenfalls ist es Thema vieler

101 Päderast verspricht dem Liebling ein Geldgeschenk. Trinkschale. Um 490 v. Chr. (Bochum)

Vasendarstellungen, die in der Regel idealisierende Sehweisen und Ansprüche der Oberschicht widerspiegeln. Eine Schale der Zeit um 490 in Bochum[34] (Abb. 101) zeigt einen Knaben, der, wenn auch zaghaft, seine Hand nach dem Geldbeutel eines Mannes ausstreckt, den dieser sichtlich erregt noch zurückhält. Auf einer anderen, wenig jüngeren Schale tritt der Liebhaber an einen sitzenden Knaben heran und reicht ihm das Geldsäckchen[35] (Abb. 102). Beide Darstellungen entsprechen ganz den Bildtypen päderastischer Paare. Nichts deutet darauf hin, daß es sich nicht um einen „anständigen" *Eromenos*, sondern einen *Pornos*, einen Prostituierten, handeln könnte. Allein das Geldsäckchen, das als „Liebesgabe" an eine Frau stets ihre Käuflichkeit signalisiert[36], läßt Zweifel aufkommen.

Sie verdichten sich angesichts einer Reihe motivischer Paralleldarstellungen, auf denen ein Mann einer sitzenden Hetäre entgegentritt und ihr einen Beutel Geld reicht (Abb. 65 a–b). Ist der Knabe, der seinen Liebhaber im Sitzen empfängt, möglicherweise gleichermaßen käuflich wie jene Hetäre? Dagegen ist zunächst einzuwenden, daß ein *Pornos* einer Hetäre nicht ohne weiteres gleichgesetzt werden kann. Nicht weil er soviel schlechter angesehen gewesen wäre als sie, sondern weil er anders als sie kein wesentlicher Bestandteil männlichen Lebens war. Man benutzte ihn sexuell, aber wählte ihn nicht zum Begleiter beim *Symposion*. Dafür hatte man die *Eromenoi*, die ohnehin ebendort anzutreffen waren. Die Tatsache, daß die griechische Sprache für weibliche Prostituierte den schönfärberischen Begriff Hetäre (Gefährtin) bereithält, den männlichen Prostituierten dagegen sachlich *Pornos* (jemand, der sich verkauft) nennt, ist bezeichnend für diese Unterschiede zwischen weiblicher und männlicher Prostitution.

Daß die geldannehmenden Knaben keine Prostituierten, sondern *Erome-*

noi sind, erweisen Vasenbilder, die so umworbene Knaben in der *Palästra* beim sportlichen Training und mit Siegerkranz zeigen[37]. Dies sind sicher keine Strichjungen. Darüberhinaus geht es zwingend aus der ikonographischen Verwendung des Geldbeutels hervor. Geldbeutel erscheinen ausschließlich in Kaufszenen, in denen Ware, darunter auch die Hetäre, und Bezahlung gegenübergestellt sind. Die einzigen Ausnahmen sind päderastische Bilder. Hier kann ein Mann oder Knabe mit sich allein jenen Geldbeutel halten[38] (Abb. 103), wie sie sonst ein zu verschenkendes oder geschenktes Objekt halten, einen Hasen oder ein Stück Fleisch[39] (Abb. 104). Hier ist der Geldbeutel eindeutig als Geschenk gemeint, das eines zu entgeltenden Gegenwertes nicht bedarf. Als solches muß er in päderastischem Kontex generell verstanden werden.

Auch die Inschrift ὁ παῖς καλός (der Knabe ist schön) auf dem New Yorker Schaleninnenbild kennzeichnet den dargestellten Knaben, dem sie zweifellos gilt, als *Eromenos*. Diese Inschriften, die die Schönheit eines Knaben oder, seltener, die einer Frau loben, finden sich seit dem mittleren 6. Jh. bis in die Hochklassik hinein vielen Vasen aufgeschrieben. Sie sind zusammen mit der Zeichnung vor dem Brennen der Gefäße aufgebracht worden, d.h. vom Vasenmaler selbst bewußt der Darstellung hinzugefügt worden. Oft kommentieren diese Ausrufe das Bild, oft preisen sie aber ohne diesen Bezug die Schönheit eines unbekannten Knaben oder loben einen ganz bestimmten jungen Athener, den wir aus anderen historischen Quellen kennen. Leagros z.B. ist ein solcher Jüngling (Hdt. 9, 75; Thuk. 1, 51). Im Jahre 525 geboren erlebte er seine Knabenblüte im letzten Jahr-

102 Päderast bietet dem Geliebten ein Geldgeschenk. Trinkschale. Um 480/470 v. Chr. (New York)

103 Päderast mit seinem Geldgeschenk. Trinkschale. Um 480 v. Chr. (zerstört, ehem. Dresden)

104 Eromenos mit geschenktem Hasen. Trinkschale. Um 480 v. Chr. (Paris)

zehnt des 6. Jhs., wo er nach den zahlreichen Lieblingsinschriften zu den begehrtesten *Eromenoi* Athens zählte.

Der Geldbeutel erscheint in den Päderastischen Werbeszenen erst seit dem frühen 5. Jh., nachdem er wenig vorher bereits als Hetärenlohn auftritt. Das Aufkommen des Geldgeschenks entspricht einem allgemeinen, durch den wachsenden Merkantilismus bedingten Wandel des Besitztums. Im Laufe des 6. Jhs. wird neben dem traditionellen Landbesitz zunehmend Geld ein Vermögensfaktor. Wenn sich dieser langsam fortschreitende Prozeß gerade zu Beginn der eben eingerichteten Demokratie in den päderastischen Darstellungen niederschlägt, kann man nicht umhin, dies mit den gesellschaftlichen Umwälzungen in Verbindung zu bringen, die die demokratische Neuordnung bewirkt hatte, speziell mit der veränderten Struktur der Athener Oberschicht. In jener Zeit des Umbruches hatte die Knabenliebe als traditionelle Institution der Aristokratie mehr denn je die Funktion eines Standessymbols, war Zeichen eines allenfalls politisch überholten

Vorrangs, Ausdruck gesellschaftlicher Eigenständigkeit und Exklusivität. Für die Aufsteiger der Demokratie muß sie das geeignete Instrument gewesen sein, Zugehörigkeit zu jener Elite zu dokumentieren. Unabhängig von dem tatsächlichen Schenkverhalten und der Art der tatsächlich offerierten Geschenke kann der Geldbeutel im altaristokratischen Päderastiebild ebensogut eine Variante im Sinne der Prosperität jener zu neuer Bedeutung gekommenen Geschäftsleute und Bankiers sein, wie auch die Komplettierung des traditionellen Adelsbildes im Sinne ihrer wirtschaftlichen Fortschrittlichkeit, demokratischen Aufgeschlossenheit und Weltoffenheit.

Spätestens in den folgenden Jahrzehnten muß die Knabenliebe zum reinen Statussymbol verkommen sein. Die schwindende Kraft der alten Päderastievorstellungen scheint schließlich auch das Versiegen der Darstellungen anzuzeigen. Es fehlte die funktionale Rückbindung, die der Knabenliebe aus der ritterlichen Lebensführung erwachsen war. So verloren, entfernt vom verfeinerten Lebensstil adligen Herrenlebens, wahrscheinlich die Tiergeschenke neben dem neuen Machtfaktor Geld an Relevanz und Attraktivität. Auch als Erziehungsprinzip war die Knabenliebe in der Demokratie weitgehend überlebt. Die kritischen Stimmen in klassischer Zeit signalisieren ihren gesunkenen Wert. Tatsächlich entstand neben der gänzlichen Ablehnung der Päderastie als erotisch sexuelles Phänomen (Euripides, Antisthenes, Xenophon) ein neues Ideal. Platon erhebt den alten aristokratischen Gedanken der päderastischen Erziehung auf eine neue Höhe. Für ihn war der Eros in der Knabenliebe die Kraft, die durch Sublimierung möglichst jeder sexuellen Erfüllung zu dem geistigen Akt der Erkenntnis des Schönen und Guten führte.

Auswahlprinzipien

Die Knabenwerbung war auch ein Feld agonaler Auseinandersetzung, der Liebeserfolg eines Mannes sichtbarer Beweis seiner Vortrefflichkeit. Wie wir bereits gesehen haben, zeigen die Vasenbilder oft mehrere geschenkebringende Männer, die sich um einen *Pais* bemühen. Bemerkenswert ist die Tatsache, daß der umworbene Knabe durchaus nicht den Überbringer des größten und teuersten Geschenkes erhört. So kehrt z. B. der Jüngling auf einer *Amphora* in München (Abb. 92) dem Verehrer, der ihm ein Reh anbietet, den Rücken und gibt dem Verliebten nach, von dem er nur einen Kranz empfangen hat. Solche Vasen lassen nicht den Eindruck entstehen, daß in archaischer Zeit der materielle Wert eines Werbegeschenkes für den Erfolg ausschlaggebend war. Ganz sicher jedenfalls bezeugen sie, daß Besitzdenken als Entscheidungsfaktor für die Wahl eines *Erastes* nicht dem Ideal entsprach, das man auf Vasenbildern propagierte.

Daß andere Auswahlkriterien vorrangig gewesen sein müssen, ergibt sich schon aus dem pädagogischen Anspruch der Päderastie. Der Bewerber mußte in den Augen des Knaben und der für ihn Verantwortlichen eine Vorbildfunktion erfüllen, die eng verbunden war mit dem Sozialprestige und der gesellschaftlichen Stellung. Wenn Theognis dem Geliebten Kyrnos rät, die *Agathoi*, die Guten, zu suchen und die *Kakoi*, die Schlechten, zu meiden, ist dies ein Ausfluß jener standesorientierten Erziehungsvorstellung. Er meinte damit die Aristokraten gegenüber den nicht adligen Bürgern: (Thgn. 31 ff.; Übers. D. Ebener):

*Nimm es an folgenden Regeln zur Kenntnis: Mach dich mit schlechten
Menschen niemals gemein, halte an gute dich stets;
iß und trink mit ihnen und lasse bei ihnen dich nieder,
stelle zufrieden bloß den, der überlegen sich zeigt.
Nur von den Edlen lernst du auch edles; pflegst du mit Schlechten
Umgang, verlierst du sogar, was du an Einsicht besitzt.
Darum verkehre mit Guten, und zugeben wirst du mir einstmals,
daß ich den Freunden stets nützlichen Ratschlag erteilt.*

Auch in klassischer Zeit waren die Begriffe *Agathos* und *Kaloskagathos* bezeichnend für einen vorbildlichen *Erastes*, wobei sie nicht mehr auf die archaische Adelsethik abzielten, sondern ungeachtet der Herkunft menschlich sittliche Vorzüge meinten (Xen. *mem.* 1, 6, 13; Xen. *symp.* 8, 11; Plat. *Phaidr.* 231 d).

Ob ein potentieller Liebhaber standesgemäß war und die entsprechenden Voraussetzungen mitbrachte, erforderte eine genaue Prüfung des Bewerbers und dauerte einige Zeit, die sich der Verliebte gedulden mußte. Nach einem Epigramm des Kallimachos (305–240 v. Chr.), das den Erfolg einer Liebesjagd besingt, waren 20 Tage nicht der Rede wert (*Anth. Pal.* 12, 149). Zum Prüfstein für die Qualitäten eines Verliebten wurde sein tadelloses Benehmen gerade in der Zeit der Werbung, so daß eine gewisse Frist der Zurückhaltung für jeden anständigen Knaben obligatorisch war (Plat. *symp.* 183 c). Unter allen Eigenschaften, die der ideale *Erastes* in seiner Vortrefflichkeit vereinigen sollte, spielte seine sexuelle Beherrschung und Mäßigung eine besondere Rolle. Dies gilt vornehmlich für klassische Zeit, aber auch in einem Gedicht des Theognis wird dem Knaben versichert, daß er nichts befürchten müsse, was er selbst nicht wolle. Der sexuelle Kontakt war offensichtlich der neuralgische Punkt der Päderastie, weswegen die Knaben behütet wurden (Plat. *symp.* 183 cd), und für die sexuelle Befriedigung eines *Erastes* feste Verhaltensweisen vorgesehen waren. Gaben die Knaben dem Falschen nach, der nur an einem Liebesabenteuer interessiert war, dem jedoch nicht der Junge selbst und sein durch Erziehung zu formendes weiteres Leben am Herzen lagen, so galt eine solche Beziehung als unehrenhaft und als sexueller Mißbrauch. In der Rede des Sophisten Lysias, die der junge Phaidros dem Sokrates repetiert, wird gewarnt (Plat. *Phaidr.* 231 e; Übers. R. Kassner):

Viele von den Verliebten begehren schon nach deinem Leib, bevor sie noch deinen Charakter und deine Gewohnheiten kennen, so daß man sich stets unsicher fragt: werden sie noch deine Freunde bleiben, wenn ihre Begierde an deinem Leibe satt geworden ist?

Man strebe eine ganzheitliche Liebe an, die allein eine sexuelle Begegnung rechtfertigte. Warum diese und andere Bedingungen an ein päderastisches Verhältnis geknüpft waren – sollte es ehrbar und gesellschaftlich akzeptabel sein –, wird verständlich, wenn man die sexuelle Problematik der Knabenliebe betrachtet.

Geschlechtsleben

Daß die Sexualität in der Päderastie eine entscheidende Rolle spielte und nicht der lüsternen Phantasie einiger Wissenschaftler entspringt[40], wird jedem unvoreingenommenen Betrachter klar, wenn er die archaischen Vasenbilder sieht, auf denen ein Mann, ein *Erastes*, einem Jüngling, einem *Eromenos*, an das Geschlecht greift[41] (Abb. 105–106). Dieser Gestus, der in der frühgriechischen Kunst auch bei heterosexuellen Paaren erscheint[42] (Abb. 107), ist ein unmißverständlicher Ausdruck sexuellen Begehrens. Die offen vorgetragene homosexuelle Erotik verdichtet sich auf späteren, rotfigurigen Vasendarstellungen. Der locker werbende Annäherungsversuch wurde hier zur innigen Umarmung als Auftakt zum Geschlechtsakt[43] (Abb. 109).

Daß Geschlechtsverkehr zu allen Zeiten in der Knabenliebe stattfand, geht aus der Literatur eindeutig hervor. Von archaischer Lyrik bis zu helle-

105 a–b   Päderastisches Paar tauscht Zärtlichkeiten aus. Trinkbecher. 530/520 v. Chr. (Boston)

106 Päderast berührt Geliebten am Kinn und am Genital. Amphore. Um 550 v. Chr. (Würzburg)

nistischen Epigrammen fehlt es nicht an unmißverständlichen Andeutungen erotischer Freuden und sexuellen Genusses. Selbst den Verfechtern der keuschen Liebe, wie sie Platon lehrte, war gelegentlicher Liebesgenuß selbstverständlich und akzeptabel (Plat. *Phaidr.* 256b).

Über die Art des Verkehrs schweigen die Quellen bis in hellenistische Zeit allerdings meist diskret. Wie K. Dover bemerkt, zeigt schon die Zu-

107 Päderast umarmt Geliebten. Trinkschale. 510/500 v. Chr. (Gotha)

Geschlechtsleben 191

108 *Heterosexuelles Liebespaar. Kanne. 1. Viertel d. 7. Jhs. v. Chr. (Heraklion)*

rückhaltung, mit der z.B. in den Platonischen Dialogen über die körperlichen Beziehungen in der Päderastie gesprochen wurde, daß dieser Bereich zur Intimssphäre und seine Erörterung nicht in die Öffentlichkeit gehörte[44]. Die archaische Lyrik ist hier freier als die klassische Prosa. Letztere umschreibt das Zulassen sexueller Zärtlichkeiten mit Begriffen wie *gefällig sein, einen Gefallen tun* (Plat. *symp.* 182a; 184d) und *dienen* (Xen. *Hier.* 1, 37) und von Seiten des Liebenden *bekommen, was man will* (Plat. *Phaidr.* 231a) oder *einfangen* (Plat. *symp.* 182d). Die archaische Dichtung hält darüber hinaus sehr eindrucksvolle Metaphern bereit, wie das Bild des Reiters, der das Fohlen zäumt und zureitet (Anakr. 57, 78), den das Pferd trägt (Thgn. 1267ff.), nach dem sich das Pferd sehnt (Thgn. 1278ff.), oder das Bild des Löwen, der ein Hirschkitz ergreift, aber nicht tötet (Thgn. 1278ff.)[45]. In klassischer Zeit nannte nur die Komödie, wo zumindest in der Alten Komödie derb sexuelle Bilder zum humoristischen Repertoire zählten, homosexuellen Verkehr offen beim Namen.

Die wenig verschleierten Andeutungen der archaischen Liebesgedichte wie auch der hellenistischen Epigramme lassen ebenso wie die unverblümten Aussagen der Komödie erkennen, daß es hier wie dort der Analverkehr ist, der im Zusammenhang mit der Knabenliebe genannt wird. Man muß davon ausgehen, daß jene Praktik zumindest im allgemeinen Bewußtsein als üblich galt, wenn sie nicht tatsächlich die gängige war. Dies zu entscheiden bieten die Quellen keine hinreichende Grundlage. Nichtsdestoweniger war der Analkoitus als päderastische Liebestechnik verpönt und sein Vorkommen in pädophilen Kreisen der Athener Bürgergesellschaft entschieden tabuisiert, in klassischer Zeit offenbar strenger als in der Archaik. Außer mit Frauen konnte ein Athener nur mit Prostituierten in dieser Weise sexuell verkehren, ohne gegen den bürgerlichen Ehrenkodex zu verstoßen.

Aus den betreffenden Kontexten der Komödien, in denen von Analverkehr die Rede ist, geht deutlich hervor, daß diese Art Geschlechtsverkehr für den penetrierten Partner als erniedrigend angesehen wurde[46]. Die Unterstellung, sich für analen Sex herzugeben oder hergegeben zu haben, dient stets der Diffamierung des Angesprochenen und ist regelmäßig mit dem Vorwurf der Prostitution verbunden. So wurde z.B. der Dichter Agathon, der bekanntlich mit dem Politiker Pausanias (Plat. *Prot.* 315 d–e) ein lange währendes päderastisches Verhältnis hatte, dadurch verhöhnt, daß man ihn καταπύγων (Steißling; Aristoph. *Thesmo.* 201) nannte und ihm nachsagte, am Penetriertwerden Vergnügen gefunden zu haben (206). Der Begriff *Katapygon* ist ein vielgenutztes Schimpfwort in der Komödie, mit dem nicht nur homosexuelles Verhalten bezeichnet wird, sondern das generell abwertend gebraucht wird[47]. Dieselbe Abschätzigkeit für den, der sich anal koitieren läßt, steckt in der Bezeichnung εὐρύπρωκτός (weitärschig; Aristoph. *Nub.* 1023).

Die Herabsetzung und Demütigung, die der Vollzug von analem Geschlechtsverkehr für den passiven Mann mit sich brachte, zeigt in krasser Deutlichkeit die bereits erwähnte Vase (Abb. 98a–b), auf der die militärische Niederlage der Perser mittels der angedeuteten Penetration eines persischen Kriegers durch einen Athener in Szene gesetzt wird. Die Schande, sexuell mißbraucht worden zu sein, wird der Schmach des verlorenen Krieges parallelisiert.

Die Verachtung, die man für den passiven Partner der analen Kopulation empfand, liegt in der Vorstellung begründet, der Mann übernehme eine Frauenrolle und verhalte sich weibisch. Passivität war das frauenspezifische Verhalten beim Geschlechtsakt. Insofern drückte jedes Verhalten, das im heterosexuellen Verkehr auf Seiten der Frau lag, dem gleichermaßen handelnden Mann im homosexuellen Verkehr den Makel des Weibischen auf. Penetriert zu werden, ist die weibliche Sexualrolle an sich. So zielt jede Penetration, ob vaginal, anal oder oral, auf ein als weiblich determiniertes Objekt. Durch Zulassen dieser Praktiken erniedrigte sich der hinnehmende Mann auf die Stufe der Frau und unterwarf sich als Sexualobjekt einem anderen Mann. Dies war mit der Auffassung vom freien Bürger nicht vereinbar.

Die Unvereinbarkeit der Freiheit und Würde des Mannes mit einer demütigenden, den Frauen eigenen Liebespraktik führte zu einer mehr oder weniger strengen Tabuisierung des päderastischen Analverkehrs. Er wurde in Schrift- und Bildquellen weitgehend verschwiegen. Die ihm innewohnende Problematik mußte aber keineswegs den unbedingten Verzicht bedeuten, sondern allenfalls eine entsprechende Diskretion nach außen. Erlaubte doch die ehrliche, an einen Würdigen gerichtete Liebe, der δίκαιος ἔρως viele Arten der Demut und des Dienens, die außerhalb solch einer Beziehung untragbar gewesen wären.

Mit Gebärden und Gebeten sie anflehen, Eide schwören und vor ihren Türen schlafen und Dienste dienen wollen wie niemals ein Diener (symp. 183a) beschreibt Platon den Zustand eines *Erastes*:

Denn wie es für die Verliebten nicht als Kriecherei und nicht als schimpflich galt, freiwillig irgendeinen Dienst den Lieblingen zu dienen, so gilt uns die Sitte, daß jenen eine einzige freiwillige Dienstbarkeit bleibt, die nicht schimpflich ist: das ist die um der Tugend willen (Plat. symp. 184b–c; Übers. K. Hildebrandt).

Insofern scheint auch der an sich abgelehnte Analverkehr in liebendem Einverständnis ethisch vertretbar gewesen zu sein (Plat. Phaidr. 256c).

Die Problematik des päderastischen Sexuallebens erwuchs aus einer Doppelmoral, die dem einen Liebespartner verübelte, was sie dem anderen zugestand. Allerdings waren es keine sexualmoralischen Normen, die das homosexuelle Verhalten reglementierten, ebenso wenig wie eine prinzipielle Ablehnung z. B. des Analverkehrs und eine generelle Ächtung all jener bestand, die ihn betrieben. Die Verachtung, die allein den passiven, nicht den aktiven Teilnehmer des Aktes traf, die nicht dem Verursacher, sondern dem Opfer galt, hat soziologische Gründe, die zweierlei Bewertungsmaßstäbe unvermeidlich machten. Die Klassenstruktur der griechischen Gesellschaft forderte verschiedene Verhaltensweisen von den unterschiedlich gestellten Gruppen, trennte die aktiven Herrschenden von den passiven Beherrschten. Der Geschlechtsverkehr zwischen Männern stellte dieses Prinzip, das sowohl den Supremat des Mannes wie den Vorrang des Bürgers begründete, in Frage. Die Vorstellung von der Ungleichwertigkeit der Rollen beim Sexualakt, der Aufteilung in Überlegene und Unterlegene machte den einen Mann zum Sexualobjekt des anderen. Die Rolle des Opfers/ Objektes stand jedoch diametral entgegengesetzt zur Existenz als Mann und Bürger. Der Bürger, der Verantwortung für das Gemeinwesen trug, der politische Entscheidungen traf, der staatliche Ämter innehatte und militärische Führungsaufgaben übernahm, mußte in jedem Bereich seines Lebens die Verhaltensnormen der Elite erfüllen und durfte nicht in die Rolle des Unterlegenen fallen.

Unter diesen Bedingungen mußte jedes homosexuelle Verhältnis zwischen gleichrangigen Männern als unehrenhaft gelten. Zeugnisse dafür gibt es genug. Das Konstrukt der Knabenliebe jedoch ermöglichte homosexuelle Beziehungen ohne Verstoß gegen den Ehrenkodex des athenischen Bürgers. Es paßte sich dem Raster ihrer Verhaltensnormen ein, sofern die spezifischen, der griechischen Päderastie eigenen Bedingungen eingehalten waren.

Zunächst erleichterte die natürliche altersmäßige Unterlegenheit des Knaben, sich dem erwachsenen Mann unterzuordnen, und legitimierte seine passive, d. h. unmännliche Rolle in der Beziehung. Darüber hinaus war von dem *Pais* unbedingte sexuelle Teilnahmslosigkeit gefordert wie auch die strikte Verweigerung jeder geschlechtlichen Penetration. Die feste Reglementierung des sexuellen Verhaltens in der Knabenliebe schützte den *Eromenos,* den zukünftigen Bürger, vor der Gefahr, zum Unterlegenen und Objekt zu werden, und damit die Normen zu verletzen, denen das Handeln eines freien Mannes und athenischen Bürgers unterlag. Die Herausarbeitung dieser Regeln wird entscheidend K. Dover[48] verdankt, der die griechische Päderastie erstmals durch Analyse von Text- und Bildquellen in ihrer praktischen Erscheinung auslotete und ihre gesellschaftlichen Bedingtheiten aufzeigte.

Wie eine päderastische Liebesbegegnung auszusehen hatte, zeigen die Vasenbilder. Die einzig legitime Art des homosexuellen Geschlechtsverkehrs war offenbar der Schenkelakt, der allein, wenn auch nicht häufig, dargestellt wurde. Er scheint den Vorstellungen eines würdigen Liebesverhältnisses zwischen einem Knaben und einem Mann gerecht worden zu sein. Der homosexuelle Analkoitus dagegen, der hin und wieder auf Trink- oder Weingefäßen auftaucht, gehört ausschließlich in den Bereich der Prostitution oder des *Symposions*.

Eine gut erhaltene Darstellung des Schenkelverkehrs, der in der antiken Literatur nur sehr vereinzelt genannt wird (Aristoph. *Av.* 706), findet sich auf einem Weingefäß, ehemals im Baseler Kunsthandel[49] (Abb. 109). Die Szene spielt möglicherweise nach einem *Symposion,* wenn sie mit dem *Komos*bild auf der anderen Seite der Vase als eine einheitliche Darstellung gedacht war. Der Liebesakt findet im Freien statt, im Schutze eines hohen Gewächses. Der Diener des Mannes hat sich abgewandt auf den Boden gehockt und ist mit dem Stock seines Herrn in der Hand eingenickt. Der bärtige *Erastes* ist dem Geliebten an die Brust gesunken und hält ihn umklammert, während er ihm das Glied zwischen die Oberschenkel stößt. Der *Eromenos* steht aufrecht da, den linken Arm ungerührt wie abwartend in die Hüfte gestützt. Außer der Tatsache, daß er nicht penetriert wird, ist seine Unbeteiligtheit ein wesentlicher und gleichbleibender Zug dieses Darstellungstypus. Während der *Erastes* sich echauffiert, bleibt der Jüngling kühl. Auf der bereits angesprochenen Oinochoe in Mykonos (Abb. 96) geht die Teilnahmslosigkeit des *Eromenos* soweit, daß er während der Umarmung begeistert sein Hasengeschenk betrachtet und nicht einmal die Leine lockert, an der er einen Hund führt.

Geschlechtsleben 195

109 Päderast
beim Schenkelverkehr mit dem
Geliebten. Weingefäß.
480/470 v. Chr. (Basel)

Die Vasenmaler setzen hier ins Bild, was Xenophon an der Knabenliebe gegenüber der Frauenliebe bemängelt (*symp.* 8, 21; Übers. E. Stärk): *Denn der Knabe teilt – anders als die Frau – mit dem Mann nicht die Wonnen des Liebesgenusses, sondern sieht nüchternen Sinnes einen von Liebe Berauschten.*

Die Unbeteiligtheit am Sexualgenuß unterschied den *Eromenos* maßgeblich von einem weiblichen Liebespartner und trennte ihn von der entsprechend weiblichen Rolle. Frauen galten allgemein als lüstern. Man glaubte, daß sie den Geschlechtsverkehr intensiver genossen als Männer. Dafür führte man in der Antike das Zeugnis des Sehers Theiresias an, der nach dem Mythos (Hes. *Fr.* 179) in seinem Leben eine zeitlang eine Frau gewesen war und die sexuellen Empfindungen beider Geschlechter vergleichen konnte.

Der Schenkelverkehr erscheint wie die meisten päderastischen Sujets auf Vasenbildern der 2. Hälfte des 6. Jhs. und des frühen 5. Jhs. In den gleichzeitigen Liebesgedichten dagegen zielen alle Anspielungen, sofern ihre verschleiernden Begriffe konkrete Praktiken erkennen lassen (Theognis), auf den Analverkehr. Die Diskrepanz ist kaum zu erklären. Ob der Schenkelverkehr nur ein idealisierender künstlerischer Topos für den päderastischen Liebesakt an sich war, der der historischen Realität wenig entsprach, muß offen bleiben. Sicher jedenfalls ist er ein Zeugnis dafür, daß in archaischer Zeit die prinzipielle Problematik homosexueller Liebe ebenso bestand, wie sie für klassische Zeit aus den Schriftquellen hervorgeht. Der Schenkelverkehr scheint eine Lösung des Dilemmas einer adäquaten homosexuellen Begegnung in der Knabenliebe gewesen zu sein.

Angesichts des immerhin nicht mehr kindlichen Alters der *Eromenoi* (circa 12–18 Jahre) mutet die päderastische Liebespraxis sehr künstlich, um nicht zu sagen verlogen an. Es drängt sich förmlich die Frage auf, ob ein z.B. sechzehnjähriger Junge die dargestellten sexuellen Manipulationen und den Schenkelakt hinnehmen konnte, ohne selbst erregt zu werden. D.h. sind die Darstellungen, auf denen der *Eromenos* mit seltenen Ausnahmen regelmäßig keine Erektion hat[50], das schönfärberische Spiegelbild einer Ideologie? Es erübrigt sich, in diesem Zusammenhang über den genauen Zeitpunkt der Geschlechtsreife nachzudenken, da sich spätestens bei den jungen Männern, die in der einen Beziehung kühle *Paides*, in einer anderen feurige Liebhaber waren, diese Frage unabweisbar wiederholt.

Wie die Bildquellen, geben auch die Schriftquellen viele Hinweise darauf, daß die *Eromenoi* der sexuellen Seite eines Verhältnisses zu einem Mann wenig abgewinnen konnten. Die archaische Liebeslyrik hat überwiegend die Abwehr und Flucht des spröden, hartherzigen Geliebten zum Thema, nicht sein Entgegenkommen. Er wird als der Gebende bezeichnet, den man um diese Gunst bitten muß. Auch bei Platon wird deutlich, daß der *Eromenos* kein Vergnügen beim päderastischen Geschlechtsverkehr zu empfinden schien (*Phaidr.* 240c–d; *symp.* 184c–e), sondern dem *Erastes* die Gunst gewährte, um von ihm in seiner geistigen und persönlichen Entwicklung zu profitieren. Die entsprechende Bemerkung bei Xenophon (*symp.* 8, 21) über die Kühle der *Eromenoi* wurde schon zitiert. Wer dagegen den Verkehr als lustvoll genoß, den hielt man nicht für besser als einen Strichjungen[51]. Diese negative Einschätzung der Sexuallust des *Pais* offenbart, wie zwanghaft ihre Unterdrückung gewesen sein muß.

Die sexuelle Unbeteiligtheit der *Eromenoi* war offenbar nicht nur ein unerreichtes päderastisches Ideal, sondern zumindest in bestimmten Kreisen praktizierte Wohlanständigkeit. Wenn man bedenkt, wie leicht die bürgerlich christliche Sexualmoral des 19. Jhs. die Frauen um das Bewußtsein ihrer eigenen Sexualität brachte und zu frigiden Pflichtbeischläferinnen machte, dann wird verständlich, wie stark sexualethische Normierungen wirken können. Es erforderte allerdings wohl eine totale Verinnerlichung jener Wertmaßstäbe, wenn der jugendliche *Eromenos*, der bewundernd dem älteren Freund anhing, ihm nacheiferte und in aufrichtiger Freundesliebe *(philia)* zugetan war, in dessen Umarmung nicht von seiner Leidenschaft erfaßt wurde.

Tatsächlich klingt in Platons *Phaidros* auch diese Art des päderastischen Liebesrausches an, der als gelegentliche selbstvergessene Erfüllung sexueller Sehnsüchte durchaus nicht verurteilt wird. Es wird ein päderastisches Liebespaar beim *Symposion* geschildert. Während den *Erastes* nur die von einer höheren Vernunft diktierte, angestrengte Enthaltsamkeit vom sexuellen Wunschziel abbringt, führt der bedingungslose Hingabewille seines jungen Freundes in dieser schwachen Stunde beim Wein zur gegenseitig beglückenden Begegnung (*Phaidr.* 256a–d).

Aus allen Zeugnissen kann geschlossen werden, daß zumindest die sexuelle Befriedigung des *Erastes* in päderastischen Verhältnissen stets mehr oder weniger üblich war. Dabei scheint der Schenkelakt die anständigste Art des Verkehrs gewesen zu sein, da er die Lusterfüllung des *Erastes* mit der Wahrung der Würde und Unantastbarkeit des *Eromenos* verband. Die sokratisch-platonische Philosophie erhob die sexuelle Enthaltsamkeit zum neuen päderastischen Ideal, auch wenn in der achtbaren Liebesbeziehung gelegentlicher Geschlechtsverkehr akzeptiert wurde. Allerdings war hier höchste Diskretion geboten. Schon die Tatsache, daß die Leute, die ein Paar zusammen sahen, reden könnten, wurde als ungute Verletzung des Tabus empfunden, mit dem es ein päderastisches Verhältnis zu umgeben galt. *Die stecken jetzt nur beisammen, weil sie entweder gerade ihre Begierde befriedigt haben oder eben daran gehen, es zu tun* (Plat. Phaidr. 232a–b). Beispielhaft für das platonische Ideal sublimer Päderastie ist das Verhalten des Sokrates gegenüber seinem Liebling Alkibiades, das dieser selbst beim *Symposion* schildert (Plat. symp. 216e–219c; Übers. E. Stärk):

Da ich glaubte, daß er (Sokrates) sich um meine Jugendblüte bemühe, hielt ich das für einen unvorhergesehenen Vorteil und ein wunderbares Glück, weil mir nun freistünde, wenn ich dem Sokrates gefällig wäre, alles zu hören, was er wüßte, denn ich bildete mir auf meine Blüte wunder wieviel ein. Mit solchen Gedanken schickte ich einmal den Begleiter fort, da ich vordem nicht ohne Begleiter bei ihm zu sein gewöhnt war, und war allein mit ihm zusammen. ... Wir waren also zusammen, ihr Männer, beide allein, und ich glaubte, er würde mit mir sogleich reden wie ein Liebender zu seinem Liebling in Einsamkeit redet, und war freudig. Aber gar nichts davon geschah, sondern er verbrachte wie gewöhnlich den ganzen Tag im Gespräch mit mir, und dann ging er fort. Darauf lud ich ihn ein zum gemeinsamen Turnen und turnte mit ihm, um dadurch etwas zu erreichen. Er turnte also und rang oft mit mir, ohne daß jemand zugegen war, und was brauch ich es zu sagen: nichts erreichte ich damit. Da ich aber auch damit nichts gewann, so glaubte ich, ich müsse dem Mann stärker zusetzen und nicht ablassen, da ich es einmal unternommen hätte, sondern ich wollte erfahren, wie die Sache stünde. Ich lud ihn also ein, mit mir zu speisen, und stellte ihm geradezu nach wie ein Liebender dem Liebling. Auch dies nahm er nicht sogleich an, aber nach einiger Zeit willigte er ein. Als er zum ersten Mal gekommen war, wollte er gleich nach der Mahlzeit fortgehen, und da schämte ich mich und ließ ihn gegen. Aber beim zweiten Versuch sprach ich mit ihm, nachdem er gespeist hatte, bis tief in die Nacht hinein, und, als er gehen wollte, schützte ich vor, daß es spät sei, und nötigte ihn zu bleiben. Er legte sich also zur Ruhe auf das Polster, das neben dem meinen stand und auf welchem er auch gespeist hatte, und kein anderer schlief in dem Gemach als wir. Und bis zu diesen Worten kann man gut die Sache jedermann erzählen. Das weitere aber würdet ihr nicht von mir vernehmen, wenn nicht erstens nach dem Sprichwort Wein mit Kindern oder ohne Kinder wahrhaftig wäre, dann aber es mir auch ungerecht schiene, des Sokrates Tun zu verschweigen, wo ich ihn zu loben habe. ... Als nun die Lampe erloschen war, ihr Männer, und die Sklaven draußen waren, schien es mir nötig, mich vor ihm nicht zu zieren, sondern frei zu sagen, wie ich dachte. Ich stieß ihn an und sagte: Sokrates schläfst du? – Nein doch, erwiderte er. – Weißt du wohl, was ich im Sinne habe? – Was denn schon, sagte er. – Ich glaube, du liebst mich und du bist der einzige, der dessen würdig ist, und es sieht aus, als zögerst du, mit mir davon zu reden. Mit mir steht es aber so: für sehr unverständig würde ich es halten, dir nicht auch hierin gefällig zu sein oder auch, wenn du etwas anderes bedürftest von meinem Besitz oder von dem meiner Freunde, denn nichts ist mir wichtiger, als daß ich so tüchtig wie möglich werde, und ich glaube, daß es dafür keinen stärkeren Helfer gibt als dich. Wenn ich einem solchen Mann nicht gefällig wäre, würde ich mich vor den Vernünftigen weit mehr schämen als vor den vielen Unvernünftigen, wenn ich ihm gefällig wäre.

Mit einer scherzhaften Argumentation umgeht Sokrates das deutliche Angebot: Alkibiades müsse sich in seiner Einschätzung irren, wenn aber nicht, würde er ihn übervorteilen wollen, indem er äußere Schönheit gegen innere Werte, den schönen Schein gegen die Wahrheit, Kupfer gegen Gold einzutauschen suche. Alkibiades fährt schließlich mit seiner Schilderung jener Nacht fort:

Ich stand auf und ließ ihn weiter nichts sagen, warf meinen eigenen Mantel über ihn – denn es war Winter –, legte mich unter seinen Mantel und schlang meine Arme um diesen wahrhaft Dämonischen und Wunderbaren und lag so die ganze Nacht. Nicht anders stand ich auf, nachdem ich mit Sokrates geschlafen hatte, als wenn ich beim Vater oder älteren Bruder geschlafen hätte.

Diese Darstellung des Alkibiades vermittelt außer dem Ideal der sexuellen Beherrschung und Enthaltsamkeit, die Bedingtheiten und Gründe, die eine Beziehung zu einem δίκαιος ἔρως (rechte Liebe) werden ließen, dessen einziges Ziel war, den Heranwachsenden möglichst ἀγαθός (tüchtig) zu machen. Ein solcher Eros rechtfertigte auch sexuelle Kontakte mit dem *Eromenos*. Außerdem zeichnet die Schilderung ein sehr lebendiges Bild von den möglichen Umständen und dem Ambiente, unter denen und in dem ein päderastisches Paar sich begegnen konnte. Wie Alkibiades selbst sagt, spielte er eigentlich die Rolle des Liebhabers und nicht des Geliebten. Alle Bemühungen, die er unternahm, um seinem Lehrer Sokrates entgegen zu kommen, lagen üblicherweise auf der Seite des *Erastes*. Es entsteht ein lebendiger Eindruck, wie viel Einfallsreichtum, Zeit und Zartgefühl es brauchte, an unverfänglichen Orten zusammen zu treffen, die Begleiter und Sklaven los zu werden und dann noch die richtige Gelegenheit und die richtigen Worte für eine Erklärung zu finden. Und all dies konnte auch völlig erfolglos sein. In unserem Fall darf man jedoch nicht meinen, der Mißerfolg läge am mangelnden Interesse des Sokrates. Dies traf wohl nicht zu. Platon läßt mehr als einmal dessen päderastisches Engagement in Erscheinung treten. Und gerade zu Alkibiades bestand eine besondere Beziehung.

Mißbrauch und Gefahren

Die freimütig gestandenen Annäherungsversuche des Alkibiades hätten, einmal publik geworden, ihn schnell in Verruf bringen können. Nicht von ungefähr fordert er im Laufe seiner Rede alle anwesenden Diener und Uneingeweihten scherzhaft auf, sich die Ohren zu verstopfen. Leicht hätte man ihm unterstellen können, sich selbst angeboten, prostituiert zu haben, wenn nicht aus Gewinnsucht – bekanntlich war Sokrates nicht vermögend –, so aus Vergnügen am homosexuellen Geschlechtsverkehr.

Der wunde Punkt der Knabenliebe ist ihre äußerliche Verwandtschaft mit der Knabenprostitution. Hier wie dort stand der Knabe den sexuellen Wünschen eines Mannes zur Verfügung im Tausch gegen bestimmte Güter: Geld, Geschenke oder Erziehungs- und Ausbildungsleistungen. Darüberhinaus war auch das päderastische Liebesverhältnis weder dauerhaft, noch ausschließlich auf einen Partner gerichtet. Seine vielen *Eromenoi* anzuführen oder gar namentlich zu nennen, war schon fast ein Topos, um ein großes Renommee und Weltläufigkeit zu dokumentieren (Plat. *Phaidr.* 222b; Xen. *symp.* 8, 2; Aischin. 1, 135–136). Der wesentliche Unterschied zwischen der Knabenliebe und der Prostitution, nämlich die Erziehungsabsicht und -qualifikation, traten kaum öffentlich in Erscheinung und waren für den Außenstehenden schwer faßbar. Dadurch waren einer als Päderastie verbrämten Prostitution Tor und Tür geöffnet. Sie ermöglichte es, sich, unter dem Deckmantel der Ergebenheit des *Eromenos* zu prostituieren, ebenso wie unter Vorspiegelung eines pädagogischen Anliegens Knaben zu verführen und wie Prostituierte zu benutzen. Diese Gefahr befürchteten die Väter und Erzieher für ihre Schützlinge und gaben ihnen deswegen ständig einen *Pädagogen,* einen Begleiter mit. Sie mußten aber weniger die tatsächliche Existenz einer in ihren Augen unwürdigen Liebesbeziehung befürchten – sei es eine unstandesgemäße oder leichtsinnige – als vielmehr den bloßen Ruf leichter Zugänglichkeit und Offenherzigkeit. Denn der potentielle und faktische Mißbrauch der Päderastie führte umgekehrt dazu, daß auch päderastische Verhältnisse als Prostitution diffamiert werden konnten. Da es hier naturgemäß an Beweisen fehlte, das eine zu bestätigen und das andere zu widerlegen, galt es vor allem Verleumdung und schlechten Ruf zu vermeiden.

Daß die Päderastie eine Gratwanderung zwischen legitimer und illegitimer Liebe und wie begründet dementsprechend das Bestreben war, nicht in Verruf zu kommen, zeigt der Prozeß gegen den bereits erwähnten Timarchos, den der Vorwurf der Prostitution zugrunderichtete. Dabei war Timarchos kein Prostituierter, sondern ein honoriger, politisch aktiver Bürger, der sich auf Seiten des Demosthenes gegen die für viele Athener unannehmbaren Friedensverträge mit dem Makedonenkönig Philipp II. gestellt hatte. Den Parteigegnern gelang es, ihn durch eine auf den Verdacht der Prostitution gegründete Anklage politisch und gesellschaftlich zu ruinieren. Zwar war es nicht strafbar, sich selbst zu prostituieren, aber es zog das Verbot jeglicher politischer Betätigung nach sich, von der Amtsübernahme bis zur Redefreiheit in der Volksversammlung. Grundlage dieser Konsequenz war die Vorstellung, daß einer, der seinen Körper verkauft, auch nicht zögern würde, die Interessen der *Polis*gemeinschaft zu verkaufen (Aischin. 1, 29–32). Wer sich diese Bürgerprivilegien trotzdem widerrechtlich anmaßte und politisch tätig wurde, mußte mit Strafverfolgung rechnen. So wurde Timarchos verurteilt, weil es gelang, die Geschworenen zu überzeugen, daß er sich als Jugendlicher prostituiert hatte. Bekannt sind jene Vorgänge aus der Anklageschrift des Aischines, die uns erhalten ist (*Gegen Timarchos*). Wenn Aischines auch alle Register zieht, um den offenbar äußerst lockeren Lebenswandel des Beklagten als Prostitution zu entlarven, kann er keinen einzigen eindeutigen Beweis oder eine dahingehende Zeugenaussage bringen. Weder die angeführten Tatsachen, noch die Aussagen von zwei ehemaligen Liebhabern lassen erkennen, ob es sich hier um professionelle Prostitution gehandelt hat oder um skrupellose Päderastie, wie sie jenseits philosophischer Ethikforderungen sicher nicht selten gehandhabt wurde.

Timarchos hatte ganz offensichtlich eine sehr ausschweifende Jugend genossen. Als Jüngling war er bei einem Arzt in Piräus in die Lehre gegangen und hatte hier angeblich etliche Liebesaffären (Aischin. 1, 17). Nachdem er anschließend seinen beträchtlichen väterlichen Besitz verkauft hatte, lebte er nacheinander in den Häusern verschiedener Liebhaber in Saus und Braus und verschwendete sein eigenes Vermögen wie auch das der Gastgeber für Vergnügungen wie Essen, Trinken und Frauen. Aber die Tatsache, daß Timarchos viele Liebschaften gehabt und sich die Schwäche seiner Liebhaber für ihn voll zunutze gemacht hatte, erfüllte nicht zwangsweise den Tatbestand der Prostitution. Prostitution war gegeben, wenn jemand gegen Bezahlung und mit vielen Partnern sexuellen Umgang hatte. Verstand man den Begriff „Bezahlung" im weitesten Sinne und beschränkte ihn nicht auf Geld, konnte praktisch jedes päderastische Verhältnis unter Prostitution fallen. Selbst im Fall des Sokrates hätte man die Verhältnisse seiner *Eromenoi* zu ihm als Prostitution und den Unterricht, den sich z.B. die Sophisten teuer bezahlen ließen, als Entlohnung ansehen können, wenn er sexuell auffällig gewesen wäre. Dies ist der entscheidene Punkt im Leben des Timarchos. Seine liederliche, verantwortungslose Lebensführung und vor allem das Verschleudern des Vermögens, das für die Belange des Staates hätte eingesetzt werden müssen, reichten aus, ihn verdächtig zu machen und seine Liebesaffären nicht als päderastische gelten zu lassen, sondern ihn mit dem Vorwurf der Prostitution zu belasten. Er verlor seine politischen Rechte.

Das Verfahren gegen Timarchos zeigt deutlich, daß die allgemeine Toleranz gegenüber einer „gelockerten" Päderastie nicht unbegrenzt war. Verstöße gegen die geltenden sexuellen Normen blieben besser im Verborgenen. Wurden sie bekannt, mußte man sie zum Schutz des ganzen Wertesystems ahnden. So war homosexuelle Diffamierung und Unterstellung der Prostitution ein beliebter und offenbar erfolgreicher Schachzug in einer gerichtlichen Klage[52].

Prostitution

Oft ist es nur der soziale und rechtliche Stand, der das eine zur Prostitution und das andere zur Päderastie machte. Die Päderastie war ein Privileg des freien Bürgers, und für Sklaven (Aisch. 1, 57) wie wohl auch für *Metöken* nicht erfüllbar. Beiden gestand man das sittliche Niveau, das die Knabenliebe erforderte, nicht zu. Außerdem fehlte der pädagogische, staatsbürgerliche Sinn bei diesen Personengruppen, die von jeder politischen Betätigung

110   Päderastische Paare. Amphore. Um 550 v. Chr. (London)

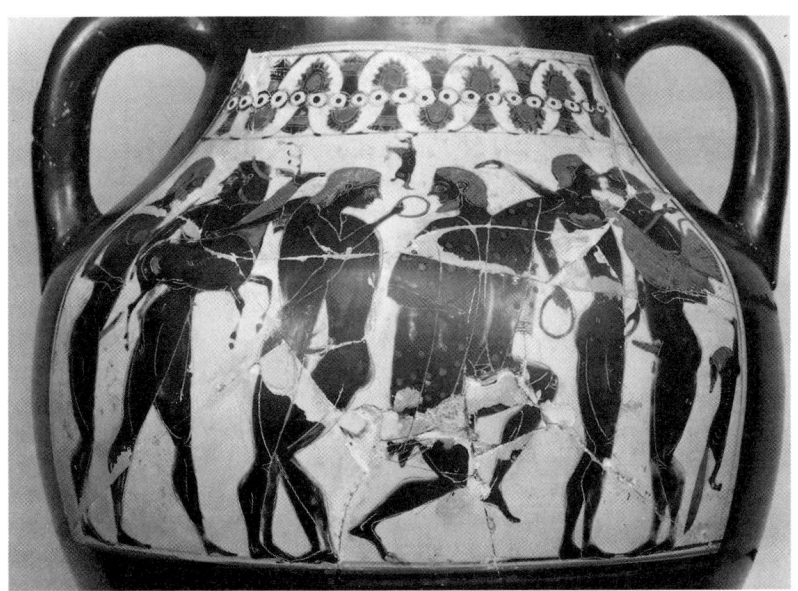

111 Knabe bedient Zecher und Hetären beim Gelage. Trinkschale. 480/470 v. Chr. (Cambridge/Mass.)

ausgeschlossen waren. So fällt das Verhältnis, das der syrakusische Schausteller im *Symposion* des Xenophon zu dem jungen Tänzer aus seiner Truppe hat, nicht unter Päderastie, auch wenn es de facto eine vergleichbare Erscheinung ist. Da diese Beziehung nicht zwei athenische Bürger verbindet, ist sie jeder Klassifizierung entzogen, die doch irrelevant wäre. Der Syrakuser liebt diesen Tänzer, mit dem er jede Nacht verbringt (Xen. *symp.* 4, 53–54) und dessen Schönheit und Eleganz die *Symposiasten* ebenso entzücken wie sein Gesang und sein Saitenspiel. Eifersüchtig beobachtet er ihn in der Furcht, einer der Gäste könnte ihn auf sein Lager ziehen und überreden, mit ihm die Nacht zu verbringen. Der Knabe ist offenbar nicht der Sklave des Syrakusiers, denn sonst wären etwaige sexuelle Übergriffe auf ihn ohne dessen Zustimmung nicht möglich gewesen. Diese Liebesbeziehung scheint keine erzwungene, wie sie häufig zwischen Herr und Sklave bzw. Sklavin bestand. Es ist Knabenliebe auf der Ebene des „kleinen Mannes", sexuelle Leidenschaft verbunden mit der Sorge um das Wohlergehen des Jungen, den der Syrakusier durch die feinen Herren gefährdet sieht, wie er dem Sokrates sagt (Xen. *symp.* 4, 52). In der Tat hätten sie ihn wohl wie einen Prostituierten benutzt.

Der Knabe gehört zu jener Halbwelt der Unterhaltungsbranche, die für jegliche Vergnügungen, ob Geschlechtsverkehr oder *Symposions*entertainment, ihre Leute hatte. Die eine Gruppe waren die Hetären, deren vielseitiger Einsatz bereits ausgeführt wurde. Das Pendant stellten die Knaben dar, von denen offenbar dieselbe Bereitwilligkeit zu den verschiedensten Dien-

*112 Vorführungen beim Gelage. Weinmischgefäß.
Spätes 5. Jh. v. Chr. (Corneto)*

sten erwartet wurde. Wahrscheinlich war auch Phaidon, jener uns bekannte Sokratesschüler, nach dem Platon einen seiner Dialoge benannte, als Lustknabe beim *Symposion* eingesetzt, wo er Sokrates begegnete und reden hörte. Phaidon stammte aus Elis und war als Kriegsgefangener nach Athen verkauft und zur Prostitution gezwungen worden (Gellius, 2, 18, 1–4). Sokrates Freunde kauften ihn frei.

Auf den Vasenbildern erscheinen Knaben als Bedienung, Musikanten, Tänzer und Artisten beim *Symposion*. Eine Trinkschale in Cambridge[53] (Abb. 111) zeigt die gelagerten Zecher, die jeder eine Hetäre an ihrer Seite liegen haben. Vor ihnen agieren zwei Knaben, der eine, nackt, bedient die Gäste, der andere mit einem langen Mantel bekleidet, unterhält die *Symposiasten* mit seinem Flötenspiel. Ein *Krater* in Corneto[54] (Abb. 112) stellt eine Zechgesellschaft dar, die sich durch diverse tänzerische und akrobatische Darbietungen von Knaben und Jünglingen unterhalten läßt. Daß solche Knaben auch den sexuellen Wünschen der Gäste zur Verfügung stehen konnten, zeigt unmißverständlich ein Schalenbild in New York[55] (Abb. 113), auf dem ein lagernder Zecher dem Knaben, der ihm einen frischen Festkranz aufsetzt, an das Geschlecht greift. Hier ist eindeutig, daß der Belästigte ein Bediensteter ist. Schwieriger wird die Unterscheidung, wenn die Knaben im weiteren Verlauf des Festes den Männern bereits nähergekommen sind und ihnen „gefällig" werden. In der Umarmung ist kaum zu erkennen, ob es sich um einen bezahlten Lustknaben handelt oder um den achtbaren *Eromenos* des Berauschten, der jenem nur einen Liebesdienst

113 Zecher greift dem bedienenden Knaben an das Geschlecht. Trinkschale. 490/480 v. Chr. (New York)

tut. Die *Symposien* waren ja der Rahmen, in dem man unbedenklich seinen *Eromenos* treffen und wie selbstverständlich mit ihm zusammensein konnte. Sie waren wohl auch jene Gelegenheiten der Sorglosigkeit und des Weines, die Sokrates meint (Plat. *Phaidr.* 256a–d), wenn er davon spricht, daß dann selbst der beherrschteste, edelste *Erastes* seinen körperlichen Sehnsüchten nachgeben mochte. Umgekehrt mußte das Beisammensein beim Gastmahl nicht zwangsläufig mit einer Vernachlässigung sonst gültiger Tugendideale verbunden sein. Kallias bispielsweise lud den geliebten Knaben zusammen mit seinem Vater zu sich ein (Xen. *smp.* 1, 8–11).

Zu einem Vasenbild in Rom[56] (Abb. 114) stellt sich bereits die Frage, wer der so heftig umarmte Knabe ist, der neben dem Zecher auf der *Kline* liegt. Da wie die Hetären auch die männlichen Prostituierten nicht als solche gekennzeichnet sind, kann jener Jüngling ebenso ein junger Mitgast und *Eromenos* sein wie ein professioneller „Liebling".

Dieselbe Unklarheit besteht bei einem Schaleninnenbild in Bologna[7] (Abb. 115). Hier ruht ein junger Mann im Schoß eines anderen. Daß sich zwei oder drei Männer eine *Kline* teilten, war üblich. Ungewöhnlich ist allerdings, zumindest in den Darstellungen, diese intime Art der Nähe und körperlichen Umschlingung, die sich sonst nur bei Hetärendarstellungen (Abb. 38) wiederfindet. Eine sicherer Hinweis auf den Status des im Schoß Liegenden gibt diese Parallele jedoch nicht. Beide *Symposiasten* sind Jünglinge. Möglicherweise erklärt die Gleichaltrigkeit jene innige Verbindung, die Altersgenossen als jugendlicher Überschwang und in Anbetracht ihrer Gleichrangigkeit wohl nachgesehen wurde[58]. Erheblich offener zeigt den sexuellen Kontakt zwischen zwei Männern der bereits angesprochene *Kantharos* in Baltimore (Abb. 49 a). Wiederum scheint es sich um Altersgenossen zu handeln, die sich zusammen mit einer anderen Gruppe von *Symposiasten* auf einer *Kline* vergnügen. Der eine Jüngling am linken Endes des Lagers hat sich auf die Knie niedergesetzt und zieht den rücklings vor ihm hockenden Partner auf sein erigiertes Glied herab[59]. Auch diese Szene spielt beim *Symposion*, in jenem Moment des Festes, an dem der dionysische Rausch seinen Höhepunkt erreicht hat und die *Symposiasten* sich einem ausschweifenden Sinnentaumel überlassen. Im Zusammenhang mit den Hetären wurde über diesen Sexual*komos* bereits gesprochen. Das Vasenbild stammt aus der Spätarchaik, jener Zeit, in der auch die Hetärendarstellungen eine nicht zu überbietende Drastik annehmen und jede Art von

114 Liebhaber umarmt den Geliebten beim Gelage. Trinkschale. 520/510 v. Chr. (Rom)

115 Jüngling lagert beim Gelage im Schoß seines Freundes. Trinkschale. 510/500 v. Chr. (Bologna)

Sexualpraktik unverhohlen abgebildet wird. Diese Tendenz erklärt allerdings nicht, daß hier vielleicht ein *Eromenos,* ein schöner, vortrefflicher Jungbürger vor aller Augen dem tabuisierten Analverkehr unterworfen, wie eine Hetäre penetriert und zum Sexualobjekt gemacht wird. So wenig wie ehrbare Frauen beim ehelichen Liebesakt dargestellt wurden, so undenkbar scheint es, einen anständigen Bürgerssohn bei einer kompromittierenden Liebespraktik zu zeigen. Treten doch auch die Männer in heterosexuellen Darstellungen niemals in Ausübung einer verpönten Liebestechnik, z. B. des Cunnilingus, auf[60]. Welcher Käufer oder Benutzer dieser Trinkschale hätte sich schon mit solch einer *Eromenos*figur identifizieren mögen? Die renommeebewußten *Erastai* ebenso wenig wie die betroffenen Knaben. Bedenkt man, wie betont überlegen der Mann im Geschlechtsverkehr mit Hetären dargestellt ist und wie entsprechend minderwertig und erniedrigt diese erscheinen, ist eine ebensolche, diskriminierende Bildrolle für einen freien Bürger schwer vorzustellen. Man möchte jenen Knaben eher für einen anläßlich des Gastmahls engagierten Prostituierten halten.

Nur äußerst wenige Darstellungen zeigen homosexuellen Geschlechtsverkehr. Selbst der offenbar legitime Schenkelverkehr tritt nur selten auf. Unter der Handvoll Vasen mit Bildern anderer Sexualpraktiken zeichnet sich ein Schalenfries in Turin[61] (Abb. 116) vor allem durch Originalität aus. Wiederum ist ein ausgelassener *Komos* ins Bild gesetzt. Auf der einen Gefäßseite tanzen die Zecher mit den Weinbechern in der Hand übermütig umher, während sie auf der anderen Seite sexuelle Spiele treiben. Die Szenerie ist durch den Speisekorb an der Wand ebenfalls als Bestandteil des *Symposions* charakterisiert. In der Mitte des Bildes preßt einer der Berauschten zwei gebückt stehende Jünglinge mit ihren Hinterteilen gegeneinander und schiebt seinen Penis zwischen die Gesäßbacken der beiden. Rechts sucht ein anderer Zecher einen widerstrebenden Knaben am Schopf zu dieser Dreiergruppe zu ziehen. Links wartet ein weiterer offensichtlich darauf, daß die Reihe dieses ausgefallenen Sexualvergnügens an ihn kommt. Sein Begleiter scheint sich bereits selbst zu befriedigen.

Auch diese Jünglinge sind eher wie professionelle Lustknaben dargestellt als wie bürgerliche *Eromenoi*. Der eine wird wie ein Sklave zur Willigkeit gezwungen. Die beiden anderen verharren, bis der stehende Zecher seinen Akt beendet hat, in einer unbequemen, gebückten Stellung, die eines freien Bürgers unwürdig ist. Sie haben eine für Hetären typische Pose angenommen, dem Kunden ihr Hinterteil und Geschlecht entgegenzustrecken (Abb. 49b, 57; 64; 73a; 98b). Man müßte dieses ausgelassene Treiben wohl als Orgie mit käuflichen „Lieblingen" deuten, handelte es sich nicht um eine Karikatur. Offensichtlich verspottet der Vasenmaler hier die päderastisch gestimmte *Symposions*gesellschaft, die sich nicht anders aufführt, als es Strichjungen tun. Diese satirische Darstellung ist den oben zitierten Versen des Aristophanes (*Plut.* 147ff) an die Seite zu stellen.

116 Sexuelle Ausgelassenheit nach dem Gelage. Trinkschale. Um 500 v. Chr. (Turin)

Es gibt eine Reihe von Bildszenen aus dem *Symposions*bereich, die man auf gemietete Unterhalter bzw. Prostituierte beziehen könnte. Manch ein dargestellter Flötenspieler war nicht ein Gast, der zu den Flöten gegriffen hatte, sondern ein angeheuerter Musikant (Abb. 40–41). Und viele der Bildausschnitte mit Jüngling und Hetäre könnten angesichts der Dionysos-Ariadnevorführung im *Symposion* des Xenophon (*symp.* 9, 6) als vergleichbare *Akroamata* gedeutet werden. Die pantherfelltragende Tänzerin und ihr Flötenspieler auf einem Schaleninnenbild in London (Abb. 41) wären in diesem Sinne zu verstehen. Da jedoch jede äußere Kennzeichnung eines käuflichen Jünglings fehlt, müssen solche Interpretationen hypothetisch bleiben.

Männliche Prostituierte waren wohl zum großen Teil Sklaven und Auswärtige, also Nichtbürger. So stammte z. B. jener Theodotos, den wir aus einer Rede des Lysias kennen (Lys. III), aus Plataä und besaß offenbar gar kein oder kein volles Bürgerrecht[62]. Zwei seiner Liebhaber stritten bis zur tätlichen Auseinandersetzung um seine Gunst, so daß dem einen eine Anklage wegen Mordversuchs angehängt wurde. Dieser Theodotos scheint aber kein gewöhnlicher Prostituierter gewesen zu sein, sonst hätte man ihn ohne Aufhebens jeweils nach Bedürfnis gemietet. Er spielte etwa die Rolle einer Hetäre, die man für längere Zeit für sich allein besitzen wollte. Während der eine Liebhaber ihn angeblich für die beachtliche Summe von 300 Drachmen unter Vertrag genommen hatte, scheint der andere ihn eher wie einen *Eromenos* behandelt zu haben, um seine Zuneigung zu erringen.

117 Junge Männer werben um Hetären. Trinkschale. 510/500 v. Chr. (Berlin). Vgl. Abb. 91

Darstellungen, die regelrechte Prostitution in Bordellen zum Gegenstand haben, wie im heterosexuellen Bereich der Bildtypus des Hetärenbesuches, lassen sich nicht erkennen, obwohl solche Bordelle existierten. Aischines spricht von einer Prostituiertensteuer für *Pornoi* (1, 119) ebenso wie von öffentlichen Häusern (1, 124). Auf dem Lykabettos stand angeblich ein solches Etablissement[63].

Allerdings stellt sich die Frage, wie weit es überhaupt in der Absicht der Vasenmaler lag, eine erotische Darstellung als eheliche, päderastische oder käufliche Beziehung deutlich zu machen, wie weit man also erwarten kann, daß ein homosexuelles Verhalten als Prostitution gekennzeichnet wird und sexuelle Szenerien sichtbar im Bordell angesiedelt werden. Im heterosexuellen Bereich ergibt sich eine entsprechende Kenntnis von vornherein aus der Segregation der bürgerlichen Frau, die vom *Symposion* ausgeschlossen war und weder in Gesellschaft mehrerer Männer auftrat noch jene zu Hause empfing; dies grenzt die Deutung häufig auf Hetären ein. Daß sich ihr Sozialstatus oft eindeutig erkennen läßt, bedeutet jedoch nicht, daß er für die Bildaussage wesentlich gewesen wäre und daß diese darauf abzielte, jene Frauen als Prostituierte zu charakterisieren. Sie verkörpern vielmehr, ungeachtet ihrer Käuflichkeit, die heterosexuellen Freuden eines Mannes, die Liebesgenüsse, die er durch eine Frau gewinnen konnte. Daß die Käuflichkeit der Hetärenliebe kein relevanter Aspekt der Darstellung war, zeigt eine Berliner Schale[64] (Abb. 91, 117), die die Hetärenliebe und die päderastische Liebe gegenüberstellt, als zwei Ausprägungen männlichen Lebensgenusses, wobei die Geschlechtslust eindeutig das verbindende Element ist. Denn gerade die päderastischen Paare sind stark sexualisiert gezeigt, während die Hetären, deren sexuelle Verfügbarkeit ohnehin selbstverständlich

Prostitution 209

*118a–b Päderastische Annäherungen. Männer mit Prostituierten (?). Trinkschale.
Um 490 v. Chr. (Bochum)*

ist, ritterlich umworben werden. Setzt man voraus, daß neben der Knabenliebe auch Knabenprostitution als eine Komponente homosexuellen Sinnenlebens zur Darstellung kommt, steht auch hier nicht zu erwarten, daß dabei ihre Käuflichkeit eine Rolle gespielt hätte. Sowohl Hetären wie auch *Pornoi* nahm man ihrer sexuellen Funktion wegen zum Bildthema, die sie für den männlichen Betrachter und Benutzer der Vasen interessant machte. Da im homosexuellen Bereich eine äußere Vorgabe fehlt, die einen käuflichen Jüngling von einem *Eromenos* unterschied, kann Prostitution allenfalls aus dem engeren Bildkontext erkannt werden. Dabei lassen sich pornographische Darstellungen, obwohl sie Phantasiebilder sind, am ehesten auf eine tatsächlich existierende Prostitution zurückführen.

In diesem Sinne kann man eine Trinkschale in Bochum[65] (Abb. 118a–b) interpretieren, deren Darstellung singulär ist. Ihr Innenbild zeigt die bekannte Gruppe des Mannes, der einem Knaben den Geldbeutel offeriert (Abb. 101). Der Außenfries stellt 6 Paare nebeneinander, stets ein bärtiger Mann mit einem Jüngling, in verschiedenen Phasen der Liebeswerbung. Auf der einen Seite, die nach Ausweis des Tragenetzes mit einem Schwamm eine *Palästra* oder ein *palästra*nahes Ambiente meint, geben sich die hofierten Jünglinge reserviert bis ablehnend. Ganz rechts steht der Umworbene eng in seinen Mantel gewickelt abwartend vor dem Liebhaber. Im Mittelbild zeigt sich der Jüngling auch angesichts eines Geschenks, möglicherweise zweier Geldstücke, nicht geneigt, den Schenkenden zu erhören. In der letzten Szene wendet sich der Jüngling von dem Mann ab, der heftig erregt seinen Mantel öffnet. Auf der Gegenseite wiederholt sich in ähnlicher Szenenfolge eine erheblich drastischere Liebeswerbung. In der Mitte hält der begehrende Mann wiederum zwei Münzen (?) für den Jungen bereit. Das Paar links hat die Mäntel geöffnet und geht aufeinander zu. In der rechten Szene ist der Jüngling dabei, die Liebesforderung des Mannes zu erfüllen. Er hat den Mantel bis über die Hüften hochgezogen und streckt dem Mann sein entblößtes Hinterteil hin. Diese Ikonographie ist innerhalb der päderastischen Darstellungen einzigartig und findet ihre einzigen Parallelen unter Hetärendarstellungen (Abb. 73b) und im Bild des mißbrauchten Persers auf der besprochenen Weinkanne (Abb. 98b). Die unschickliche Stellung und das Angebot des Analverkehrs sind mit päderastischen Verhaltensregeln nicht vereinbar. Offenbar präsentiert diese Vase homosexuellen Lebensgenuß als verfeinertes Spiel der Liebeswerbung und derbsinnliche Erfüllung sexueller Wünsche, wie die Berliner Schale Frauenliebe neben Knabenliebe stellt.

Bei einer anderen Darstellung, in der man Prostitution erkennen könnte[66], ist diese Deutung nicht ohne Schwierigkeiten. Es handelt sich um die Szene-

119 Zwei Jünglinge vergnügen sich auf einem Fest. Weinmischgefäß. 420/410 v. Chr. (London)

rie auf einem Glocken*krater* in London[67] (Abb. 119). Hier macht gerade ein festlich bekränzter Knabe Anstalten, sich seinem Gefährten rittlings auf den erigierten *Phallos* zu setzen. Ein Mann und eine Frau beobachten das Paar von dem angrenzenden Haus aus. Die Tatsache, daß jenes Geschehen im Freien spielt – der Stuhl spricht nicht dagegen – erschwert die Deutung auf ein Bordell ebenso wie die aus der Tür schauende Frau. Diese Widersprüche lösen sich in der Interpretation, die P. H. von Blanckenhagen mit überzeugenden Argumenten vorschlug[68]. Er wollte in jenem Vasenbild die Szene einer Komödie erkennen, die das dionysische Fest der *Anthesterien* persifliert. Der zweite Tag dieses Weinfestes, das im Frühjahr anläßlich der Öffnung des neuen Weines begangen wurde, gipfelte nach einem kultischen Wetttrinken in dem *Hieros Gamos*, der Heiligen Hochzeit, des Dionysos mit der *Basilinna,* der Frau des Archon Basileus, des obersten Priesters in Athen. Das Eintreffen des Weingottes beim *Boukoleion*, dem Amtssitz des Archon Basileus, wo die Vermählung stattfand, stellt ein *Krater* in Tarquinia mit einem leicht ironischen Bild dar, das dem Londoner auffällig ähnelt[69] (Abb. 120). Dionysos erreicht mit zwei Begleitern seines *Thiasos* das Haus, in dem die *Basilinna* bereits an der Tür wartet. Nach von Blanckenhagen kehrt der Zecher auf dem Londoner Gefäß wie Dionysos zusammen mit zwei Knaben zur Ehefrau oder Konkubine heim, die ihm gleichermaßen an der Tür entgegensieht. Bevor er das Haus betritt, lassen sich die beiden Knaben, angeregt durch den Wein und die Vorstellung des *Hieros Gamos,* zu einem Liebesspiel, einer Travestie der dionysischen Hochzeit, hinreißen. Sie benutzen dabei jenen bequemen Lehnenstuhl, den *Klismos,* der bei den *Anthesterien* dem Dionysos und der *Basilinna* zum Hochzeitsbankett nachgetragen wurde. Wahrscheinlich wurde auch beim privaten *Anthesterien*gelage ein solcher Stuhl für die göttliche Braut bereitgehalten[70]. Die satyrhafte Physiognomie des Zechers paßt zu dieser Interpretation der Darstellung als Widerspiegelung einer Komödienszene. Die Verspottung der Knabenliebe war in

120 Der trunkene Dionysos besucht die Basilinna. Weinmischgefäß. 440/430 v. Chr. (Tarquinia)

der Komödie des späten 5. Jhs. kein ungewöhnliches Phänomen, wie wir bei Aristophanes sahen. In diesem Zusammenhang erklärt sich auch die Tatsache, daß diese „päderastische" Liebesszene lange nach dem Versiegen der Päderastiebilder entstanden ist.

Die gesellschaftliche Bedeutung

Die Reglementierung päderastischer Praxis lief im wesentlichen auf eine Kultivierung der Päderastie hinaus. Durch starke gesellschaftliche Normen wurde diese Sonderform homosexuellen Verhaltens vom negativen Klang, den Homosexualität an sich hatte, befreit, den Erfordernissen athenischer Bürgerideologie angepaßt und auf der Basis einer erzieherischen, charakterbildenden Funktion legitimiert. Allein die Entstehung von Regeln und Tabus zeigt die soziale Bedeutung der Knabenliebe an.

Ursprung und Herkunft der griechischen Knabenliebe können für die Frage des gesellschaftlichen Wertes keinen Aufschluß geben, da sie trotz engagierter Diskussion bislang nicht vollends geklärt werden konnten. Den sexuellen Kern der griechischen Knabenliebe kann keine der verschiedenen Ursprungstheorien ernsthaft bezweifeln. Sowohl die Vorstellung, sie entstamme den militärischen Männergemeinschaften dorischer Stämme der Wanderungszeit als auch die Ableitung von einer durch die Dorier geübten rituellen Initiation des Jugendlichen in seine zukünftige männliche und soziale Rolle gehen von einer ursprünglichen homosexuellen Handlung aus. Auf eine erneute Ausbreitung der Argumente, die jüngst H. Patzer ausführlich rekapitulierte[71], soll hier verzichtet werden.

In der homerischen Gesellschaft gab es, nach den Epen zu urteilen, keine Knabenliebe, will man nicht annehmen, Homer habe sie bewußt übergangen[72]. Das berühmte Freundespaar Achill und Patroklos wurde erst im 5. Jh. durch Aischylos' Stück *Die Myrmidonen* (*Lrg.* 228f.) zu jenem Liebespaar, von dem auch in Platons *Symposion* (180a) die Rede ist.

Eine große Bedeutung hatte die Päderastie offenbar in der aristokratischen Gesellschaft der Archaik. Damals erschien die Knabenliebe erstmals offiziell in der Gesetzgebung. Die solonischen Gesetze stellten einen Sklaven, der einen freien Knaben liebte oder ihm nachstieg, unter Strafe (Aisch. 1, 139). In der gleichen Weise verboten sie den Sklaven auch, in der *Palästra* Sport zu treiben. Der Zusammenhang macht deutlich, daß die Knabenliebe ebenso wie der Sport den freien Mann auszeichnete und ihm vorbehalten bleiben sollte. Die solonische Verordnung bedeutet, daß um 600 die Päderastie bereits eine Verhaltensweise war, die als eine gesellschaftliche und nicht als eine private rezipiert wurde und dementsprechend abgegrenzt werden mußte. Wenn auch von Rechts wegen jedem Mann die Päderastie offenstand, war sie de facto ein Privileg des Adels. Sowohl der

Sport als auch die Knabenliebe waren wesentliche Erscheinungen der Jugenderziehung, die auf die aristokratische Oberschicht beschränkt blieb. Einerseits erforderte das Selbstverständnis des Adels eine entsprechende standesgemäße Erziehung der Nachkommenschaft, andererseits begünstigte die Freiheit vom Zwang lebensunterhaltender Arbeit die Bewußtwerdung von Erziehungswerten und ermöglichte die Entfaltung und Verfeinerung von Lebenskultur, die wiederum zum Gegenstand der Erziehung wurde.

Erziehung lag in der archaischen Zeit, die noch keine öffentlichen Schulen kannte, ganz in privater Hand. Den Rahmen bot die Institution der Päderastie. Im Verhältnis eines älteren mit einem jüngeren Standesgenossen lag die Weitergabe von ständischen Idealen und Verhaltensweisen geradezu nahe und die Übernahme von erlebten Vorbildern ergab sich wie selbstverständlich. Der *Erastes* erfüllte hier eine Vaterrolle, er leistete Erziehungsarbeit, wenngleich die sexuelle Anziehungskraft der eigentliche Beweggrund für eine päderastische Beziehung war. Daran lassen die homoerotischen Liebesgedichte keinen Zweifel, die stets nur die körperliche Schönheit eines Geliebten besingen, nicht dessen Charakterstärke und vorbildliches Handeln, wie es Platon anstrebte. In der Erziehungsfunktion lag der gesellschaftliche Nutzen der Knabenliebe, zumal es neben der Pflege eines höfisch eleganten Lebensstils um die Herausbildung einer auch politischen Ethik einschließlich kriegerischer Tüchtigkeit ging.

Zu keiner Zeit war der Niederschlag der Knabenliebe in Literatur und Kunst reicher als in der archaischen. Die Lyrik zeigt eine Fülle von Liebesgedichten, die sich an Knaben richten. So läßt auch die Dichtung des Solon keinen Zweifel an seinen päderastischen Ambitionen. Nach Plutarch *(Solon 1)* soll er der *Erastes* des jungen Peisistratos, des späteren Tyrannen, gewesen sein. Erotische Leidenschaft spricht aus dem *Fragment* 25 (Übers. K. Dover):

Wenn in der lieblichen Blüte der Jugend er sich in einen Knaben verliebt, sich nach dessen Schenkeln und süßem Mund sehnt ...

Auf dem gesellschaftlichen Rang der Knabenliebe liegt dagegen der Ton in *Fragment* 13D (Übers. D. Ebener):

Glücklich der Mann, der liebreiche Knaben und stampfende Rosse, Jagdhunde auch und dazu Freunde im Ausland besitzt.

Nach außen hin Statusträger, ist sie für den aristokratischen Standesgenossen wie die Jagd und die Reitkunst fester Bestandteil ritterlich vornehmen Lebensstils. Die Parallelisierung mit Pferden und Hunden als Vertreter von Jagd und Reitkunst bringt die ambivalente Auffassung von der Knabenliebe als Quelle der Lust und ebenso als Tugendübung zum Ausdruck. Den gesellschaftlichen Zug der Päderastie und ihre Eigenart als ständische Habitusformel spiegeln sehr eindrücklich die Vasenbilder wider.

Bezeichnender Weise wurde das Thema Knabenliebe mit der Darstellung der Werbung um den Knaben ins Bild gesetzt. Dieser Bildtypus ist der früheste und bei weitem häufigste aller päderastischen Bildthemen. Die Darbietung von Geschenken und der Wettkampf der Konkurrenten, typische Verhaltensweisen adlig vornehmer Lebensart, stehen hier als wesentliche Elemente im Mittelpunkt. Selbst bei der Darstellung der sexuellen Annäherung (Abb. 92) und des Liebesaktes wird die vorausgehende Beschenkung oft mit in das Bild hineingezogen (Abb. 96). Gerade diese intimen Szenen lassen noch ein anderes, für die Bildwerdung wesentliches Merkmal der Beschenkung hervortreten, seine Öffentlichkeit. Das Darbringen von Geschenken war ein öffentlicher Vorgang, durch den päderastische Betätigung überhaupt und Beziehungen zu bestimmten Knaben im besonderen nach außen bekundet werden konnten. Wie das Epigramm des Solon und ein vergleichbares des Theognis besagen, gehörte die Knabenliebe zu den spezifisch aristokratischen Lebensformen, die als solche einer Öffentlichkeit bedurften. Wie die Ehe durch die Heimführung der Braut, jener öffentlichen Bekundung der Heirat, Gestaltung fand, so wurde für die Knabenliebe der öffentliche Akt der Werbung um den *Eromenos* zum repräsentativen Bildthema.

Eine kaum geringere Rolle spielte die sexuelle Komponente der Knabenliebe, die die bildlichen Darstellungen ebenso wenig verleugnen wie die Lyrik. Die archaische Kunst fand für diese Seite der Päderastie den sogenannten „oben/unten" Bildtypus, bei dem der *Erastes* Gesicht und Geschlecht des *Eromenos* berührt (Abb. 92; 105). Nach der Häufigkeit dieser Darstellung war die sexuelle Erfüllung päderastischer Liebe in archaischer Zeit selbstverständlich und als positiver Wert darstellungswürdig. Daß diese Akzeptanz sich im Verlauf der Klassik wandelte, scheint angesichts der großzügigen päderastischen Praxis, wie sie die Reden des 4. Jhs. überliefern, wenig wahrscheinlich. Platons Abstinenz- und Sublimierungsideal blieb auf eine kleine Elite beschränkt.

In klassischer Zeit werden die alten Darstellungstypen beibehalten. Die Knabenliebe verliert nicht ihren Wert als gesellschaftliches Statussymbol. Vielmehr dient sie in der demokratischen Isonomie mehr den je der gesellschaftlichen Differenzierung. Das Festhalten an altüberlieferten Adelsgepflogenheiten wird zum Mittel sich standesmäßig zu definieren und abzugrenzen. Spätestens jetzt wird die Päderastie zur aristokratischen Konvention, über die man seinen sozialen Stand dokumentiert oder auch nur den bloßen Anspruch signalisiert, jener Eliteschicht anzugehören. Nicht umsonst spricht Platon von Einfluß und Ämtern, die einem Jüngling durch die richtigen Liebhaber offenstehen (Plat. *symp.* 183d).

Die Ursachen für den hohen Rang der Knabenliebe in der griechischen Gesellschaft lassen sich angesichts ihrer komplexen Erscheinungsformen in Literatur und Kunst und mangels einer hinreichend breiten Quellenbasis schriftlicher und bildlicher Zeugnisse schwer fassen. Die Vorschläge reichen von psychiatrischen bis zu ethnologischen und soziologischen Erklärungen. G. Devereux führte die Päderastie auf die adoleszente Psychologie der Griechen zurück, die über den engen Austausch mit Knaben und Jünglingen stets an der Jugend und ihrer kreativen Kraft partizipieren wollen. Eine Komponente jener Entwicklungsprozesse, die die Knabenliebe hervorbrachte, war sicherlich die Segregation und Minderwertigkeit der griechischen Frau. Eine wahrhafte Liebe, ein *dikaios eros,* gegründet auf den seelisch-geistigen Gleichklang, konnte nur zwischen ebenbürtigen, ethisch hochstehenden Partnern entstehen. Frauen konnten solche Partner in jener Gesellschaft nicht sein.

V. Schlußbemerkung

Die Betrachtung der drei wesentlichen Bereiche griechischen Sexuallebens zeigt, daß der Umgang mit dem Geschlechtlichen nicht ungezwungen-elementar und das Verhältnis zur Sexualität keineswegs ungebrochen positiv war. Der Geschlechtstrieb galt zwar als natürliches Bedürfnis; man ließ ihm aber durchaus nicht freien Lauf, wie die freizügigen sexuellen Darstellungen glauben machen, sondern legte ihm wie in jeder entwickelten Gesellschaft zivilisatorische Zügel an. Seine Handhabung wurde den Gegebenheiten und Zwängen des Gemeinwesens angepaßt und gesetzlichen und sozialen Reglementierungen unterworfen, die den Erfordernissen des Zusammenlebens Rechnung tragen sollten. Außerdem unterlag das Geschlechtsleben ethischen Normierungen und war unter diesem Aspekt auch Gegenstand philosophischer Reflexion.

Die soziale Kanalisierung des Geschlechtstriebs erfolgte in den drei Einrichtungen Ehe, Prostitution und Knabenliebe. Dabei hob sich die Knabenliebe strukturell von den anderen Sexualbeziehungen ab, da sie ebenbürtige Partner – athenische Vollbürger – verband. Alle anderen Liebes- und Sexualverhältnisse bestanden ausnahmslos zwischen ungleichwertigen Partnern: einem sozial überlegenen Mann und seiner rangniedrigeren, abhängigen Ehefrau oder einer bzw. einem sozial erheblich tieferstehenden Prostituierten. Dieser unbedingte Vorrang des bürgerlichen Mannes beruht auf der patriarchalischen Struktur der Gesellschaft, die innerhalb der schichtenspezifischen Hierarchien die Frauen den Männern nachstellte.

Die drei Institutionen schufen vornehmlich dem männlichen Liebesleben einerseits Freiräume, bestimmten andererseits dessen Grenzen. Außerhalb dieser Grenzen und mit anderen Partnern als der Gattin, dem *Eromenos* und der weiblichen oder dem männlichen Prostituierten war sexuelle Betätigung nicht statthaft, soweit sie sich auf ein Mitglied der Bürgergemeinschaft richtete. So waren unverheiratete Mädchen und die Ehefrauen anderer Männer sexuell tabu und abgeschirmt. Auch die halbwüchsigen Bürgersöhne waren kein Freiwild, sondern man konnte sich ihnen nur innerhalb bestimmter, oben genannter Regeln sexuell nähern. Für die freien Nichtbürger galten prinzipiell dieselben sexuellen Freiräume und Tabus, wenngleich die Grenzen wahrscheinlich weiter gefaßt und durchlässiger waren. Dies bedingte allein die Tatsache, daß die Ehen von Nichtbürgern nicht gesetzlich anerkannt und in den Gemeindelisten festgeschrieben wurden und die Grauzone zwischen der dauerhaften freien Lebensgemeinschaft und dem schnellebigen, promiskuitiven Verhältnis groß war. Sklaven und Sklavinnen dagegen waren von dem sozialen Schutz durch jene sexuellen Regulative ausgenommen. Sie standen unter dem Besitzrecht ihres Eigentümers und konnten von jenem allenfalls Schutz vor sexuellen Übergriffen seitens Fremder erhoffen; seiner eigenen sexuellen Willkür waren sie jedoch ausgeliefert.

Den freien Frauen war im Gegensatz zu den Männern ausschließlich in der Ehe sexueller Verkehr gestattet. Dabei sind mit dem Begriff Ehe nicht nur die legitimierten Bürgerehen gemeint, sondern auch die nicht legitimierbaren de-facto-Ehen, die Konkubinate aller Nichtbürger, die vom athenischen Gesetzgeber in vielen Punkten wie eine gesetzliche Ehe behandelt wurden. Während dem Mann also mehrere, sogar institutionalisierte Möglichkeiten sexuellen Lebens offenstanden, war die weibliche Sexualität nicht in demselben Maße autonom. Durch die Beschränkung auf die Ehe blieb sie stets abhängig von dem Entgegenkommen des Gatten. Eine Frau konnte sich weder sexuelle Dienste erkaufen noch wie ein Mann im homosexuellen Bereich eine sogar renomeesteigernde Liebesbeziehung finden. Die androzentrischen Prinzipien der athenischen Gesellschaft führten zu dieser Unterordnung weiblicher Interessen unter die Erfordernisse des patriarchalischen Staatssystems, das durch eine eindeutige Vaterschaft die Legitimität eines Kindes und damit seinen Bürgerrechtsanspruch zu garantieren hatte und deswegen das Sexualleben der Frauen zu kontrollieren gebot.

So bildete sich eine strikte gesellschaftliche Trennung von ehelichem und außerehelichem Geschlechtsverkehr heraus, die mit einer entsprechend unterschiedlichen sozialen Einstufung der jeweiligen Partnerin einherging. Diese Zweiteilung war geprägt vom pragmatischen Rationalismus des athenischen Staatswesens, der es förderte, Zeugung und Triebbefriedigung nach Funktionen zu trennen und in den Institutionen Ehe und Prostitution zu polarisieren. Die Scheidung der beiden Bereiche war tiefgreifend und betraf nicht nur die soziale Qualität der „Liebes"beziehungen. Das unverbindliche, kurzfristige, nicht exklusive Sexualgeschäft zwischen einer Hetäre und ihrem Kunden war natürlich verschieden von der verpflichtenden und dauerhaften Lebensgemeinschaft der Eheleute. Außerdem bildete der juristische Status einen wesentlichen Unterschied. Er bot dem Ehepaar ein Maß an Recht und Schutz, das keiner anderen Beziehung zustand.

Andererseits wich aber auch die sexuelle Qualität der beiden Geschlechtsverhältnisse grundlegend voneinander ab. In der öffentlichen Vorstellung von der Ehe, die ja immerhin die Erzeugung der Nachkommen zur Aufgabe hatte, war das Geschlechtsleben weitgehend ausgeblendet. Die Ehe erscheint in den Text- und Bildquellen auffallend asexuell. Der körperliche Aspekt einer ehelichen Verbindung wurde deutlich verschleiert und in den Hintergrund gedrängt. So fehlt zum Beispiel der eheliche Liebesakt nach der homerischen Dichtung ganz in der Literatur. In der bildenden Kunst wurde er ebenso ausgespart. Nicht einmal in einer sublimen Form, etwa durch eine Umarmung, einen Kuß oder durch ein Symbol, das Mann und Frau als Paar kennzeichnet, wurde die körperliche Verbindung der Eheleute zum Ausdruck gebracht. Es gab keinerlei Art von Ehepaarbild.

Die Hintansetzung des ehelichen Geschlechtslebens war jedoch primär kein künstlerisches Phänomen. Das Fehlen von Liebesdarstellungen zwischen Gatten kann keineswegs nur als Folge von Takt und Dezenz gewertet werden, die selbst einer künstlerischen Zurschaustellung ehelicher Privatheit entgegenstanden; es zeigt vielmehr eine gewollte Verdrängung der körperlich-sexuellen Komponente der Ehe im öffentlichen Bewußtsein an. Indiz für die praktischen Folgen dieses Ehebildes ist die Tatsache, daß die Mäßigung des Geschlechtsverkehrs ein angestrebtes Ideal war. Sexuelle Zurückhaltung wurde von einer Ehefrau allgemein erwartet und galt nach Ausweis der Grabepigramme als eine ihrer wesentlichen Tugenden. Für den Anhänger sokratisch-platonischer Ideen, dessen ethischer Anspruch über dem allgemeinen Niveau lag, war sie jedoch ebenso einem Mann abzuverlangen. Das Gebot geschlechtlicher Mäßigung war hier selbstverständlicher Teil der generellen Maßhalteideologie, die jene Philosophie vertrat.

Die Verleugnung des Geschlechtlichen in der Ehe bestimmte auch das Bild der Ehefrau, soweit sie aus dem Darstellungskontext als solche erkennbar wird. Sie ist stets verhüllt, in ihrer Geschlechtlichkeit verborgen, asexuell dargestellt. Nackt oder wenig bekleidet erscheint dagegen nur die Hetäre, ihre Geschlechtlichkeit wird offen gelegt. Sie ist die sexuelle Frau. Daß unter der Verhüllung der bekleideten Frau die weiblichen Formen mitunter deutlich hervortreten, ändert nichts an der grundsätzlichen Polarität der beiden Darstellungsschemata: Bekleidetsein und Nacktsein. In diesem Unterschied liegt die wesentliche künstlerische Konvention zur Kennzeichnung weiblichen Rollenverhaltens.

Diese Zuordnung läßt eine Wertung der körperlichen Liebe erkennen. Sie wird in der Kunst weitgehend ausgegrenzt aus der Ehe und verbunden mit der regellosen Halbwelt der Hetären, dem Bereich von Käuflichkeit und bloßer Triebbefriedigung mit wenig geachteten Frauen, denn die meisten Hetären waren Sklavinnen. In der künstlerischen Umsetzung von sozialer Wirklichkeit und gesellschaftlichem Ideal wird das sexuelle Erleben der Sphäre des Unkontrollierten und Maßlosen zugewiesen, aus der vernunftbestimmten Bürgerwelt dagegen ausgeklammert.

Diese Auffassung der körperlichen Liebe kam auch in einer Statuengruppe zum Ausdruck, die nach der Überlieferung des Plinius (2. Jh. n.) (Plin. nat. 34, 19) Praxiteles geschaffen haben soll. Er stellte in seinem Werk eine lachende Hetäre einer weinenden Ehefrau gegenüber. Die Mimik der ungleichen Schwestern war, anders als der moderne Betrachter glauben könnte, kein Ausdruck für das angenehme Dasein der Hetäre auf der Sonnenseite des Lebens gegenüber der freundlosen Existenz der Ehefrau. Ebensowenig war sie eine vordergründige und parteische Charakterisierung der heiter gesinnten Hetäre gegenüber der trübsinnigen Ehefrau, sondern das Lachen kennzeichnete nach Ausweis der Theatermasken die sozial und ethisch niedrigen Sklaven- und Dienerfiguren, war das ungezügelte, unedle Gebaren triebhafter Kreaturen, während Trauer Ausdruck von menschlicher Größe, Konfliktbewältigung und erhabenen Handlungsprinzipien war. Der traurige Gesichtsausdruck ist für Frauenmasken der Neuen Komödie mehrfach literarisch überliefert[1], während antike Nachbildungen von Hetärenmasken häufig ein deutliches Lachen zeigen. Eine weinende Ehefrau könnte also die ethisch hochstehende, besonnene Frau, die lachende Hetäre dagegen die unbedachte, zügellose Frau triebhaften Charakters verkörpern.

Daß sexuelles Erleben als unedle niedrige Verhaltensweise galt, bestätigt sich im Bereich der mythischen Darstellungen der Götter und göttlichen Wesen. Hier sind es allein die Satyrn und andere tierische Gestalten, die mit erigiertem Phallos und in verschiedenen sexuellen Aktivitäten auftreten. Kein Gott wurde in dieser Weise dargestellt. Nicht einmal Aphrodite, die Versinnbildlichung des Liebesaktes, oder Dionysos, der Rauschgott selbst, wurden in archaischer und klassischer Zeit sexuell erregt oder in sexuellen Handlungen gezeigt. Für das Liebesbegehren der göttlichen Wesen fand man andere Bilder, z. B. die Liebesverfolgung, die Jagd auf die Geliebte oder den Geliebten[2]. Dabei ist der Liebende der Zugreifende, Überlegene, nicht in Gefahr zu unterliegen, sich im Sinnenrausch zu verlieren.

Hier manifestiert sich deutlich der unbedingte Vorrang des Bewußten, Kontrollierten in der höheren Götterwelt gegenüber der ungehemmten animalischen Sinnenlust der Tierwesen, der Vorrang der „Ratio" gegenüber der elementaren Natur. Diesen Vorrang behaupten auch die ethischen Forderungen, die an das Geschlechtsleben gestellt wurden – in erster Linie die Forderung der Mäßigung. Die ethische Normierung bestand weder in der konkreten Empfehlung oder Ablehnung bestimmter Sexualpraktiken, sondern im Gebot, den Trieb mittels der Vernunft zu zügeln.

Das Maßhalten war das ethische Mittel, das vielfältige und freizügige sexuelle Angebot an die Männer gegenüber der restriktiven Einengung der Frauen in der sozialen Verflechtung der menschlichen Beziehungen erträglich zu machen und die Mißachtungen und Kränkungen der abhängigen Frauen in Grenzen zu halten. Diese Ethik war die eigentliche Kulturleistung und der vornehmste Zug jener zivilisatorischen Bändigung des Sexualtriebes in der griechischen Gesellschaft.

Mäßigung war Frauen und Männern der Bürgergemeinschaft gleichermaßen auferlegt und wurde von der sokratisch-platonischen Philosophie im Sinne der angeblich höher entwickelten Moralfähigkeit der Männer von diesen nachdrücklicher gefordert. In der Praxis bedeutete die Mäßigung, daß ein Athener nur „im Überschwang der Jugend" bis zu seiner Heirat etwa mit 30 Jahren Prostituierte aufsuchen und Konkubinen halten durfte. Von einem verheirateten Mann erwartete man den Verzicht auf außereheliche Beziehungen. Bezeichnenderweise finden sich bei den von Platon und Xenophon geschilderten Symposien keine Hetären. Als besonnener Mann enthielt man sich nach der Verheiratung auch päderastischen Geschlechtsverkehrs. Die Bewunderung für Sokrates' sexuelle Standhaftigkeit gegenüber Liebesverlockungen zeigt die Ernsthaftigkeit dieses Anliegens. Darüber hinaus ist in klassischer Zeit die Ethik der Knabenliebe ein starkes Beispiel dafür, daß sexueller Verzicht und Sublimation als die edelste Erfüllung einer hohen Liebe galten.

Diese Ethik reproduziert das gleiche Ideal, das sich auch in der Kunst zeigt: die Ausgrenzung des Geschlechtlichen, des Liebestriebes aus der hohen Bürgerwelt der Vernunft[3] und seine Beschränkung auf den niedrigen Bereich der sinnlichen Lust und oberflächlichen Trieberfüllung.

Der Liebesakt als etwas Großes, Ernstes existierte nicht mehr, die Vorstellung der „Heiligen Hochzeit", des *Hieros Gamos,* wie sie Homer zeigte, war verloren. Dies war nicht der geeignete Boden, ein in allen Dimensionen ausgebildetes, komplexes und differenziertes Liebesideal zu entwickeln. Möglicherweise war es in jener griechischen Frühzeit lebendig, der die eingangs besprochene Holzgruppe (Abb. 4) entstammt. Das Relief zeigt das göttliche Paar Zeus und Hera in enger Umarmung, in der Zeus die Brust seiner Gemahlin umfaßt. Hier war die körperlich sinnliche Verbindung noch ein götterwürdiger Akt.

Anmerkungen

Den einzelnen Kapiteln ist nur die wichtigste Literatur vorangestellt. Weiterführend sind die Bibliographien
A. Cameron/A. Kuhrt, Images of Women in Antiquity (1983), 302 ff.
K. J. Dover, Homosexualität in der griechischen Antike (1983), 227 ff.
L. Goodwater, Women in Antiquity: An Annotated Bibliography (1975).
E. C. Keuls, The Reign of the Phallus (1985), 421 ff.
S. B. Pomeroy in J. Peradotto/J. P. Sullivan, Women in the Ancient World. The Arethusa Papers (1984) 315 ff.
A. K. Siems (Hrsg.) Sexualität und Erotik in der Antike (1988), 419 ff.

Die verwendeten Kürzel (jeweils die Verfassernamen) sind unter dem vollständigen Zitat des Werkes zu finden.
Abkürzungen s. Abkürzungsverzeichnis.

I. Ehe und Liebe in der homerischen Gesellschaft

M. I. Finley, Die Welt des Odysseus (1979).
M. J. Finley, Marriage, Sale and Gift in the Homeric World. RIDA 3,2 (1955), 167 ff.
K. Fittschen, Untersuchungen zum Beginn der Sagendarstellungen bei den Griechen (1969).
C. Hofkes-Brukker, Frühgriechische Gruppenbildung (1935).
A. Jenzer, Wandlungen in der Auffassung der Frau im ionischen Epos und der attischen Tragödie (1933).
W. K. Lacey, Homeric ΕΔΝΑ and Penelope's ΚΥΡΙΟΣ, JHS 86 (1966), 55 ff.
C. Mosse, La femme dans la société homérique, Klio 63 (1981), 149 ff.
K. Schefold, Frühgriechische Sagenbilder (1964).
E. Schwarz, Die soziale Stellung der Frau in den homerischen Epen (1950).
G. Wickert-Micknat, Die Frau, Archaeologia Homerica III R (1982).

1 Dies ist ein Bespiel für die Ehe, bei der der Mann der Frau in die Ehe folgt.
2 Begriffe zusammengestellt bei Wickert-Micknat, R 101.
3 Wickert-Micknat, R 92 ff.
4 Wickert-Micknat, R 108.
5 Zur Hedna in der Frühzeit: Wickert-Micknat, R 90 Anm. 490.
6 Priamos, Antenor, Telamon, Oileus.
7 Wenn Hesiod empfiehlt, eine Jungfrau zu heiraten (erg. 699) meint er eine sehr junge Frau, die noch formbar ist. Auf das Alter wird der Begriff auch in den homerischen Epen bezogen: Wickert-Micknat, R 104 f.; R 86 f.
8 Bei den Tänzen handelt es sich um die in geometrischer Zeit viel dargestellten Reigentänze, die von Männern und Frauen veranstaltet wurden; s. M. Wegner, Musik und Tanz, Archaeologia Homerica III U. (1968); R. Tölle, Frühgriechische Reigentänze (1964).
9 K. Fittschen, Bildkunst, Teil 1. Der Schild des Achilleus, Archaeologica Homerica II N. (1973).
10 Fittschen, a. a. O., N 17.

11 Frühestes Beispiel: Halsbild einer naxischen Amphora, die die Ausfahrt von Aphrodite (Beischrift) und Ares zeigt; A. Rumpf, MuZ, Taf. 6,6.
12 Zur Benennung: Fittschen, 151.
13 Wickert-Micknat, R 97 ff.; Fittschen, 133 ff.
14 Fittschen, 137 f., GP 15, PP 21.
15 H. Palmer, BullMusFA 56 (1958), 64 ff., Abb. 1–3; N. Himmelmann, Bemerkungen zur Geometrischen Plastik (1964), 18, Anm. 38.
16 M. Blech, Studien zum Kranz bei den Griechen (1982), 75 ff.

II. Die Ehe im archaischen und klassischen Athen

M. Broadbent, Studies in Greek Genealogie (1968).
A. Brueckner, Anakalypteria, 64. BWPr (1904).
ders., Lebensregeln auf Athenischen Hochzeitsgeschenken, 62. BWPr (1907).
E. Cantarella, Pandora's Daughters (1987), 34 ff.
P. J. Connor, A Marriage Procession, AA 1979, 158 ff.
L. Deubner, Epaulia, JdI 15 (1900), 144 ff.
P. Deussen, The Nuptial Theme of Centuripe Vases, OpRom 9 (1974), 125 ff.
W. Erdmann, Die Ehe im alten Griechenland. Münchner Beiträge zur Papyrosforschung und antiken Rechtsgeschichte 20 (1934).
F. Fink, Hochzeitsszenen auf attischen schwarz- und rotfigurigen Vasen (Maschinenschriftl. Diss. 1974).
R. Flacelière, Griechenland. Leben und Kultur in klassischer Zeit (1977).
M. Foucault, Der Gebrauch der Lüste. Sexualität und Wahrheit, II (1986).
L. C. Fraser, Wedding Scenes on Attic Vases (1985).
H. Froning in: Griechische Vasen aus westfälischen Sammlungen (1984), 124 ff.
K. Gaiser, Für und wider die Ehe (1974).
H. Gericke, Gefäßdarstellungen auf griechischen Vasen (1970), 59 ff.
R. Ginouvès, Balaneutikè. Recherche sur le Bain dans l'Antiquité Grecque, BEFRA 20 (1962), 265 ff.
E. Götte, Frauengemachbilder in der Vasenmalerei des 5. Jhs. (1977).
J. Gould, Law, Custom and Myth: Aspects of the Social Positions of Women in Classical Athens, JHS 100 (1980), 38 ff.
F. Harl-Schaller, Zur Entstehung und Bedeutung des attischen Lebes Gamikos, ÖJh 50 (1972), 153 ff.
A. R. W. Harrison, The Law of Athens. The Family and Property (1968).
Heckenbach, RE 8,2 (1913), 2129 ff. s. v. *Hochzeit.*
A. Herzog, Eine Lutrophoros, AZ 40 (1882), 132 ff.
H. Hoffmann, Sexual and Asexual Pursuit. A structuralist Approach to Vase Painting (1977).
H. Kammerer-Grothaus, Frauenleben-Frauenalltag im antiken Griechenland, Antikenmuseum Berlin 1984.
E. C. Keuls, The Reign of the Phallus (1985).
G. Kokula, Marmorlutrophoren (1974).
W. C. Lacey, Die Familie im antiken Griechenland (1983).
A. Lesky, Vom Eros der Hellenen (1976), 146 f.
H. Licht, Sittengeschichte Griechenlands, I, II u. Ergänzungsbd. (1925–28).
H. Metzger, Lébès Gamikos à Figures Rouges du Musée National d'Athènes, BCH 66–67 (1942–43), 228 ff.
S. B. Pomeroy, Frauenleben im klassischen Altertum (1985).
B. Schmaltz, Griechische Grabreliefs (1983).
W. Schuller, Frauen in der griechischen Geschichte (1985).

P. Sticotti, Zu griechischen Hochzeitsbräuchen, in: Festschrift O. Benndorf (1898), 81 ff.

R. F. Sutton, The Interaction between Men and Women Portrayed on Attic Redfigure Pottery (1981).

J. Vogt, Von der Gleichwertigkeit der Geschlechter in der bürgerlichen Gesellschaft der Griechen, AbhMainz (1960), 2.

H. J. Wolff, Eherecht und Familienverfassung in Athen, in: Beiträge zur Rechtsgeschichte Altgriechenlands und des hellenistischen-römischen Ägypten (1961).

1 Wolff, 28 ff.
2 Wolff, 229 f.
3 möglicherweise zwischen 414–411: Wolff, 226.
4 Wolff, 223 ff.
5 Wiederaufgegriffen und philosophisch untermauert wurde die Vorstellung von der Frau, der die Zuständigkeit für Heim und Familie, Haushalt und Kinderaufzucht von Natur aus bestimmt ist, von der bürgerlichen Gesellschaft des ausgehenden 18. Jhs.
6 Hes. erg. 700–705. Semonides Fragment 7 (Diehl).
7 Auch nur partielle Aussagen können über die generelle soziale Stellung der attischen Frau gemacht werden: Gould, 38 f.
8 Gould, 45.
9 Wolff, 166 ff.; Gould, 44 f. Vgl. Demosth 41,4: Vater holt seine Tochter aus der Ehe in sein Haus zurück.
10 Wolff, 200 f.
11 Lacey, 152 f.
12 R. Stroud, Drakon's Law on Homocide (1968).
13 Vielzitiert die bei Aristophanes, *Nub.* 1079–84, erwähnte und in dem Lexikon der Suda, s. v. *paratilletai* und *raphanis*, vermerkte Bestrafung, bei der dem Ehebrecher ein Rettich in den Anus gezwängt wurde. Dies stand offenbar als symbolische Penetration durch den beleidigten Ehemann, eine der schlimmsten Erniedrigungen für den griechischen Mann.
14 RE 5,2 (1905), 2011, s. v. *Ehescheidung* (Thalheim).
15 RE 22,1 (1957), 133 f., s. v. *proix* (H. J. Wolff).
16 A. Burford, Craftsmen in Greek and Roman Society (1972), 135 ff. – R. J. Hopper, Handel und Industrie im klassischen Griechenland (1982), 169 f.
17 RE 22,1, a. a. O., 149.
18 Wolff, 186.
19 RE 22,1, a. a. O., 142; Wolff, 179. Vgl. Plut. *Arist.* 27,1, und Demosth 43,54.
20 RE 22,1, a. a. O., 136. Ausstattung von Metökenbräuten ist keine *Proix*. Vgl. Isaios 3,39; Lacey, 118.
21 H. J. Marrou, Geschichte der Erziehung im Altertum (1957), 212, 305 f., 328 f. – Schulbildung erhielten die Mädchen erst im Hellenismus: Vogt, 247.
22 Lacey, 109 f. mit Quellennachweis.
23 Kritik am frühen Heiratsalter bei: Xen. *Lak. pol.* 1, 3; Hes. *erg.* 695 ff.; Plat. *rep.* 460 e.
24 Keuls, 103 ff.
25 W. Hoepfner/E. L.-Schwandner, Haus und Stadt im klassischen Griechenland (1986), 62, 179, 231, 273.
26 Demosth 43,29 ff.; 59,120 f.
27 Gould, 45.
28 Vogt, 218; Foucault, 67 ff., 183 ff.
29 Foucault, 30 ff., 211 ff.

30 Besonders das Fest der Thesmophorien im Demeterkult: E. Simon, Festivals of Attica (1983), 18 ff.
31 Pomeroy, 123, deutet das Verhalten des Euphiletos in diesem Sinne; Keuls, 98 ff., 114 ff.
32 Ausführlich erörtern zwei Frauen einen solchen ledernen Phallos in einem Mimiambos des hellenistischen Dichters Herondas (6,19).
33 Kylix, London, British Museum E 815, ARV^2 125,16. – I. Peschel, Die Hetäre bei Symposion und Komos in der attischen rotfigurigen Vasenmalerei des 6.–4. Jhs. v. Chr. (1987), 115, Nr. 79.
34 Zusammengestellt bei Vogt, 222 ff.
35 A. Jenzer, Wandlungen in der Auffassung der Frau im ionischen Epos und in der attischen Tragödie bis auf Sophokles (1933), 66 ff.
36 Lesky, 62 ff.
37 J. Pircher, Das Lob der Frau im vorchristlichen Grabepigramm der Griechen (1979), 22 f. Sophrosyne als sexuelle Mäßigung: H. North, Sophrosyne, Self-knowledge and Self-Restraint in Greek Literature (1966), 13. Vgl. auch Eur. *Med.* 631–41.
38 A. Conze, Die attischen Grabreliefs (1893–1922), I, 290, Taf. 68.
39 Pircher, a. a. O., 30, 34, 39, 58, 64, 68.
40 E. Fantham, Sex, Status, and Survival in Hellenistic Athens, Phoinix (Toronto) 29 (1975), 44 ff.
41 Hochzeitsopfer: Hesych s. v. *gamon ethe*. Vgl. Darstellungen auf den hellenistischen Centuripe Vasen aus Unteritalien: Deussen 126 ff., Fig. 1–3.
42 G. M. A. Richter/M. J. Milne, Shapes and Names of Athenian Vases (1935), 5 f.
43 Lutrophore, Athen, Nationalmuseum 1453. ARV^2 1127,18. Ginouves, 270.
44 Lutrophore, Athen, Nationalmuseum, verschollen. JdI 52 (1937), 57, Abb. 14 ff.
45 Kalpis, Warschau, Nationalmuseum 142293. AVR^2 1130,150. E. Diehl, Hydria (1964), 183, Taf. 40 f. CVA Goluchow, Taf. 33,3. Ginouves, 275 f. H. Metzger, AntK 30, (1987), 109 ff.
46 Lebes Gamikos, Athen, Nationalmuseum 14790. AVR^2 1126,4. AM 71 (1956), 205 ff., Beil. 117.
47 Ginouves, 282.
48 Lebes, Moskau, Puschkin Museum 510. A. D. Trendal, LCS 604, 105, Taf. 236,5. BABesch 24/25 (1949/51), 32 ff. Abb. 1–3.
49 Pollux 3,36. Harpokration 17, 20.
50 Lutrophorosfragment, Boston, Museum of Fine Arts 10223. ARV^2 1017,44. J. H. Oakley, AA (1982), 113 ff. – G. Schwarz in: Festschrift H. Kenner, Pro arte antiqua (1985), 319 ff.
51 Lutrophore, Athen, Nationalmuseum. Para 453 (Washing P.), 14. H. E. Haspel, BCH 54 (1930), 422 f., Taf. 24.
52 Pyxis, Berlin, Antikenmuseum 3373. K. Schefold, Untersuchungen zu den Kertscher Vasen (1934), Nr. 581, Taf. 16. Ginouves, 271.
53 Ausnahme ist die Darstellung auf einem Gefäß in Bonn: Akademisches Kustmuseum 994. CVA Bonn 1, Taf. 28, 1–4. Sutton, W16, 191.
54 Lekythos, New York, Metropolitan Museum 56.11.1. ABV 154,57. D. v. Bothmer, The Amasis Painther and his World (1985), 182 ff., Nr. 47.
55 Lutrophore, Berlin, Antikenmuseum F 2372. A. Furtwängler, Die Sammlung Sabouroff (1883–87), Taf. 58. Sutton, W14, 240.
56 Kylix, Berlin, Antikenmuseum F 2530. ARV^2 831,20. – CVA Berlin 3, Taf. 100 f. Sutton, W28, 244.

57 Pyxis, London, British Museum D 11. ARV² 899,146. A. Brueckner, AM 32 (1907), 81, Abb. 1. Sutton, W32, 245.
58 Scherbe, Athen, Nationalmuseum 1619. AM 32 (1907), 92 ff.
59 E. Zervoudaki, AM 83 (1968), 29 f., Nr. 43 ff., Taf. 9, 1–2; 19,5.
60 Lebes Gamikos, Leningrad, Ermitage 15592. AVR² 1475,1. – E. Simon/ M. u. A. Hirmer, Die griechischen Vasen (1976), 159 ff., Taf. 236 ff.
61 Fragmentierter Lebes, Leningrad, Ermitage 284. K. Schefold, Untersuchungen zu den Kertscher Vasen, Taf. 50. Ginouves, a. a. O., 271, deutet die Szene als Lutrophorie.
62 Ginouves, a. a. O., 281.
63 Epinetron, Athen, Nationalmuseum 1629. AVR² 1250,34; 1688. – E. Simon/ M. u. A. Hirmer, Die griechischen Vasen (1976), 146, Taf. 216. Ginouves, 272.
64 Nymphenheiligtum: J. Travlos, Bildlexikon zur Topographie des antiken Athen (1971), 361 ff. Ginouves, 275.
65 A. Conze, Die attischen Grabreliefs (1893–1922), I, Taf. 98; 101. Korallion und Agathon sind durch die Inschrift auf dem Relief als Ehepaar ausgewiesen. Erato und Epicharides dagegen als Vater und Tochter. Zur Korallionstele: B. Schmaltz, Griechische Grabreliefs (1983), 210 ff.
66 B. Schmaltz, MarbWPr (1979), 29 f.
67 B. Schmaltz, Untersuchungen zu den attischen Marmorlekythen (1970), 119, A15, Taf. 9.
68 Weißgrundige Lekythos, Berlin 2444. W. Riezler, Weißgrundige attische Lekythen, I, 97 f., II (1914), Taf. 15.
69 Weißgrundige Lekythos, London, British Museum D 51. ARV² 1000,201. – D. Williams in: A. Cameron/A. Kuhrt, Images of Women in Antiquity (1983), 92 f., Abb. 7.1.
70 Lutrophore, Würzburg, Martin von Wagner Museum 506. AVR² 1224. E. Langlotz, Griechische Vasen in Würzburg (1932), 100, Taf. 174. – Sutton, W74, 210.

III. Das Hetärenwesen

O. J. Brendel, The Scope and Temperament of Erotic Art in the Greco-Roman World, in: T. Bowie/C. Christianson, Studies in Erotic Art (1970), 3 ff.
J. Boardman/E. La Rocca, Eros in Griechenland (1975).
A. Cameron/A. Kuhrt, Images of Women in Antiquity (1983).
E. Cantarella, Pandora's Daughters (1987).
P. Diepgen, Frauenheilkunde der alten Welt (1937).
A. Dierichs, Erotik in der Kunst Griechenlands, AW Sonderheft (1988).
K. Dover, Homosexualität in der griechischen Antike (1983).
R. Flacelière, L'Amour en Grèce (1960).
ders., Griechenland. Leben und Kultur in klassischer Zeit (1977).
J. Gould, Law, Customs and Myth: Aspects of the Social Position of Women in Classical Athens, JHS 100 (1980), 35 ff.
A. Greifenhagen, Eine attische schwarzfigurige Vasengattung und die Darstellung des Komos im 6. Jh. (1926).
H. Hausschild, Die Gestalt der Hetäre in der griechischen Komödie (1933).
H. Herter, Die Soziologie der antiken Prostitution im Lichte des heidnischen und christlichen Schrifttums, JbAChr 3 (1960), 70 ff.
ders., RAC 3 (1957), 1154 ff., s. v. *Dirne*.
ders., RE 19,2 (1938), 1681 ff., s. v. *Phallos*.
H. Hoffmann, Sexual and Asexual Pursuit: a Structuralist Approach to Vase Painting (1977).

T. Hopfner, Das Sexualleben der Griechen und Römer, I (1938).
C. Johns, Sex or Symbol. Erotic Images of Greece and Rome (1982).
E. C. Keuls, The Reign of the Phallus (1985).
W. A. Krenkel, Der Sexualtrieb: seine Bewertung in Griechenland und Rom, WissZ-Rostock 27 (1978), Gesellsch. u. sprachwiss. Rh. 3.
ders., Erotica, I, Der Abortus in der Antike, WissZRostock 20 (1971) 443 ff.
A. Lesky, Vom Eros der Hellenen (1976).
H. Licht, Sittengeschichte Griechenlands, I, II u. Ergänzungsbd. (1925–28).
J. Marcardé, Eros Kalos (1962).
M. C. Marks, Heterosexual Coital Positions in Ancient Greece, Ancient Rome and Modern North America as a Reflection of Social Attitudes (1978).
I. Peschel, Die Hetäre bei Symposion und Komos (1987).
S. Pomeroy, Frauenleben im klassischen Altertum (1985).
D. Schaps, Economic Rights of Women in Ancient Greece (1979).
K. Schneider, RE 8,2 (1931), 1331 ff., s. v. *Hetairai.*
A. Schöne, Der Thiasos (1987).
W. Schuller, Frauen in der griechischen Geschichte (1985).
R. F. Sutton, The Interaction between Men and Women Portrayed on Attic Red-Figure Pottery (1981).
E. Vermeule, Some Erotica in Boston. AntK 12 (1969), 9 ff.
G. Vorberg, Glossarium Eroticum (1932).
ders., Ars Erotica Veterum (1926).

1 A. Becker/ H. Göll, Charikles. Bilder altgriechischer Sitte, II (1877), 85 f.
2 H. Licht, Sittengeschichte Griechenlands I, II (1925–28); Zusammenstellung der einschlägigen älteren, meist medizinischen Literatur: I, 14 ff.
3 Licht, II, 53.106. – Ähnlich auch W. Helbig, Untersuchungen über die kampanische Wandmalerei (1875), 195. – Dem Geist und der Konversationskunst der Hetären schreibt auch J. Burckhardt, Griechische Kulturgeschichte, hrsg. J. Oeri (^{2}1902), 151, 247, ihren Ruhm zu und glaubt, daß diese Vorzüge und nicht der „gewöhnliche[n] sinnliche[n] Umgang" die Athener für die Hetären eingenommen habe.
4 C. Seltman, Geliebte der Götter (1958), 109 f.
5 Schuller, 109 f.
6 I. Bruns, Frauenemanzipation in Athen. Ein Beitrag zur attischen Kulturgeschichte des 5. u. 4. Jhs. (1900), 19 ff. Brendel, 33. W. Neumer-Pfau, Studien zur Ikonographie und gesellschaftlichen Funktion hellenistischer Aphroditestatuen (1982), 16 f. Peschel, 11 f.
7 E. Burck, Die Frau in der Antike (1969), 75.
8 Keuls, 152 ff.
9 Welche Bedeutung Aspasia für das Hetärenbild, das auch heute noch die Wissenschaft bestimmt, gehabt hat, geht beispielhaft aus der Kulturgeschichte J. Burckhardts hervor, 247 f. Vgl. auch Neumer-Pfau a. a. O., 16.
10 RE 2,2 (1896), 1716 ff., s. v. *Aspasia* (Judeich). RE 19 (1937), 748 ff., s. v. *Perikles* (F. Miltner). J. Schwarze, Die Beurteilung des Perikles durch die attische Komödie (1971). C. M. Bowra, Periclean Athens (1971), 192 ff. – Pomeroy, 133 ff. Schuller, 57, 59, 109. Cantarella, 53 f.
11 RE 8,2 (1913), 1331 ff. s. v. *Hetairai* (K. Schneider). Licht, II, 41 f.
12 P. Mingazzini, AA (1950/51), 36 ff. Zum Begriff Kottabos: Sparkes, Archeology 13 (1960), 120 ff. RE 11 (1922) 1528 ff. s. v. *Kottabos* (K. Schneider).
13 Kylix, Basel, Sammlung Käppeli 415. ARV^2 868,45. CVA Basel 2, Taf. 28. Peschel 211 ff., Nr. 152.

14 Stamnos, München, Antikensammlung 2410. ARV² 1069 (Painter of the Louvre Symposion), 1. CVA München 5, Taf. 250f. Peschel 295f., Nr. 229.
15 Kylix, Paris, Louvre G 13. ARV² 86,α. CVA Paris, Louvre 19, Taf. 68f. Peschel 61f., 68f., Nr. 40.
16 Kylix, Basel, Antikenmuseum (Leihgabe aus Privatbesitz). ARV² 454. CVA Basel 2, Taf. 23. Peschel, 90, Nr. 49.
17 Kylix, New Haven, Yale University Art Gallerie 163. ARV² 36a. Peschel, 89ff., Nr. 48.
18 Kylix, Basel, Kunsthandel. Peschel 281f., Nr. 219. Keuls 165, Abb. 140.
19 Kylix, London, British Museum E 68. ARV² 371,24. Peschel, 103f., Nr. 62. Keuls, 168, Abb. 146.
20 Kylix, London, British Museum E 38. ARV² 72,16; 1623. Peschel, 117, Nr. 82. Keuls, 164, Abb. 137.
21 Kylix, Berlin, Antikenmuseum 3251, sog. Thaliaschale. AVR² 113,7. CVA Berlin 2, Taf. 57ff. Peschel, 50ff., Nr. 29.
22 Peschel, 42ff.
23 Kylix, Leningrad, Ermitage 14611. ARV² 75,60. Peschel, 45, Nr. 20.
24 Kylix, verschollen. ARV² 66,121. Peschel, 44 Nr. 19. – Dierichs, 69.
25 Kylix, Berlin, Antikenmuseum 3757. ARV² 404,11. CVA Berlin 2, Taf. 74,2. Peschel, 356, Anm. 140. Kylix, Berlin, Antikenmuseum F 2309. CVA Berlin 2, Taf. 70, 2.
26 Stamnos, Brüssel, Musées Royaux d'Art et d'Histoire A 717. ARV² 20,1; 1619. Peschel, 27f., Nr. 1.
27 Kalpis, Brüssel, Musées Royaux d'Art et d'Histoire R 351. ARV² 31,7. Peschel, 28f., Nr. 2. Sutton, 125, L29. Dierichs, 54, Abb. 84.
28 Kantharos, Boston Museum of Fine Arts 95.61. ARV² 132. Peschel, 67f., Nr. 39. C. C. Vermeule, AntK 12 (1969), 9ff., Taf. 9.
29 Kylix, Paris, Louvre G 13. ARV² 86α. CVA Louvre 19, Taf. 68f. Peschel, 61ff., Nr. 37. Sutton, L30.
30 Kylix, Florenz, Museo Archeologico 3921, ARV² 372,31. Peschel, 118ff., Nr. 84. Sutton, 130f., L45.
31 S. Anm. 21.
32 Peschel, 28, Nr. 1. B. Fehr, Orientalische und griechische Gelage (1971), 102.
33 Kylix, Würzburg, Martin von Wagner Museum 479. ARV² 372,32. Peschel, 162f., Nr. 128.
34 Fehr, a.a.O., 31f., 42 Nr. 18.
35 Amphora, Paris, Louvre F 2. Fehr, a.a.O., 59f., Nr. 87.
36 Tyrrhenische Amphora, München, Antikensammlung 1432. ABV 102,98. CVA München 7, Taf. 317f. S. Mayer-Emmerling, Erzählende Darstellung auf Tyrrhenischen Amphoren (1982), 152ff., K163.
37 Sutton, 118.
38 Licht, Erg.Bd., 189.
39 Kylix, Berlin, Antikenmuseum 1798, Licht, a.a.O., 74. Dover 74, B634.
40 Fehr a.a.O., 102.
41 Sutton, 74, erklärt den Wandel der Gelagesitten mit Geschmacksveränderungen. Peschel, 81, 352 Anm. 737, bringt ihn in Verbindung mit dem neubelebten Dinoysoskult und der Einrichtung von sog. *Komoi* durch die *Peisistratiden* (überliefert bei Athen. 12,532f.).
42 Peschel, 277ff., 353f.
43 Kylix, Tarquinia, Museo Nazionale. ARV² 367,94. CVA Tarquinia 1, Taf. 11,1. Peschel, 124f., 205f., Nr. 90. Dierichs, 59f., Abb. 98.
44 Peschel, 414.

45 Hydria, München, Antikensammlung 2421. ARV² 23,7. Peschel 70ff., Nr. 44.
46 Tyrrhenische Amphora, Heidelberg 67/4. ABV 102,100. CVA Heidelberg 4, Taf. 142f. Mayer-Emmerling a.a.O., 152ff., K 169.
47 S. Anm. 21.
48 Peschel, 66, 309.
49 W. Martini in: Festschrift K. Schauenburg, Studien zur Mythologie und Vasenmalerei (1986), 95ff. Durch eine neu bekannt gewordene ähnliche, aber wesentliche ältere Darstellung im Paul Getty Museum, die A. Dierichs, 60, Abb. 98 publizierte, muß die Deutung modifiziert werden. Vgl. Meyer, a.a.O., 120, Anm. 132.
50 Dierichs, 59. Kylix, Oxford, Ashmolean Museum 1967. 305.38. ARV² 408,37. Para, 371,37. Peschel, 238f., Nr. 184.
51 H. Klees, Herren und Sklaven (1975), 6.
52 Alabastron, Berlin, Pergamonmuseum F 2254, zerstört. ARV² 557,123. – M. Meyer, JdI 103 (1988), 110, Abb. 23a–b. Keuls, 160, Abb. 238, Sutton, 348, 402 G 65. Sutton, 293 hält die Frau nicht für eine Hetäre.
53 Kylix, Berlin, Antikenmuseum 31426. ARV² 795,100. CVA Berlin 2, Taf. 98. Keuls, 160, Abb. 237. Sutton, 332, 369, 497, G95.
54 Vgl. Meyer a.a.O., 110, passim. Zur spinnenden Hetäre ausführlich: Sutton, 347ff.
55 Keuls, 259.
56 Hydria, Kopenhagen, Nationalmuseet 153. ARV² 1131,161. D. Williams in: Cameron/Kuhrt, 96, Abb. 7.4. Sutton, 356, deutet die Nackte als ehrbares Mädchen, das wegen Liebeskummer nicht in der Lage ist zu spinnen.
57 Kolonnettenkrater, Rom Villa Giulia, ARV² 275,50. Meyer, a.a.O., 109, Abb. 22.
58 RE 20 (1941), 893ff., s.v. *Phryne* (A. Raubitschek).
59 Hydria, München, Antikensammlung 2427. ARV² 189,72, 1632. CVA München 5, Taf. 227f. Sutton, 327, G12.
60 Sutton, 327.
61 Kylix, New York, Metropolitan Museum 12.231.1. ARV² 468,146. Sutton, G44.
62 Amphora, Leningrad, Ermitage B 1555. ARV² 272,12. Meyer, a.a.O., 108f., Abb. 21.
63 Kylix, Brüssel, Musées Royaux d'Art et d'Histoire A 889. ARV² 329,130; 1645. Dover, 70, R471.
64 Peschel, 357.
65 Pelike, Tarquinia, Museo Nationale. ARV² 224,7. CVA Tarquinia 1, Taf. 12, 2–3. Keuls, 158f., Abb. 131, 159. Sutton, 120, L2.
66 Skyphos, Altenburg 271. ARV² 832,31; 1672. CVA Altenburg 2, Taf. 78. – Meyer, a.a.O., 108, 124.
67 Vgl. S. 189, 194.
68 Pelike, Rom, Villa Giulia, ARV² 15,11. Keuls, 286, Abb. 255.
69 Spiegel, Boston, Museum of Fine Arts 08.32c. M. Cromstock/C. Vermeule, Greek, Etruscan and Roman Bronzes in the Museum of Fine Arts (1971), 257, Nr. 369. Johns, 118, 135, Abb. 95, 112.
70 Oinochoe, Berlin, Antikenmuseum F 2414. ARV² 1208,41. CVA Berlin 3, Taf. 145,2; 146,1–2. Sutton, 88, L23. Peschel, 311f., Nr. 249. – W. Martini in: Festschrift K. Schauenburg, Studien zur Mythologie und Vasenmalerei (1986), 95ff. Dierichs, 61, Abb. 100. Meyer, a.a.O., Anm. 132.
71 Stamnos, Paris, Louvre C 9682. ARV² 1029,16. Peschel, 309f., Nr. 247. Sutton, 131, L48.

72 Brendel, 39 ff.
73 A. Lezzi-Hafter, Der Schuwalov Maler (1975), 60 ff., 66.
74 Kylix, Berlin, Antikenmuseum 1964,4. ARV^2 1700,135. Dover, 82, 93, R1127. Brendel, 28, Taf. 20.
75 Dover, 95.
76 Dover, 24, 63. Licht, Erg. Bd., 173 f.
77 Ch. Blinckenberg, Knidia (1933), 17.
78 Askos, Athen, Kerameikos 1063. – Sutton, 122, L14. – Dierichs, 61 f., Abb. 101.
79 Keuls, 176 f., Abb. 160.
80 Sehr umsichtige Auswertung des Befundes: U. Knigge, AA (1981) 385 ff.; AA (1983) 209 ff. dies., AM 97 (1983), 153 ff. – dies., Der Kerameikos von Athen (1988), 90 ff. Die zeitweise Verwendung des Baus Z als Bordell bestätigt die Untersuchung der literarischen Quellen (Isaios) durch H. Lind, 13. Internationaler Kongreß für klassische Archäologie, Berlin (1988), 280.
81 Johns, 138 ff.
82 Gould, 45 f.
83 Hydria, London, British Museum E 202. ARV^2 1131,155. D. Williams in: Cameron/Kuhrt, 99 f., Abb. 7.7.
84 Kylix, Paris, Louvre G 291. ARV^2 322,36. Dover, 70, R454.
85 S. Anm. 25.
86 Peschel, 59.
87 Aristoph. *Thesm.* 1195; Athen. 13,569 f., 596 f. RE 8,2 (1913), 1337, s. v. *Hetairai* (K. Schneider).
88 R. J. Hopper, Handel und Industrie im klassischen Griechenland (1982), 153.
89 H. J. von Schumann, Sexualkunde und Sexualmedizin in der klassischen Antike (1975), 108 ff. N. E. Himes, Medical History of Contraception (1970). E. Nardi, Procurato aborto nel mondo greco-romano (1971).
90 RAC 4 (1959), 1250 f., s. v. *Empfängnis* (E. Lesky).
91 Schumann a. a. O., 109.
92 RE 12,1 (1924), 513 ff., s. v. *Lais* (Geyer). RE 20 (1941), 893 ff., s. v. *Phryne* (A. Raubitschek).
93 D. M. Schaps, Economic Rights of Women in Ancient Greece (1979), 7 ff.
94 Schaps, a. a. O., 61 ff.
95 P. Zanker, Die trunkene Alte (1989), 32 ff. Keuls, 201.
96 RE 20 (1941), 897, s. v. *Phryne* (A. Raubitschek).
97 RE a. a. O., 899.
98 RE a. a. O., 900.
99 A. Greifenhagen in: In Memoriam O. Brendel (1976), 43 ff., Taf. 12.
100 Vgl. S. 119.
101 Vgl. S. 126.
102 Alle Fragmente zusammengestellt bei Hausschild.
103 Keuls, 187 ff.
104 Hausschild, 23.
105 RE 12,1 (1924), 513 ff., s. v. *Lais;* 546 ff., s. v. *Lamia* (Geyer). RE 20 (1941), 843 ff., s. v. *Phryne* (A. Raubitschek).
106 RE 20 a. a. O., 897, 903 ff.
107 RE 12,1 (1924), 889 f., s. v. *Lastheneia* (Capelle). RE 12,2 (1925), 2047 f., s. v. *Leontion* (Geyer). RE 17,2 (1936), 280, s. v. *Nikarete* (W. Kroll).
108 Krenkel, 168 ff.

IV. Die Knabenliebe

J. D. Beazley, Some Attic Vases in the Cyprus Museum (1947).
E. Bethe, Die dorische Knabenliebe. Ihre Ethik und ihre Idee, RhM 62 (1907), 438ff.
J. Boardman/E. La Rocca, Eros in Griechenland (1979).
O. J. Brendel, The Scope and Temperament of Erotic Art in the Greco-Roman World, in: T. Bowie/C. Cristianson, Studies in Erotic Art (1970), 3 ff.
F. Buffière, Éros Adolescent. La Pédérastie dans la Grèce Antique (1980).
G. Devereux, Greek Pseudo-Homosexuality and the „Greek Miracle", SOsl 42/1967, 69 ff.
K. J. Dover, Homosexualität in der griechischen Antike (1983).
ders., Classical Greek Attitudes to Sexual Behavior, Arethusa 6 (1973), 59 ff.
ders., Greek Popular Morality in the Time of Plato and Aristotele (1975).
V. Ehrenberg, Aristophanes und das Volk von Athen (1968).
R. Flacelière, L'Amour en Grèce (1960).
M. Foucault, Der Gebrauch der Lüste. Sexualität und Wahrheit, II (1986).
W. Jaeger, Paideia I–III (1934–47).
G. Koch-Harnack, Knabenliebe und Tiergeschenke (1983).
W. Kroll, RE 11,1 (1921), 897 ff., s. v. Knabenliebe.
A. Leski, Vom Eros der Hellenen (1976), 78 ff., 87 ff.
H. Licht, Sittengeschichte Griechenlands, I, II u. Erg. Bd. (1925–28).
J. Marcadé, Eros Kalos (1962).
H. I. Marrou, Geschichte der Erziehung im klassischen Altertum (1977).
M. H. E. Meier/A. de Porgey-Castries, Histoire de l'Amour Grec dans l'Antiquité (1952).
H. Patzer, Die griechische Knabenliebe, Sitzungsber. wiss. Gesellsch. d. J. W. Goethe Univ., Bd. 19,1 (1982).
C. A. Shapiro, Courtship Scenes in Attic Vase-Painting. AJA 85 (1981), 133 ff.
K. Schauenburg, Erastes und Eromenos auf einer Schale des Sokles. AA (1965), 849 ff.
ders., Eurymedon eimi, AM 90 (1975), 97 ff.
Th. Vanggaard, Phallos (1971).
E. Vermeule, Some Erotika in Boston, AntK 12 (1969), 9 ff.

1 H. Erbse, Gymnasion 73 (1966), 201 ff.
2 G. Devereux, SOsl 42 (1968), 69 ff. Patzer, 43 ff.
3 τὸν δ'ἀπαμειβόμενος = „und ihm entgegnete drauf" ist eine Redewendung der Homerischen Epen. Sie wird hier zitiert in dem Sinne von Erwiderung: dann suchst du bereits danach, daß deine Liebe erwidert wird. Es handelt sich dann also nicht mehr um die einseitige Liebe, die vom Mann an den Pais gerichtet ist, sondern eine beiderseitige Liebe zwischen Männern, die verpönt war.
4 Amphora, Paris, Louvre G 45, ARV² 31,4. Dover, 91, R59.
5 Kylix, Oxford, Ashmolean Museum 1967.304. ARV² 378,137. Dover 91 f., R520. Koch-Harnack, 155, Nr. 117.
6 Krater, Wien, Kunsthistorisches Museum 1102. ARV² 504,5. CVA Wien, Kunsthistorisches Museum, Taf. 101,3. Koch-Harnack, 135, Nr. 102, Abb. 68.
7 Kylix, Berlin, Antikenmuseum 2279. ARV² 115,2; 1626. Dover, 76, 86, R196. Keuls, 218, Abb. 196 f.
8 Dover, 80. Patzer, 55, Anm. 30.
9 Amphora, München, Antikensammlung 468. ABV 315,3. CVA München 7, Taf. 343. Koch-Harnack, 148, Nr. 113, Abb. 77. Dover, 68, 89, 93, B 271.

10 G. Karageorgos, Die Arete als Erziehungsideal in den Dichtungen des Theognis (1979).
11 Dover, 167. Die böotischen Verhältnisse sind den attischen nicht gleichzusetzen. Die Kampftruppe rekrutierte sich sicher nur aus Epheben, nicht aus Paides, d. h. die Eromenoi waren nach athenischen Sitten strenggenommen über das zulässige Alter hinaus.
12 B. Fehr. Die Tyrannentöter oder kann man der Demokratie ein ein Denkmal setzen (1984).
13 Zur Verbindung von Demokratie und Freiheit: Fehr, a. a. O., 51.
14 Angesichts dieses Denkmals regen sich Zweifel, ob die Altersgrenzen für den Eromenosstatus, die aus der klassischen Literatur zu entnehmen sind, schon immer so eng waren, denn der Harmodios ist nicht als Pais charakterisiert. Allerdings kann man nicht ausschließen, daß ein 18–20jähriger junger Mann gemeint ist.
15 Meyer/de Porgey-Castries, 160 ff.
16 Koch-Harnack, 157. Jaeger, II, 249 ff.
17 Koch-Harnack, 155.
18 Pelike, Kopenhagen, Nationalmuseet 3634. AVR^2 293,51. CVA Copenhagen, 3, I, Taf. 132. Koch-Harnack, 166f., Nr. 130, Abb. 84, 85.
19 Koch-Harnack, 80 ff., 239 ff.
20 Kylix, Oxford, Ashmolean Museum 517. ARV^2 785,8. CVA Oxford 3, Taf. 3,1; 8,1. Koch-Harnack, 98, Nr. 53, Abb. 32. Dover, 86f., R791.
21 Pelike, Mykonos. ARV^2 362,21. Koch-Harnack, 78, Nr. 18, Abb. 15. Dover 87; 92, R502.
22 Kyathos, Brüssel, Musées Royaux d'Art et d'Histoire A 2323. ARV^2 333,2. CVA Brüssel Musées Royaux, Taf. 20. Koch-Harnack, 80f., Nr. 24, Abb. 16.
23 Koch-Harnack, 99. Ph. Bruneau, BCH 89 (1965), 90 ff.
24 Kanne, Privatbesitz, AM 90 (1975), 97 ff., Abb. 25. Erniedrigung durch sexuelle Penetration belegt auch Theokrits Gedicht (5), wo der Ziegenhirt den Analverkehr mit dem Schafhirt als Zeichen seiner Überlegenheit triumphierend anführt.
25 D. Fehling, Ethologische Überlegungen auf dem Gebiet der Altertumskunde, I, Phallische Demonstration (1974). – Th. Vanggaard, Phallos, Eros und Macht (^{2}1979), 57 ff.
26 Koch-Harnack, 105 ff.
27 Koch-Harnack, 156.
28 S. Anm. 21.
29 Koch-Harnack, 143 f.
30 Aryballos, Paris, Louvre CA 2183. ARV^2 813,96. Koch-Harnack, 130f., Nr. 93, Abb. 62.
31 Alabastron, Athen, Kerameikos 2713. Paral. 331. – Koch-Harnack, 132, Nr. 94, Abb. 63f.
32 Die Übereichung eines Geldbeutels an eine Frau bedeutet stets die Bezahlung sexueller Dienste; s. Sutton, 292.
33 Dover, 134.
34 Kylix, Bochum, Sammlung Funcke S 507. ARV^2 1654, 206. N. Kunisch, Antiken der Sammlung Julius und Margot Funcke (1972), 100 ff. – Koch-Harnack, 162, Nr. 126, Abb. 82.
35 Kylix, New York, Metropolitan Museum 52.11.4. ARV^2 437,114. Koch-Harnack, 163, Nr. 128, Abb. 83. Keuls, 296, Abb. 266.
36 Sutton, 290 ff. M. Meyer, JdI 103 (1988), 103 ff.
37 Koch-Harnack, 164.

38 Kylix, Dreden, Kunstgewerbemuseum 12, zerstört. ARV² 430,33. M. Wegner, Duris (1968), 12f., Abb. 14. Koch-Harnack, 164, Nr. 127.
39 Kylix, Paris, Louvre G 121. ARV² 434,78. Koch-Harnack, Nr. 33, 84f., Abb. 20.
40 Marrou, 75. Mit dieser Unterstellung zielte er auf den ersten wissenschaftlichen Versuch (E. Bethe, Die dorische Knabenliebe) auch den sexuellen Aspekt der Knabenliebe zu untersuchen. Selbst nach Bethes Arbeit blieb die sexuelle Komponente der Knabenliebe weiterhin tabu, wurde übergangen oder verleugnet. Erst 1978 fanden die Erkenntnisse zur sexuellen Seite der Knabenliebe durch die grundlegende Untersuchung von K. Dover Gehör.
41 Amphora, Würzburg, Martin von Wagner Museum 241. ABV 169,5; 688. Dover 75; 89, B102. Keuls, 278, Abb. 247. Skyphos, Boston Museum of Fine Arts 08.292. E. Vermeule, AntK 12 (1969), 10, Taf. 5. Dover, 75; 90, B598. Keuls, 278, Abb. 252f.
42 K. Fittschen, Untersuchungen zum Beginn der Sagendarstellungen bei den Griechen (1969), 136, GP13.
43 Kylix, Gotha, Ahv.48. ARV² 20. CVA Gotha 1, Taf. 42. Dover, 73; 91 R27.
44 Dover, 54f.
45 Dover, 46f., 58f.
46 Dover, 121.
47 Dover, 127f.
48 Dover.
49 Keuls, 293f., Abb. 264f. A. Dierichs, Erotik in der Kunst Griechenlands, AW Sondernummer (1988), 65, Abb. 108.
50 Als Ausnahme führte bereits Dover, 91f., die Amphora, London, British Museum W 39, ABV 297,16, an. Dover, B250. Koch-Harnack, Nr. 79, 118, Abb. 53. Keuls, 278, Abb. 249f. Dazu kommt noch ein Schalenbild in Athen, Nationalmuseum: Licht, Erg. Bd., 208.
51 Dover, 53, 96ff., 150f.
52 Vgl. Aischines 3, 162.
53 Kylix, Cambridge, Fogg Art Museum 1959. 124. ARV² 438,140. CVA Baltimore, Robinson Collection 2, Taf. 13f. – Peschel, 217f., Nr. 155.
54 Licht, I, 175.
55 Kylix, New York, Metropolitan Museum 07.286.47. ARV² 175. Dover, E293. Koch-Harnack, 168, Nr. 131, Abb. 80.
56 Kylix, Rom, Villa Giulia 50458. ARV² 173,5. Dover, 89, R283.
57 Kylix, Bologna, Museo Civico Archeologico 436. ARV² 118,11. Dover, 82; 89, R200.
58 Dover, 93, glaubt, daß Analverkehr nur unter Gleichaltrigen stattfand.
59 Vgl. III, Anm. 28, Peschel, 66f., Nr. 38/39, hält diese Figur wie eine Reihe anderer Wissenschaftler für eine Frau. Dover, 82, R223, hält die Figur für einen Jüngling. Die zwei flachen Bögen, die die Brust angeben, entsprechen denen des Komasten. Wie der Maler eine Frauenbrust darstellte, zeigen die beiden tanzenden Hetären auf der anderen Gefäßseite, die sich in ähnlicher Weise zurückwenden und den Oberkörper in Vorderansicht darbieten (Abb. 49b–c).
60 Ausnahme ist die Thaliaschale Abb. 63a–b, III, Anm. 21.
61 Kylix, Turin, Museo Archeologico 4117. ARV² 150,35; 1628. CVA Turin 2, III, I, Taf. 3.
62 Dover, 37.
63 Keuls, 293.
64 Vgl. Anm. 7.
65 Vgl. Anm. 34.

66 Keuls, 293.
67 Krater, London, British Museum F 65. ARV² 1154,35. Dover, 82; 93, R954. Keuls, 293, Abb. 263.
68 P. H. von Blanckenhagen, Puerilia, in: In Memoiram Otto Brendel, Essays in Archeology and the Humanities (1976), 37 ff.
69 Blanckenhagen, a. a. O., Taf. 11.
70 E. Simon, AntK 6 (1963), 6 ff. L. Deubner, Attische Feste (1969), 93 f.
71 Patzer, 70 ff.
72 H. J. Marrou, Geschichte der Erziehung im klassischen Altertum (1977), 74 f. Dover, 172 f. Patzer, 93 ff.

V. Schlußbemerkung

1 G. Krien, ÖJh 42 (1955), 84 ff., 98, 93.
2 S. Kaempf-Dimitriadou, Die Liebe der Götter in der Attischen Kunst des 5. Jhs. (1979).
3 Die Vorstellung, daß die eheliche Liebe im emotionalen wie im sexuellen Bereich zurückhaltend sein soll, hat eine langanhaltende Tradition im abendländischen Eheideal zur Folge, die bis in das 20. Jh. reicht. Vgl. Ph. Aries/A. Bejin/v. M. Foucault, Die Masken des Begehrens und die Metamorphosen der Sinnlichkeit (1984), 165 ff.

Verzeichnis der abgekürzten Literatur

AA	Archäologischer Anzeiger
AbhMainz	Abhandlungen der Geistes- und Sozialwissenschaftlichen Klasse, Akademie der Wissenschaften und der Literatur in Mainz
ABV	J. D. Beazley, Attic Black-Figure Vase-Painters (1956)
AJA	American Journal of Archaeology
AM	Mitteilungen des Deutschen Archäologischen Instituts, Athenische Abteilung
ARV^2	J. D. Beazley, Attic Red-Figure Vase-Painters^2 (1963)
AntK	Antike Kunst
AW	Antike Welt
AZ	Archäologische Zeitung
BABesch	Bulletin antieke beschaving. Annual Papers on Classical Archaeology
BCH	Bulletin de correspondance hellénique
BEFRA	Bibliothèque des Écoles Francaises d'Athènes et de Rome
BullMusFA	Bulletin Museum of Fine Arts, Boston
BWPr	Winckelmannprogramm der Archäologischen Gesellschaft zu Berlin
CVA	Corpus Vasorum Antiquorum
JbAChr	Jahrbuch für Antike und Christentum
JdI	Jahrbuch des Deutschen Archäologischen Instituts
JHS	Journal of Hellenic Studies
MarbWPr	Marburger Winckelmann Programm
ÖJH	Jahreshefte des Österreichischen archäologischen Instituts in Wien
OpRom	Opuscula Romana
Para	J. D. Beazley, Paralipomena. Additions to Attic Black-Figure Vase-Painters and to Attic Red-Figure Vase-Painters^2 (1971)
RAC	Reallexikon für Antike und Christentum
RE	Paulys Realencyclopädie der classischen Altertumswissenschaft
RhM	Rheinisches Museum für Philologie
SOsl	Symbolae Osloenses
Trendall, LCS	A. D. Trendall, The Red-Figured Vases of Lucania, Campania and Sicily (1967)
WissZRostock	Wissenschaftliche Zeitschrift der Universität Rostock

Abkürzungsverzeichnis der antiken Texte

Aischin.	Aischines
Alkiph.	Alkiphron
Anakr.	Anakreon
Anth. Pal.	Anthologia Palatina
Archil.	Archilochos
Aristoph. *Ach.*	Aristophanes, Die Acharner
Av.	Die Vögel
Eccl.	Die Ekklesiazusen
Equ.	Die Ritter
Lys.	Lysistrate
Nub.	Die Wolken
Pax.	Der Friede
Plut.	Plutos
Ran.	Die Frösche
Thesm.	Die Thesmophoriazusen
Aristot. *Ath.pol.*	Aristoteles, Der Staat der Athener
pol.	Politik
Athen.	Athenaios
Demosth.	Demosthenes
Diog. Laert.	Diogenes Laertios
Eur. *Alc.*	Euripides, Alkestis
Heraclid.	Die Herakliden
Med.	Medea
Phoen.	Die Phoinikerinnen
Frg.	Fragmente
Hdt.	Herodot
Hes. *erg.*	Hesiod, Werke und Tage
theog.	Theogonie
Hesych.	Hesych
Hom. *Il.*	Homer, Ilias
Od.	Odyssee
Is.	Isaios
Lukian.	Lukian
Lys.	Lysias
Plat. *Charm.*	Platon, Charmides
Mx.	Menexenos
leg.	Die Gesetze
Phaid.	Phaidon
Phaidr.	Phaidros
Phil.	Philebos
Prot.	Protagoras
pol.	Politikos
rep.	Der Staat
symp.	Das Gastmahl

Plut.	*Alk.*	Plutarch, Alkibiades
	Lyk.	Lykurg
	Per.	Perikles
	Sol.	Solon
Sol.		Solon
Thgn.		Theognis
Theokr.		Theokrit
Thuk.		Thukydides
Xen.	*Ath.pol.*	Xenophon, Die Verfassung der Athener
	Hier.	Hieron
	Lak.pol.	Der Staat der Lakedaimonier
	mem.	Erinnerungen an Sokrates
	oik.	Ökonomikos
	symp.	Das Gastmahl
Zen.		Zenon

Abbildungsverzeichnis

1 Melische Amphora, Athen, Nationalmuseum. K. Schefold, Frühgriechische Sagenbilder (1964), Abb. 57c.
2 Bronzegruppe, Boston, Museum of Fine Arts 63.2755.
3 Kolonettenkrater, London, British Museum. Schefold a.a.O., Abb. 5c.
4 Holzrelief aus Samos, verschollen, Deutsches Archäologisches Institut Athen.
5 Kylix, London, British Museum E 815, H. Licht, Sittengeschichte Griechenlands, Erg. Bd. (1928), 201.
6 Grabrelief der Archestrate, Athen, Nationalmuseum. A. Conze, Die attischen Grabreliefs (1893–1922), Nr. 290, Taf. 68.
7 Lutrophoros, Athen, Nationalmuseum 1453. Wiener Vorlegeblätter 8,2.
8a–d Lutrophoros, Athen, verschollen, Deutsches Archäologisches Institut Athen.
9a–b Kalpis, Warschau, Nationalmuseum 142293. E. Diehl, Hydria (1964), 183, Taf. 40f.
10 Lebes Gamikos, Athen, Nationalmuseum 14790. E. Buschor, AM 71, (1956), Beil. 117.
11 Lebes, Moskau, Puschkin Museum 510. A. D. Trendall, The Redfigured Vases of Lucania, Campania and Sicily II (1967), Taf. 236, 5.
12a–b Lutrophoros, Boston, Museum of Fine Arts 10223.
13 Lutrophoros, Athen, Nationalmuseum. C. H. Haspel, BCH 54, (1930), Taf. 24.
14a–c Pyxis, Berlin, Staatliche Museen Preußischer Kulturbesitz (Ost) 3373.
15a–c Lekythos, New York, Metropolitan Museum 56.11.1.
16 Lutrophoros, Berlin, Staatliche Museen Preußischer Kulturbesitz, Antikenmuseum, 2372. A. Furtwängler, Die Sammlung Sabouroff (1883–87), Taf. 58.
17a–b Kylix, Berlin, Staatliche Museen Preußischer Kulturbesitz, Antikenmuseum, F 2530.
18a–c Pyxis, London, British Museum D 11.
19 Fragment, Athen, Nationalmuseum 1619. A. Brueckner, AM 32, (1907), 93, Abb. 5.
20 Relieflekythos, Berlin, Staatliche Museen Preußischer Kulturbesitz, verschollen. A. Brueckner, 64. BWPr (1904), Taf. 1.
21 Relieflekythos, Berlin, Staatliche Museen Preußischer Kulturbesitz (Ost) F 2704. Brueckner, a.a.O. Taf. 2.
22a–d Lebes Gamikos, Leningrad, Ermitage 15592. P. E. Arias/M. Hirmer, Tausend Jahre griechische Vasenkunst (1960), Taf. 225–228.
23a–b Fragmente eines Lebes Gamikos, Leningrad, Ermitage 284. K. Schefold, Untersuchungen zu den Kertscher Vasen (1934), Taf. 50.
24 Epinetron, Athen, Nationalmuseum 1629. Deutsches Archäologisches Institut Athen.
25 Nymphenheiligtum in Athen. J. Travlos, Bildlexikon zur Topographie des antiken Athen (1971), 363.
26 Römischer Sarkophag, Mantua, Palazzo Ducale. Deutsches Archäologisches Institut Rom.

27a Grabrelief der Korallion, Athen, Kerameikos. Alinari 24529.
  b Grabrelief der Erato, Athen, Nationalmuseum. Conze, a.a.O. Nr. 429, Taf. 101.
28 Marmorlekythos, München, Glyptothek. B. Schmaltz, Untersuchungen zu den attischen Marmorlekythen (1970), Taf. 9.
29 Lekythos, Berlin, Staatliche Museen Preußischer Kulturbesitz, Antikenmuseum 2444. W. Riezler, Weißgrundige attische Lekythen II (1914), Taf. 15.
30 Lekythos, London, British Museum D 51. A. Lane, Greek Pottery (^{3}1971), Abb. 90b.
31 Lutrophoros, Würzburg, Martin von Wagner Museum 506. E. Langlotz, Griechische Vasen in Würzburg (1932), Taf. 174.
32 Kylix, New York, Metropolitan Museum. G.M.A. Richter/L.F. Hall, Red-Figured Athenian Vases II (1936), Taf. 54.
33 Skyphos, Bologna, AA 1950/51, 36, Abb. 1.
34 Kylix, Basel, Sammlung Käppeli Ka 415. CVA Basel 2, Taf. 28.
35a–b Stamnos, München, Antikenmuseum 2410.
36 Kylix, Paris, Louvre G 13.
37 Kylix, Basel, Antikenmuseum. CVA Basel 2 Taf. 23.
38 Kylix, New Haven, Yale University 163. H. Licht, a.a.O., 211.
39 Kylix, Basel, Kunsthandel. Münzen und Medaillen, Dez. 1977 Sonderliste R, Abb. 57.
40 Kylix, London, British Museum E 68. J. Boardman/E. La Rocca, Eros in Griechenland (1975), 63.
41 Kylix, London, British Museum E 38. Lane, a.a.O., Taf. 71a.
42 Kylix, Berlin, Staatliche Museen Preußischer Kulturbesitz, Antikenmuseum 3251.
43 Kylix, Leningrad, Ermitage 14611. Licht, a.a.O., 201.
44 Kylix, G. Vorberg, Glossarium Erotikum (1932), 334.
45 Kylix, Berlin, Staatliche Museen Preußischer Kulturbesitz, Antikenmuseum F 2309.
46 Kylix, Berlin, Staatliche Museen Preußischer Kulturbesitz, Antikenmuseum 3757.
47a–b Stamnos, Brüssel, Musées Royaux d'Art et d'Histoire A A 117. Arias/Hirmer, a.a.O., Taf. 106–107.
48 Kalpis, Brüssel, Musées Royaux d'Art et d'Histoire R 351.
49a Kantharos, Boston, Museum of Fine Arts 95.61. J. Boardman, Athenian Red-Figured Vases (1975), Abb. 99, 1.
  b–c C.C. Vermeule, AntK 12 (1969), Taf. 9, 1–2.
50 Kylix, Paris, Louvre G 13.
51a–b Kylix, Florenz, Museo Archeologico 3921. Boardman/La Rocca, a.a.O., 97f.
  c E.C. Keuls, The Reign of the Phallus (1985), 186, Abb. 170.
52 Kylix, Berlin, Museen Preußischer Kulturbesitz, Antikenmuseum 3251.
53 Kylix, Würzburg, Martin von Wagner Museum 479.
54a–b Amphora, Paris, Louvre F 2.
55 Tyrrhenische Amphora, München, Antikenmuseum 2217.
56 Kylix, Berlin, Staatliche Museen Preußischer Kulturbesitz. Licht, a.a.O. 189.
57 Kylix, Berlin, Staatliche Museen Preußischer Kulturbesitz 1798, Licht, a.a.O., 74.
58 Glockenkrater, Wien, Kunsthistorisches Museum 910. CVA Wien, Kunsthist.-Mus. 3, Taf. 1.
59 Kylix, Tarquinia, Museo Nazionale. Boardman/La Rocca a.a.O., 15.

60 Kylix, Malibu, John Getty Museum 83.AE.321. AW Sonderheft (1988). A. Dierichs, Erotik in der Kunst Griechenlands, 60, Abb. 98.
61 Hydria, München, Antikensammlung 2421.
62 Tyrrhenische Amphora, Heidelberg 67/4. CVA Heidelberg 4, Taf. 144.
63 a–d Kylix, Berlin, Staatliche Museen Preußischer Kulturbesitz, Antikenmuseum 3251.
64 Kylix, Oxford, Ashmolean Museum 1967.305. C. Johns, Sex or Symbol (1982), 132, Abb. 110.
65 a–b Alabastron, Berlin, Staatliche Museen Preußischer Kulturbesitz (Ost).
66 Kylix, Berlin, Staatliche Museen Preußischer Kulturbesitz, Antikenmuseum 31426. CVA Berlin 2, Taf. 98, 1.
67 Hydria, Kopenhagen, Nationalmuseet 153.
68 Kolonettenkrater, Rom, Villa Giulia 1054. A. Greifenhagen, Griechische Eroten (1957), Abb. 30.
69 Hydria, München, Antikensammlung 2427.
70 Kylix, New York, Metropolitan Museum 12.231.1. Richter/Hall, a.a.O., Taf. 51.
71 Amphora, Leningrad, Ermitage B 1555.
72 Kylis, Brüssel, Musées Royaux d'Art et d'Histoire A 889. Arias/Hirmer, a.a.O., Taf. 149.
73 a–b Pelike, Tarquinia, Museo Nazionale. Boardman/La Rocca, a.a.O. 14.
74 Skyphos, Altenburg 271. CVA Altenburg 2, Taf. 77, 1.
75 Pelike, Rom, Villa Giulia. Boardman, a.a.O. Abb. 30, 2.
76 a–b Spiegel, Boston, Museum of Fine Arts 08.32 c.
77 Oinochoe, Berlin, Staatliche Museen Preußischer Kulturbesitz, Antikenmuseum F 2414. Johns, a.a.O., 153, Abb. 124.
78 Stamnos, Paris, Louvre C 9682.
79 Kylix, Berlin, Staatliche Museen preußischer Kulturbesitz, Antikenmuseum 19644. K. Dover, Homosexualität in der griechischen Antike (1983), R 1127.
80 Askos, Athen, Kerameikosmuseum 1063. Keuls, a.a.O., 178, Abb. 160.
81 Bau Z im Kerameikos. U. Knigge, AA 1983, 213, Abb. 8.
82 Kraterfragment, Athen, Kerameikosmuseum. U. Knigge, AM 97 (1982), Taf. 32, 1.
83 Römische Lampe, Neapel, Museo Nazionale. Johns, a.a.O., 139, Abb. 115.
84 Hydria, London, British Museum E 202.
85 Kylix, Paris, Louvre G 291. Dover, a.a.O., R 454.
86 Statue „Trunkene Alte", München, Glyptothek 437. Foto: Kaufmann.
87 Pinax, Athen, Akropolismuseum. A. Greifenhagen in: In Memoriam Otto Brendel (1976), Taf. 12 a–b.
88 Amphora, Paris, Louvre G 45. Dover, a.a.O., R 59.
89 Kylix, Oxford, Ashmolean Museum 1967.304. Johns, a.a.O., 98, Abb. 81.
90 Krater, Wien, Kunsthistorisches Museum 1102. CVA Wien Kunsthist. Mus., Taf. 101, 3.
91 Kylix, Berlin, Staatliche Museen Preußischer Kulturbesitz, Antikenmuseum, 2279.
92 Amphora, München, Antikensammlung 1468.
93 Statuengruppe „Tyrannentöter", Neapel Museo Nazionale. W. Fuchs, Die Skulptur der Griechen (^{3}1983), 338, Abb. 374.
94 Pelike, Kopenhagen, Nationalmuseet 3634.
95 Kylix, Oxford, Ashmolean Museum 517. Dover, a.a.O., R 791.
96 Pelike, Mykonos. Dover, a.a.O., R 502.
97 a–c Kyathos, Brüssel, Musees Royaux d'Art et d'Histoire A 2323.

98 Kanne, Privatbesitz. K. Schauenburg, AM 90 1975, Taf. 25.
99 Aryballos, Paris, Louvre CA 2183.
100 Alabastron, Athen, Kerameikosmuseum 2713. Deutsches Archäologisches Institut Athen.
101 Kylix, Bochum, Sammlung Funcke S 507.
102 Kylix, New York, Metropolitan Museum 52.11.4. Keuls, a.a.O., 297, Abb. 266.
103 Kylix, Dresden, Kunstgewerbemuseum. W. Wegner, Duris (1968), Abb. 14.
104 Kylix, Paris, Louvre G 121.
105 a–b Skyphos, Boston, Museum of Fine Arts 08.292. Dover, a.a.O. B 598.
106 Amphora, Würzburg, Martin von Wagnermuseum 421.
107 Amphora, Heraklion, Museum. K. Schefold, Frühgriechische Sagenbilder (1964), Abb. 27 b.
108 Kylix, Gotha Ahv. 48. CVA Gotha 1, Taf. 42.
109 Pelike, Basel, Kunsthandel. Keuls, a.a.O., 295, Abb. 265.
110 Amphora, London, British Museum W 39.
111 Kylix, Cambridge, Fogg Art Museum 1959.24. CVA Baltimore, Robinson Coll. 2, Taf. 14.
112 Kelchkrater, Corneto. H. Licht, Sittengeschichte Griechenlands I (1925), 175.
113 Kylix, New York, Metropolitan Museum 07.286 47.
114 Kylix, Rom, Villa Giulia 50458. Dover, a.a.O., R 283.
115 Kylix, Bologna, Museo Civico Archeologico 436. Dover, a.a.O., R 200.
116 Kylix, Berlin, Staatliche Museen preußischer Kulturbesitz, Antikenmuseum 2279.
118 a–b Kylix, Bochum, Sammlung Funcke S 507.
119 Glockenkrater, London, British Museum F 65. P. H. von Blanckenhagen in: In Memoriam Otto Brendel (1976), Taf. 10 a.
120 Kelchkrater, Tarquinia, Museo Nazionale RC 4197. Blanckenhagen, a.a.O., Taf. 11 a.

Glossar

Agorá – Marktplatz
Agoranómen – Marktaufsichtsbeamte
Akroámata – Darbietungen, Vorführungen
Alábastron – Kolbenförmiges Salbölgefäß
Anthestérien (Blütenfest) ein im Frühjahr gefeiertes Weinfest, das Fruchtbarkeitsriten und Totenkult einschloß
Archontát – höchstes athenisches Staatsamt
Areté – Tugend, Tüchtigkeit
Arýballos – kugelförmiges Salbölgefäß für Männer
Asebíe – Gottlosigkeit, Frevel
Astragál – Tierknöchel, die als Spielwürfel benutzt wurden
Auletrís – Flötenspielerin

Basilínna – Frau des Árchon Basiléus, des obersten Priesters

Chitón – Für Frauen meist langes, für Männer meist kurzes, dünnes, hemdartiges Gewand

Deípnon – Mahl
Démos – Volk der Bürger
Déme – Verwaltungseinheit der attischen Polis

Ékdosis – Übergabe der Braut an den Bräutigam
Engýe, Engýesis – Ehevertrag, Verlobung
Epaulía – Beschenkung und Geschenke, die der Braut am Tag nach der Hochzeit zuteil werden
Epigamíe – Recht einer rechtgültigen Eheschließung
Epíkleros – bruderlose Alleinerbin
Epikleríe – Erbschaft einer bruderlosen Tochter
Epínetron – Gerät zur Vorfertigung des Wollfadens, das über das Knie gestülpt wird
Erómenos (Erómenoi) – Geliebter im päderastischen Verhältnis (Plural)
Erástes (Erástai) – Liebhaber im päderastischen Verhältnis

Hédna – Brautgeschenke, Mitgift
Hetáre – Gefährtin, aufwertender Begriff für Prostituierte
Himátion – als Mantel getragenes rechteckiges Stoffstück
Hýdria – dreihenkeliges Wassergefäß
Hymenáios – Hochzeitsgesang, Hochzeitsgott

Kántharos – zweihenkeliges Trinkgefäß
Klíne – Speisesofa, Bett
Komós – dionysischer Tanz nach dem Gelage
Kóttabos – Metallteller, der beim Kottabosspiel von den Weinspritzern getroffen werden mußte

Kratér – Mischgefäß zum Verdünnen des Weines mit Wasser
Krotálen – Tanzklappen
Kýniker – Vertreter einer philosophischen Richtung, für die Diogenes zum Vorbild wurde
Kýrios – Herr, Familienoberhaupt

Lékythos – flaschenförmiges Salbölgefäß
Lébes Gamikós – Hochzeitskessel
Leitourgíe (Liturgie) – öffentliche Leistung, die jeweils durch Privatleute, athenische Bürger und Metöken, finanziert wurde
Loutérion – Waschbecken
Lupanár – Bordell
Lutrophóre – Gefäß zum Einholen des Wassers für das Brautbad
Lutrophoríe – Einholen des Wassers für das Brautbad

Metóke, Metókin – Freie Bewohner Athens, die nicht das Bürgerrecht hatten

Nymphéutria – Brautführerin

Oíkos – Haus, Familie
Olísbos – künstlicher Penis

Paidotríbe – Sportlehrer
Pais (Paídes) – Knabe (Knaben), Kind (Kinder)
Palästra – Sportplatz
Palláke – Konkubine, Lebensgefährtin, nicht legitimierbare Ehefrau
Pelíke – bauchige Kanne
Philía – Freunschaft, Liebe
Phratríe – Verwaltungseinheit der Polis
Pólis – Stadt, Stadtstaat
Pórne – Prostituierte
Pórnos – Prostituierter
Porneía – Hurerei, Ehebruch
Proix – Mitgift
Pýxis – Dose

Skýphos – becherartiges Trinkgefäß
Sophrosýne – Klugheit, Besonnenheit, Selbstbeherrschung, Sittsamkeit
Strígilis – Schabeisen zum Entfernen von Staub und Öl nach dem Sport
Sýmplegma – sexuelle Umarmung
Sympósion – Trinkgelage
Symposiást – Teilnehmer am Trinkgelage

Thálamos – Gemach, Zimmer
Théten – Angehörige der untersten Bürgerklasse in Athen
Thíasos – Gefolge des Dionysos
Thymiatérion – Weihrauchgefäß

Universum der Kunst

Jean Charbonneaux/Roland Martin/François Villard
Das archaische Griechenland
620–480 vor Christus
2., durchgesehene Auflage. 1985. VIII, 451 Seiten mit 443 Abbildungen,
davon 99 in Farbe. Leinen
UdK Band 14

Jean Charbonneaux/Roland Martin/François Villard
Das klassische Griechenland
480–330 vor Christus
2., durchgesehene Auflage. 1984. VIII, 431 Seiten mit 439 Abbildungen,
davon 80 in Farbe. Leinen
UdK Band 16

Jean Charbonneaux/Roland Martin/François Villard
Das hellenistische Griechenland
330–50 vor Christus
Mit einem Nachtrag von Jean Marcadé, Roland Martin, René Ginouvès
und François Villard.
2., durchgesehene Auflage. 1988. VIII, 525 Seiten mit 500 Abbildungen,
davon 120 in Farbe. Leinen
UdK Band 18

Ranuccio Bianchi Bandinelli/Antonio Giuliano
Etrusker und Italiker vor der römischen Herrschaft
Die Kunst Italiens von der Frühgeschichte bis zum Bundesgenossenkrieg
Aus dem Italienischen von Herbert Schlüter.
1974. VIII, 454 Seiten mit 451 Abbildungen, davon 80 in Farbe,
6 Pläne, 5 Karten. Leinen
UdK Band 21

André Parrot/Maurice H. Chéhab/Sabatino Moscati
Die Phönizier
Die Entwicklung der phönizischen Kunst von den Anfängen bis zum Ende
des Dritten Punischen Krieges 1977. 337 Seiten mit 352 Abbildungen,
davon 92 in Farbe, 14 Pläne und Karten. Leinen
UdK Band 23

Verlag C. H. Beck München

Herbert Jennings Rose
Griechische Mythologie
Ein Handbuch
8. Auflage. 1992. XI, 441 Seiten.
Broschiert

Hermann Bengtson
Griechische Geschichte
Von den Anfängen bis in die Römische Kaiserzeit
7. Auflage. 1986. XI, 588 Seiten. Leinen
Beck'sche Sonderausgaben

Egon Friedell
Kulturgeschichte Griechenlands
Leben und Legende der vorchristlichen Seele
42. Tausend. 1985. 361 Seiten. Leinen
Beck'sche Sonderausgaben

Theodor Mommsen
Römische Kaisergeschichte
Nach den Vorlesungsmitschriften von Sebastian
und Paul Hensel 1882/86
Herausgegeben von Barbara und Alexander Demandt
1992. 634 Seiten. Leinen

Robert J. Hopper
Handel und Industrie im klassischen Griechenland
Aus dem Englischen von Karl-Eberhardt und Grete Felten.
1982. 282 Seiten mit 13 Abbildungen.
Leinen

Siegfried Lauffer (Hrsg.)
Griechenland · Lexikon der historischen Stätten
Von den Anfängen bis zur Gegenwart
1989. 775 Seiten.
Leinen

Verlag C. H. Beck München